インドの
投資・会計・税務
ガイドブック

第3版

KPMG／
あずさ監査法人インド事業室［編］

中央経済社

© 2016 KPMG AZSA LLC, a limited liability audit corporation incorporated under the Japanese Certified Public Accountants Law and a member firm of the KPMG network of independent member firms affiliated with KPMG International Cooperative ("KPMG International"), a Swiss entity. All rights reserved.
The KPMG name and logo are resistered trademarks or trademarks of KPMG International.

ここに記載されている情報はあくまで一般的なものであり，特定の個人や組織が置かれている状況に対応するものではありません。私たちは，的確な情報をタイムリーに提供するよう努めておりますが，情報を受け取られた時点およびそれ以降においての正確さは保証の限りではありません。何らかの行動を取られる場合は，ここにある情報のみを根拠とせず，プロフェッショナルが特定の状況を綿密に調査した上で提案する適切なアドバイスをもとにご判断ください。

はじめに

　2008年8月に第2版を刊行してから8年が経過した。この間にインドを取り巻く環境が一変している。2008年のGDPが1.2兆米ドルに対して，2015年は2.1兆米ドル（2015年10月時点のIMF推計）と，78％の伸びを示している。インドの経済成長に合わせて，日本企業の動きも加速している。インドへ進出している日本企業の数は，2008年10月時点で550社であったのに対して，2015年10月時点で1,229社と倍以上の伸びを示している。2014年5月に就任したモディ首相が推進する「メイク・イン・インディア」，「スキル・インディア」等のイニシアティブにおいて，日本企業の果たす役割への期待はますます高まっている。一方で，進出している日本企業は，制度，法律，会計税務などへの対応に苦労している現実がある。

　本書は，このような日本企業のインド投資の一助となることを目的として，KPMGインドおよびKPMGジャパン・インド事業室に蓄積された経験とノウハウにもとづき，インドの会計・税務・投資規制に関する実務家向けの解説をしている。2008年以降現在まで外資規制の緩和，新会社法の導入，インド版内部統制監査制度の導入，インド版国際会計基準の発表などが行われているのでその内容を盛り込むとともに，2016年2月29日に発表された新予算案についても追記している。さらに，第3版の出版にあたって，インド周辺国である，パキスタン，バングラデシュおよびスリランカの項目を追加した。インドおよびその周辺国で事業を行う日本企業の本社，インドへ出向されている駐在員の方々，その他インド事業に関わる方々にとって，インドビジネスの成功に役立つことができれば幸いである。

　本書の執筆は，インドに在住する日本人公認会計士第1号となった笠間智樹を中心として，インドの駐在員およびインド事業室メンバーが担当した。執筆

に際しては，Rajesh Arora 氏および Ravi Kumar Shingari 氏をはじめとする KPMG インドのグローバル・ジャパニーズ・プラクティス（GJP：日本企業の海外事業支援ネットワーク）のメンバーに協力をいただいた。また，中央経済社の坂部秀治氏には貴重なアドバイスとご協力をいただいた。関係者の皆様にあらためて感謝を申し上げる。

2016年4月

三浦　洋

執筆にあたって

　2006年12月の初版発行ののち，2008年8月の第2版から今回の第3版発行まで約8年の歳月を要した。その間，2011年3月11日に中央経済社の方と第3版出版に関する打ち合わせ中に東日本大震災が発生して打ち合わせが中断し，その後日本およびインドを含めた世界経済が大きく動く中，インドでもさまざまな規制改革が進んだ。その内容を盛り込むべく改訂を進めたため，完成までに時間がかかった。ようやく第3版の出版にこぎつけることができ，感無量である。

　ここで，初版の発行から今回の第3版までの歩みを振り返ってみたい。初版の出版当時，インドはBRICsの一角として将来有望な市場であると声高にいわれていた時代である。そうであるにもかかわらず，インド進出にあたってのビジネス上の投資ガイドブックとなるものが当時はなかった。その中，インドの外資規制や投資のインセンティブ，環境規制や輸出入規制など投資前に知っておくべき法制度から，進出後直面する税制度や会社法，会計など幅広く解説した初版は好評を博した。

　第2版においては，税制の改正点を盛り込むとともに，外国為替管理法や事業再編の項目を追加し，複雑な間接税のケーススタディとQ&Aも追加した。これは，日本の親会社からインドの子会社へ資金を貸し付ける際の規制が厳しかったことや，インド進出後に事業再編を考える日本企業が出てきたことから，そのニーズに応えることを目的とした。また，複雑な間接税に頭を悩ませている日本企業が多いため，インドでの間接税をよりわかりやすく理解するための工夫を凝らした。さらには，Q&Aを取り入れることにより，多くの日本企業がインドに進出する際に悩む点を理解するための参考になったと自負している。

　第3版を出版する2016年を迎え，インドに進出している日本企業の数は初版発行当時に比べ格段に増え，日本企業のインドへの関心度合いもかなり上がっ

ていることを実感している。インド投資に関する情報も，以前に比べれば日本で手に入れやすくなったと感じる。しかし，第2版以降も，インドでの各種法律改正や税務調査での指摘により多くの日系企業がインドでさまざまなトラブルに巻き込まれているといった点では，初版発行時と状況は変わらず，場合によってはより厳しい状況に追い込まれているケースもある。そういった意味で，今回の第3版が，日本企業のインドでのビジネスの遂行の一助となり得ると考えている。

　なお，改訂にあたり中央経済社の坂部秀治氏には貴重なアドバイスとご協力をいただいた。関係者の皆様にあらためて感謝を申し上げる。

　　2016年4月

笠間　智樹

目　次

インドの概要 ──────────────────────────── 1
インドの社会　1
インドの政治　2
インドの経済　2

第1章　インドの経済 ──────────────────── 5

1　インド，活気ある経済 ··· 5
(1) 急速な変化　5
(2) 強固な経済基盤　5
(3) 繁栄をもたらすための方策　6

2　インドにおける産業 ··· 7
(1) 自動車および自動車部品産業　7
(2) 製薬産業，バイオテクノロジー　8
(3) 物　流　9
(4) IT産業　9
(5) 小売業　10
(6) 食品加工　10

3 なぜいまインドなのか ― 日系企業にとってのインド …… 10

 (1)　現　　状　10

 (2)　課　　題　15

第2章　インドのビジネス環境 ……………………………… 17

1 法 制 度 …………………………………………………… 17

 (1)　背　　景　17

 (2)　外資系企業のインド進出　18

 (3)　企業体の設立および管理　19

 (4)　土地の購入および工場の建設　20

 (5)　環境および公害を取り締まる法令　21

2 労働環境 …………………………………………………… 22

 (1)　労働市場　22

 (2)　産業，雇用および労働に関する法令　22

 (3)　労使関係　31

 (4)　外国人の労働，就労許認可　32

 (5)　解　　雇　32

3 訴訟制度 …………………………………………………… 32

 (1)　概　　要　32

 (2)　訴訟手続　34

 (3)　訴訟の回避　34

第3章 投資にあたってのインセンティブと規制 — 37

1 外資規制 …… 37

(1) 概　要　37
(2) 外国直接投資禁止業種　37
(3) 出資比率規制がある業種　38

2 ライセンス …… 42

(1) 概　要　42
(2) 産業ライセンス取得手続　44

3 環境規制 …… 44

4 輸出入規制 …… 45

(1) 対イラク　45
(2) 対北朝鮮　45
(3) 対イラン　45
(4) 対ソマリア　46

5 技術提携契約 …… 46

6 外国為替管理法（FEMA） …… 46

7 インセンティブ …… 47

(1) 特別経済区域（SEZ）　48
(2) 輸出志向型企業（EOU）　51

(3) 電子ハードウェア技術パーク（EHTP），ソフトウェア技術パーク（STP），バイオテクノロジーパーク（BTP）　53
　(4) 関税免除・減免スキーム　55
　(5) ベンチャー企業に対する免税　56

第4章　インドの税制　——— 57

1　法人税　……… 57

　(1) 課税範囲　57
　(2) 税　率　57
　(3) 受取配当　58
　(4) 損　金　58
　(5) 減価償却費　60
　(6) 無形固定資産　61
　(7) 研究開発費　61
　(8) リース料　62
　(9) 貸倒引当金および貸倒損失　62
　(10) 交際費　63
　(11) 創業費・開業費　63
　(12) 為替差損　64
　(13) ICDS　64
　(14) 外国税額控除　66
　(15) キャピタルゲイン課税　66
　(16) 欠損金　66
　(17) 過少資本税制　67
　(18) 連結納税制度　67

⑲　国際課税の強化　67
　　⑳　申告・納税手続　68

2　最低代替税　……………………………………………………… 70

3　配　当　税　……………………………………………………… 71

4　移転価格税制　…………………………………………………… 72

　(1)　APA　74
　(2)　移転価格をめぐる近年の動向　75
　(3)　APAのコンセプト　76
　(4)　APA成立後　79

5　BEPS　……………………………………………………………… 80

　(1)　背　　景　80
　(2)　BEPS行動計画概要　80
　(3)　透明性 ― 情報開示（行動計画13）　82
　(4)　実質性 ― 価値創出の場の明確化（行動計画3，4，5，6，8，9，10）　84
　(5)　実質性 ― 価値創出の場の明確化（行動計画7）　87

6　個人所得税　……………………………………………………… 89

　(1)　納税者の区分　89
　(2)　納税手続　90
　(3)　所得税計算方法　92
　(4)　税　　率　92
　(5)　課税対象　93
　(6)　所得控除　95

(7) 税額控除　96
　　　(8) 給料の外貨送金　96
　　　(9) 外国資産の開示　96

7　中央販売税 …………………………………………………… 98

　　　(1) 課税対象と税率　98
　　　(2) 二重課税の排除（in-transit sales）　99
　　　(3) 特殊な通達　101

8　州VAT ……………………………………………………… 102

　　　(1) 仕入税額控除制度　102
　　　(2) 他税との相殺　102

9　サービス税 ………………………………………………… 105

　　　(1) 概　　要　105
　　　(2) 免　　税　106
　　　(3) 手　　続　106
　　　(4) R&D Cess との関係　107

10　物品税（Central Excise Act, 1944の第3条）………… 107

　　　(1) 概　　要　107
　　　(2) 仕入税額控除の制限　108
　　　(3) 免税，手続　109
　　　(4) 今　　後　109

11　関税（Customs Act, 1962の第12条）………………… 110

　　　(1) 概　　要　110
　　　(2) 仕入税額控除の制限　111

(3) 実効税率を下げるための税額控除制度　111
　　(4) 輸出関税　112

12 越 境 税 ……………………………………………………… 112

13 物品入市税（Octroi）……………………………………… 113

14 研究開発税（R&D Cess）………………………………… 113

15 GST（Goods and Services Tax）……………………… 114

16 日印租税条約 ………………………………………………… 117

　　(1) 租税条約とは　117
　　(2) 日印租税条約の特徴　117

第5章 インドの会社法と会計制度 ──── 119

1 会 社 法 ……………………………………………………… 119

　　(1) 概　　要　119
　　(2) 会社法改正のポイント　123
　　(3) 会社の機関　140
　　(4) 財務報告制度　152
　　(5) 財務内部統制　155
　　(6) 資　　本　160
　　(7) 会計監査制度　163
　　(8) 会社の種類（一人会社，小会社，休眠会社）　165

(9) その他　166

2 会計制度 ……………………………………………………………… 169

(1) 概　　要　169
(2) 日本の会計基準との主な相違点　171
(3) インド会計基準と国際財務報告基準との統合　172
(4) 日本の連結決算における留意点　172
(5) 会計監査　174
(6) インド版 IFRS（Ind AS）　176

第6章　インドにおける拠点設立の手続と留意点 — 193

1 概　　要 ……………………………………………………………… 193

2 駐在員事務所 ………………………………………………………… 193

(1) 業務内容の制限　193
(2) 法人税の課税範囲　194
(3) 設立手続　201
(4) その他の留意点　213

3 支　　店 ……………………………………………………………… 213

(1) 業務内容の制限　213
(2) 法人税の課税範囲　214
(3) 設立手続　214
(4) その他の留意点　215

4 プロジェクト事務所 …… 216

(1) 業務内容の制限　216
(2) 法人税の課税範囲　216
(3) 設立手続　216
(4) その他の留意点　218

5 LLP …… 218

(1) 業務内容の制限　218
(2) 法人税の課税範囲　219
(3) 設立手続　219
(4) その他の留意点　220

6 現地法人 …… 221

(1) 業務内容の制限　221
(2) 法人税の課税範囲および税率　221
(3) 設立手続　221
(4) 現地法人設立後の手続　243
(5) その他の留意点　244

第7章　事業の再編 …… 247

1 個別資産売却（Itemized sale） …… 247

(1) 概　要　247
(2) 直接税　247
(3) 間接税　248

(4) 手　　続 249

② 営業譲渡（Slump sale） ……………………………………… 249

　　　(1) 概　　要 249
　　　(2) 直 接 税 249
　　　(3) 間 接 税 249
　　　(4) 手　　続 250

③ 会社分割 …………………………………………………………… 250

　　　(1) 概　　要 250
　　　(2) 直 接 税 251
　　　(3) 間 接 税 251
　　　(4) 手　　続 251

④ 合　　併 …………………………………………………………… 251

　　　(1) 概　　要 251
　　　(2) 直 接 税 251
　　　(3) 手　　続 252

⑤ 買　　収 …………………………………………………………… 252

　　　(1) 概　　要 252
　　　(2) 直 接 税 253

第8章　撤退の手続と留意点 ──────────── 255

① 駐在員事務所 ……………………………………………………… 255

(1)　資産の売却と負債の完済　255
　　(2)　従業員の解雇　256
　　(3)　所得税法に則った手続　256
　　(4)　会計監査　256
　　(5)　会社法に則った手続　256
　　(6)　関係当局への通知　262
　　(7)　RBI への申請　262
　　(8)　銀行口座の閉鎖　271

2　支　　　店 …………………………………………………………… 282

　　(1)　資産の売却および現金化　282
　　(2)　事務所の賃貸借契約の譲渡あるいは終了　282
　　(3)　負債の完済　282
　　(4)　従業員の解雇　282
　　(5)　支店閉鎖日の決定　283
　　(6)　監査，税務　283
　　(7)　RBI への申請　283
　　(8)　送　　金　284
　　(9)　ROC への通知　284

3　プロジェクト事務所 …………………………………………………… 284

　　(1)　閉鎖のステップ　284
　　(2)　閉鎖する際の留意点　284

4　現地法人 ………………………………………………………………… 285

　　(1)　裁判所を通す会社清算　286
　　(2)　自主清算　286

第9章 税金に関するケーススタディ ─── 287

第10章 インド進出に関するQ&A ─── 311

Q-1 経理業務を親会社で行う場合の注意点 311
Q-2 資本金の送金とその記録 312
Q-3 株式の券面額の決定方法 312
Q-4 資本金の本国への償還方法 313
Q-5 インド子会社からのロイヤリティ等の送金にかかる源泉税(1) 314
Q-6 インド子会社からのロイヤリティ等の送金にかかる源泉税(2) 314
Q-7 インドのコンサルタントに支払うコンサルタント料金の源泉税 315
Q-8 日本人駐在員の給与負担 316

第11章 南アジアのその他の国の諸規制 ─── 319

1 パキスタン ……………………………………… 319

(1) 社会, 経済 319
(2) ビジネス環境 321
(3) 税　　制 325
(4) 会計, 監査 330

目　次　13

2 バングラデシュ ……………………………………………………… 333

　　(1)　経済環境　333
　　(2)　政治環境　333
　　(3)　外国投資に関する規制（奨励措置，外国為替法令を含む）　334
　　(4)　税　　制　337
　　(5)　会計処理（会計基準，法定監査の要求事項等）　344

3 スリランカ …………………………………………………………… 345

　　(1)　概　　要　345
　　(2)　税制・会計　347

インドの概要

インドの社会

① **公式国名**：インド
② **国土面積**：世界で7番目に広い面積で，328万7,469平方キロメートル（パキスタン，中国との係争地を含む。2011年国勢調査）。日本の約9倍。
③ **人口**：インド全土で12億1,057万人（2011年国勢調査）の人口を擁し，世界では中国に次いで2番目。
④ **気候**：国土が広いため，北はヒマラヤ山脈に接し，南はモンスーン地帯まで，地域によって気候はさまざまである。過ごしやすい地域もある。
⑤ **言語**：連邦公用語はヒンディー語で，もっとも広く使われている。他にも憲法で公認する州の公用語が21ある。準公用語である英語も公共の場では通じる。地方によって，ウルドゥー語，ベンガル語など，それぞれの言語が使われている。
⑥ **宗教**：ヒンドゥー教を信じる国民が約8割と最も多く，次いで，イスラム教が約15％。ブッダを産んだ国ではあるが，仏教徒は1％以下と多くない。
⑦ **教育**：インド国内には，約139万4,000の教育機関がある。初等教育においては世界で2番目に大きく，1億3,900万人の6歳から14歳の生徒が学習しており，97.4％の子どもが初等教育を受けている。490の大学があり，デリー大学等の有名校には，Collegeを有している。大学の進学率も徐々に上がってきており，2012年度には15％に達している。
⑧ **通貨**：変動相場制が導入されており，インドルピーが使用されている。1ルピー＝100パイサ，1インドルピーは2016年4月18日時点で約1.6円。

インドの政治

① **歴史**：古代文明発祥の地。昔から交易上重要な場所であった。1947年に独立するまでは英国の植民地であった。この四半世紀の間に急速な成長が見られ，南アジアのみならず世界においても政治，経済，軍事などの面で重要な地位を占めるに至っている。

② **政治制度**：世界最大の民主主義国家。連邦共和制をとり，各州が独自の立法政府を持っている。選挙は5年に1度行われ，次の選挙は2019年。与党は，10年ぶりにインド人民党（BJP）政権（二院制）となった。

③ **法制度**：インドの法制度はかなり公正にできている。しかし，訴訟の解決には時間がかかり，10年単位の時間がかかることも多い。

インドの経済

① **産業構造**：2010年度は10.26%，2011年度は6.64%，2012年度は4.7%，2013年度は5.02%と高い経済成長率を維持している。さらに，2014年度の経済成長率は5.63%（推計）だった（IMF - World Economic Databases）。

産業別に見ると，ソフトウェア大国といわれるように第3次産業がGDPの56.9%を占め，第2次産業が25.8%，第1次産業が17.4%となっている（CIA - The World Factbook）。

② **政府政策**：1991年の経済危機以降，それまでの閉鎖的・自給自足の経済政策を転換し，規制緩和を進めてきた。その結果，高い経済成長率を誇り，2000年代に入ってからは，8%前後の経済成長率を記録している。

2014年7月に，それまでの与党であった国民会議派が総選挙で敗れ，インド人民党（BJP）による政権に移行し，これまでの経済開放政策は，10年前に政権を移譲した時同様に，維持されている。

③ **外資導入政策**：外資を導入することによる外貨獲得および雇用創出を政策として打ち出している。上限規制はあるものの，基本的に，ほとんどの産業で外資の進出が認められている。総合小売業に対する開放が，政権交代

により，停滞するなどの影響はあるが，その他の業界においては，積極的に外資導入が進んでおり，電子商取引分野の解禁なども含め，今後，さらなる開放が期待される。

④ **為替管理**：為替を管理する法律として1999年外国為替管理法があり，インドにおける外国為替取引を規制している。外国為替取引を当座勘定取引と資本勘定取引に分け，それぞれ別の規制を設けている。当座勘定取引とは資本勘定取引以外の取引をすべて指し，一部の規制取引を除き原則として自由に取引を行うことができる。当座勘定取引には外国貿易やサービス取引，短期借入れなどによる資金の授受，利息の支払，投資収益の受取り，生活費の送金，外国旅行や海外研修費用などが含まれる。一部の規制取引には以下の3種類があり，それぞれの取引が含まれる。

(a) 禁止取引
- ネパール，または，ブータンとの取引(注1)
- インド国内企業が海外でジョイント・ベンチャーや100％子会社を有している場合，それらの会社に対するコミッション料の支払
- コールバック・サービスによる電話料の支払
- 宝くじや賭け事のための支払
- 競艇，競馬などによる賞金の受領
- 宝くじ賞金の受領

(b) 規制官庁の許可にもとづいてのみ行える取引
- 海運会社から海外の代理店への送金
- 送受信機のリース料の送金
- 海外の会社からの健康保険金の支払

(c) インド準備銀行の事前許可が必要な取引
- 海外旅行のための1万米ドル以上の外貨を引き出す（ただし，ネパールおよびブータンへの旅行の際は，一切の外貨の引出しはできない）

(注1) ネパールまたはブータンとの取引は外貨ではできない。ただし，インドルピーでの取引は可能である。

- 5千米ドルを超える贈り物，1万米ドルを超える寄付
- 海外への就職のため，10万米ドル以上の外貨を持ち出すこと
- 海外への移住のため，10万米ドル以上の外貨を持ち出すこと
- 10万米ドルを超える海外に住む親族を養うための送金（ただし，インドに住む外国人については給料の手取り額の範囲内であれば10万米ドルを超えてもよい）

⑤ **金融政策・金融市場**：金融市場はインドの中央銀行が監督する。インド準備銀行によると，指定銀行には商業銀行，民間銀行，外国銀行，相互銀行，および，地方銀行が含まれ，これらが銀行業務に従事することができる。インドには23の証券取引所が存在し，その証券取引所に上場している企業を監督しているのがインド証券取引委員会（SEBI）である。

⑥ **証券市場**：主な証券取引所として，国立証券取引所（NSE）とボンベイ証券取引所（BSE）がある。上場会社数は，ニューヨーク証券取引所に次いで世界第2位である。

第1章
インドの経済

1 インド，活気ある経済

(1) 急速な変化

　インド経済は過去10数年間において目覚しい変化を遂げた。ほとんどの分野において民間の参入を開放し，輸入ライセンスは撤廃されている。輸入関税は世界的に受け入れられるレベルにまで下がっており，現在一番多くの品目に適用される基本関税率は10%である。

　1947年に独立してからの国家再編は，ゆっくりではあるが着実なものであった。50年代から70年代にかけては農業改革が行われ，80年代から90年代半ばにかけては産業再編成が行われた。90年代以降においては情報技術およびサービス業界が再編され，インドは情報技術およびサービス産業に国を挙げて取り組んでいる国家として紹介されている。近年は，「Make In India」の施策のもと，製造業，特に，製薬産業やバイオテクノロジー，繊維産業など，25の特定分野に力を入れている。

(2) 強固な経済基盤

　インドの経済がこのような急速な変化を遂げた裏には，インドが持つ地理的な強み，そして全国内にはりめぐらされた鉄道と道路といった強固な基盤があったといえる。

インドの鉄道は，最大の国営企業である。おおよその延長は約65,000kmであり，世界で4番目に頻繁に使われているシステムである。

インドには主要な港が12港と中小の港が200港ある。海岸および遠洋貿易ルートに加え，内陸運河が6,000km以上もあり，そのうち3,600kmが大型船舶による航行が可能である。また，インドは充実した航空輸送システムも保有している。世界の主要航空会社による国際航空サービスに加え，民間の航空会社が，国内だけでなく近隣諸国にも運航している。

インドは，約450万kmの道路を保有している。そのうち50%が舗装道路であり，残りの50%は砂利，砕石，土でできた道路である。2%を占める国道は，道路交通量の40%を占めており国の幹線道路となっている。この幹線道路を通じ4都市（デリー，コルカタ，ムンバイ，チェンナイ）を結ぶという「GQ5,846km－ゴールデン・クアドリラテラル・プロジェクト」（黄金の四角形プロジェクト）をはじめとするNational Highway Development Projectの推進により，道路ネットワークに大きな変化をもたらすであろう。

(3) 繁栄をもたらすための方策

過去40年間における農業の発展は，インドでもっとも大きなサクセスストーリーの1つである。インドは今日，食料を自給自足するだけでなく，十分な蓄えさえも持つ。米，小麦，家禽生産食品，果物，野菜，ココナッツ，紅茶，スパイスおよび海産物の生産は世界で上位3位に入っている。

インドの産業は，現在，上昇傾向にあり，力強さがみなぎっている。今後は，海洋学，宇宙空間，電子技術，そして従来にはないエネルギー源のような分野で引き続き発展していくであろう。インドが保有している多くの科学や技術の能力を持った人材は，世界中の研究開発に貢献している。

サービス業が急成長したことにより，インドは世界でもっとも経済成長している国の1つになった。サービス業の国内総生産（Gross Domestic Product，以下，GDP）への貢献度は，1990年度の40.6%から現在では56.9%へと増加した。

2 インドにおける産業

(1) 自動車および自動車部品産業

1人当たりのGDPがまだ低いインドであるが，貧富の差の大きい国でもあるため，引き続き小型車販売が中心となっている。依然として，道路の環境は悪いため，SUV，MPVなど，環境に適した車種の販売が好調である。また，軽油に対する税の優遇もあり，ディーゼル車が主流となっている。高級車の売れ行きも，都市部を中心として好調で，欧米のメーカーをはじめとした高級車メーカーも多く目にするようになってきている。また，CO_2の排出量削減に向け，もっとも環境負荷の小さいBharatIV対応車種(注1)が増えてきている。一方で，これまで国民車種として広く普及していたAmbassadorが2014年に，

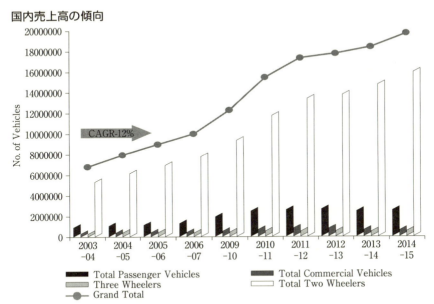

出典：Society of Indian-Automobile Manufacturers (SIAM)

(注1) Bharat Stage Emission Standards：排気ガス排出量の段階規制で，現在は，首都や主要都市においては，第4段階の規制水準に入っている。2017年には，全土で第5段階の規制水準を適用する方向で審議が進められている。

ついに生産終了となるなど，インドの自動車市場も大きく変化している。

　自動車産業全体では，2026年までに，3,000億米ドルの市場規模となるとの予想もなされ，GDPの約13％を占めるものと想定されている。乗用車は310万台（2014年）から1,430万台（2026年），商用車は70万台（2014年）から390万台（2026年），二輪車を含めた自動車市場全体の販売台数は2,150万台（2014年）から2,550万台（2026年）にまで伸びると予想されている（Vision2026：ICRA Management Consulting Services）。

　安価な鉄や安い労働力といったコスト面でのメリットだけではなく，市場の近くで生産し販売することのメリットを考えるうえでも，インドは自動車関連メーカーにとって，引き続き，十分魅力のある市場として位置付けられており，今後さらにこの分野での投資が続くものと期待されている。

(2) 製薬産業，バイオテクノロジー

　インドの製薬産業はここ数年急速に成長を遂げ，2013年度には市場規模は120億米ドルに到達している。今後も7年間は23.9％の成長率を記録し，2020年度には550億米ドルまで市場規模が大きくなると予想されている（India Brand Equity Foundation）。インドの製薬市場は，特に，後発薬において，世界の5分の1の生産量を占めており，そのうち輸出が約50％を占めている。

　インドでは2005年に製品特許制度を整備し，知的財産権に関する規制が強化されたので，それ以降，数多くの多国籍企業がインド市場に関心を寄せている。1人当たり所得の増加やよりよい社会保険制度の浸透，私立病院の充実など医療関係のインフラが整ってきていることも製薬市場の規模拡大の要因であると思われる。インドでの低コストでの医薬品の製造のみならず，優秀な人材を利用した研究開発拠点としてもインド市場は注目を集めている。バイオテクノロジー産業は2012年度で38億1,000万米ドル規模に達し，2017年には116億米ドルに達すると見込まれている（Make In India：インド大使館）。

　日系企業では，第一三共がランバクシーを買収したことが大きく取り上げられ，その後，サンファーマへの売却も業界に衝撃を与えた。しばらく，インド

進出を躊躇する動きもあったが，近年，明治製菓ファルマがメドライクを買収するなど，再び，進出の萌芽が見え始めている。

(3) 物　流

　順調な経済成長に伴い，物資の移動も盛んに行われていることから物流産業市場も大きく伸びている。現在，物流市場は1,300億米ドル程度と推測できる。近年，日系企業では鴻池運輸，佐川急便，近鉄エキスプレス，伊藤忠ロジスティクスなどが続々とインドに進出を果している。物流を利用している利用者の中で特に自動車産業および小売業が大きな役割を占めている。どちらの産業も近年大きく伸びているため，これに伴って物流産業も大きく伸びると思われる。今後はコールド・チェーンなども伸びていくと思われる。

(4) IT産業

　インドは世界におけるITのハブとして知られ，カスタムアプリケーション開発および管理，システム統合，ITコンサルティング，アプリケーション管理，インフラ管理サービス，ソフトウェア検証など，さまざまな業務を行っている。IT産業は2014年度には10％と引き続き高い成長率を遂げ，収入規模で600億米ドルにまで達している（NASSCOM）[注2]。2009年から2014年にかけてインドのグローバルアウトソーシングはITにおいて850億米ドルから910億米ドルに成長し，BPOでも55億米ドルから62億米ドルへと9～10％の成長率を記録している。

　インドでは豊富な人材，安い労働コスト，高い品質，高い英語力などがこの成長を支えている。最近は単なるアウトソースよりも，より付加価値の高い研究開発や分析拠点としてインドは注目を集めつつある。外資系企業ではIBMやデル，マイクロソフト，アクセンチュアなどが進出し，日系企業でも，NTTデータ，富士通や日立製作所などがビジネスを拡大している。

　（注2）　NASSCOMとはインドのソフトウェアの業界団体で，National Association of Software and Services Companiesのことである。

(5) 小売業

インドの小売市場は2014年度で53兆円（Euromonitor）と世界でもトップ10に入る大きな市場である。最近，1人当たり所得の増加や中産階級層の拡大，クレジットカードの普及によりさらに小売市場が発展を遂げている。これにあわせて，従来は家族経営の小規模小売店が主体であり，1,400万店以上存在するが，最近は，都市部では大型モール，スーパーマーケットの普及が図られてきており，市場が変化しつつある。

一方，外資系企業にとって，インドビジネスはまだまだこれからといった様子である。小売業は一部を除いて外資に開放されていなかったところから，2012年に緩和の方向性が示されたものの，BJP政権になり，総合小売業への外資開放を反対する姿勢があるなど，依然，今後が不透明な状態にある。米国のWal-Martは将来を見据えて様子見の様相であったり，フランスのカルフールは現金卸売の業態でインド市場に進出していたが，昨今の情勢の中で撤退したりするなど，将来の小売業の外資系企業への全面開放に向けて，先が見えなくなってきている状態である。

(6) 食品加工

インドでは膨大な人口を抱えており，それに対する食料の供給が非常に大きいにもかかわらず，食品加工業はまだまだ初期段階にあるといえる。現在，農産物の加工は生産量の20％にしか過ぎない。しかし，今後，可処分所得の増加や若年層の増加，生活習慣の変化などにより加工食品の食品生産量に占める割合が増えることも予想される。日系企業では，最近，東洋水産，カゴメが進出している。

3 なぜいまインドなのか ― 日系企業にとってのインド

(1) 現　状

2014年のBJPの総選挙勝利以降，改めて，インドブームが起こっている。

- デリー，および，その近郊には，スズキ，本田技研工業，銀行，商社，家電メーカーなどが多い。冬寒く，夏（5～6月）は気温が40～50度まで上がる。
- ムンバイは商業都市であり，金融機関，リース業，商社，中央銀行などがある。
- バンガロールは高度が高く，ITで有名な場所。トヨタ自動車および関連会社がある。
- チェンナイには港があり，日産自動車など主に自動車メーカーが多い。

　日本で発売されたインド株式に投資する30本程度の投資信託の残高は，2015年末には6,500億円を突破している。2014年10月の在インド日本国大使館の日系企業インド進出地図によると，インドに進出している日系企業の数は1,209社であるが，2008年1月に555社だったことを考えるとこの5年強で日系企業の数が倍増していることがわかる。

　インドはBRICs（ブラジル，ロシア，インド，中国）の一員として呼称され，今後の有望な新興経済大国と位置付けられてきた。4か国の中では中国が急速な経済成長で牽引してきたが，その成長に陰りが見え始め，その次に注目を集めているのがインドである。国際協力銀行が日本の製造業を対象に2007年に実施した調査によると，今後の有望な事業展開先として第1位が中国，続いてインド，ベトナム，タイという結果が出ていたが，2014年度の調査では，インド，インドネシア，中国，タイという順序になっており，インドを有望と見る傾向がさらに強まっている。

インドに進出した企業の成功例としてはマルチ・スズキや三菱化学が挙げられ，その他，本田技研工業，トヨタ自動車などの自動車メーカー，パナソニック，ソニーなどの家電メーカー，商社，銀行などもすでに市場で大きなプレゼンスを築いている。

このように日本からのインド投資は拡大を続けているが，主な要因は次のとおりであると考えられる。

① 潜在的な市場の大きさ

インドの国土は約330万平方キロメートルであり，世界で7番目に広い国土を持ち，日本の国土の約9倍の面積を有する。インドは約12億人の人口を有し，中国に次いで世界で2番目に人口の多い国である。大きな国ではあるが貧困にあえいでいて，日系企業のビジネスのターゲットとなるほどの市場規模はないというのが，日本人のインドに対する従来からの見方であった。1人当たりの名目GDPを見ても，2013年度で1,509米ドル／146位（IMF）と6,958米ドル／84位の中国をはじめ，その他のアジア諸国と比較しても見劣る。

しかし，単純に1人当たりの金額を見ているだけでは，インドの市場の大きさを誤解してしまう。インドでは過去から続く身分制度（カースト制度）が歴然と残っており，貧富の差が激しい。したがって，1人当たりのGDPが小さいのは，国民の多数を占める貧困層がその数値を引き下げているのであって，日系企業のターゲットとなる消費者数の絶対数をとると決して小さくはない。仮に人口の1割がターゲットとなるとしても，それで1億2,000万人となり，日本の人口に匹敵する市場規模となるし，これが3割となれば米国並みの市場規模となる。

日系企業の有望投資先として挙げられるベトナムやタイとインドの違いは，この市場の大きさである。ベトナムやタイは輸出基地や製造拠点としての位置付けであるが，インドの場合はその大きな国内市場を狙うこととなる。また現在のインドの人口ピラミッドは，日本の高度成長時代である1960年代のそれと形が似ており，きれいな三角形となっている。また，人口の50％超を25歳未満

の若年層が占めている。そういった意味でも，今後の消費者層および労働人口の拡大による経済成長が見込めるといえる。

たとえば携帯電話の加入者数ひとつをとっても，その傾向が見てとれる。2013年末の携帯電話の加入者数は8億8,630万台で，2007年以降，年1億台単位で増加している。日本での携帯電話の加入者数を2007年段階ですでに超えている。自動車の販売台数も2013年には317万台を超え，アジアではすでに中国，日本に次いで3番目に大きな市場に成長している。

マクロの数値に目を転じると，GDP総額では2013年度には約225兆9,169億円で世界第10位にランクされており，アジアでは中国，日本に次いで3番目の経済大国となっている。購買力平価で測ったGDPでは米国，中国に次いで世界第3位であり，日本はインドにすでに抜かれている。2020年にはGDP総額で日本を抜き，中国，米国に次ぐ世界第3位の経済大国となると予測するレポートもある。

② 外資規制の緩和

最近のインドの経済成長率は5.0％台であり，2000年前半は8～9％の経済成長を記録していた。直近でも，改めて8～9％の成長率に戻ると予想され，依然として好調な経済を維持している。これは継続的な経済開放政策によるところが大きい。インドでは1991年の経済危機を経験し，それ以降はそれまでの閉鎖的・保護主義的経済政策を転換し，開放的・自由競争的な経済政策を志向してきた。これに伴い，各種外資規制も撤廃されてきた。現在では基本的に100％外資出資による会社設立を認め，一部産業について外資を制限するというネガティブリスト方式を採用している。

2007年度の米国のサブプライム・ローン問題に端を発した世界的な景気の減速や，原油価格の高騰によるインフレ率の上昇などによる景気の冷え込みにもかかわらず，インド政府は2012年度の経済成長率を4.7％，2013年度には5.02％に達するなど，引き続き好調な経済成長が続くと見込まれている。

③ 税制改革

　従来，インド進出の障害の1つとして取り上げられているのが税制度である。インドでは間接税の種類が多く，仕組みが複雑でわかりにくい。また，直接税を含めた負担税率が大きいといわれてきた。これについても少しずつではあるが改革が行われている。

　インド政府は現在，アクト・イースト政策をとっており，東南アジア並みに外資を誘致できるよう税率の引下げを行っている。たとえば標準的な基本関税率は，2001/02年度の35％から2006/07年度には12.5％，2007/08年度にはさらに10％に引き下げられた。また，法人税の実効税率も同様に引き下げられた。さらに，物品税とサービス税間での相殺控除が可能となるといった改革を進めてきた。また，種類が多く複雑な間接税を一本化し，Goods & Service Tax に集約するという公約も，ようやく現政権にて，導入に向けた動きが積極化し，今まで頭を悩ませてきた税金問題が少しずつ減っていくものと期待される。

　日本と同じくインドも，外国との自由貿易協定や包括的経済協力協定を結ぶことにより，多国間の貿易・投資の拡大を目指している。現在のところ，2011年に日印包括的経済連携協定が締結されたように，スリランカやタイ，シンガポール，SAFTA（南アジア自由貿易圏）などとこの種の協定を結んでおり，今後，中東諸国や，中国などとの締結が予定されている。すでにこれらの国々に進出している日系企業にとっては，インドでビジネスを行う際のビジネスモデルを考えるうえで，今後，より選択肢が増えるものと思われる。

④ 経済政策および政治の安定

　インド政府は，1991年の経済危機以降一貫して経済開放政策をとっている。また，外資誘致および輸出振興に力を入れており，特別経済区域の創設や外貨獲得の見返りに輸入関税減免の恩典を与えるなど必要な施策を打ち出してきている。その結果，現在世界第10位の外貨準備高保有国という地位も確立している。2014年に当時の与党である国民会議派連立政権が選挙で破れ，これに代わってBJP党が与党となったが，それまでの経済開放政策に大きな変化はな

く，また，改めて，製造業への優遇措置を強めていくなど，経済政策はきわめて安定しているといえる。

一方，対外関係に目を転じると，これまで対立関係にあった周辺諸国との対話を進め，紛争リスクなども低減してきているのがわかる。近年，最大の脅威である中国との間においても経済的な側面での連携を強め，首脳間の交流も深まっている。一方で，政治的には，中国との長年の領土問題やチベット問題などでの対立から関係改善の動きが見えていたが，中国の戦略的な海洋進出に対し牽制する動きも見せるなど，その関係性には注視していく必要がある。

インドおよびパキスタンの核実験競争や，カシミール紛争などのリスクは後退してきたものの，パキスタンからの越境テロの恐れがある地域もあり，投資にあたっては環境を分析しておく必要がある。

⑤　豊富な人材

インドは約12億の人口を有するが，その中には米国や英国などで高等教育を受けた者も数多く含まれている。同じ英語圏であり，さらに時差を生かしたITのアウトソース先としてIT関連業務に従事する者も増えている。最近では得意な語学力を生かし，英語圏以外の国に対するITサービスも行っており，その中には当然日本も含まれている。ITだけではなく，米国の大学教授のかなりの割合をインド人が占めているといわれるように，インド人の有能さは衆目の一致するところとなっている。

このようにインドでは有能な人材が豊富であるところから，IT産業のみならず，製薬・バイオ産業の集積基地として考える企業が出てくるなど，その他の産業にとっても可能性を持った国であるといえる。

(2)　課　　題

以上，インド投資を行う際の魅力的な点を記載してきた。このほかにも，歴史的な経緯から対日感情が良い点や，インドルピーが米ドルや日本円に対して安定した為替レートを保っていることなどのプラス面がある。

しかし，当然マイナス面もあり，その1つが労働問題である。2012年に起きたマルチ・スズキのマネサール工場や，かつて，本田技研工業の二輪車工場において，労働問題が発生し，暴動にまで発展してしまった。2016年初めにも優遇政策の対象外となった多数派カーストが逆差別を訴えて暴動を起こし，マルチ・スズキの工場が稼働できなくなるという社会問題に起因する問題が起こった。このようなケースは決して多くはないが，複雑な労働関係法規や労働者に有利な硬直的な制度などもあり，これらの改善が求められるところである。

　未整備なインフラも外資誘致の障害となっている。恒常的な電力不足，港湾の能力不足，劣悪な道路事情など改善すべき点は，依然として多い。

　また，税制度も改善してきているとはいえ，まだまだ諸外国に比べて制度が複雑であり，制度の簡素化が求められている。

第2章
インドのビジネス環境

1 法制度

(1) 背景

　この項では，インドでの工場の設立を検討している会社に対して，重要な法令および条例を掲載するが，主に外国企業がインドで自動車部品を製造する100％子会社もしくはジョイント・ベンチャーを設立するケースを想定する。したがって，それ以外の産業についてはその他の法令にも留意が必要なケースもある。

　まず，インド中央政府と州政府の立法権の分担について，インド憲法の第245条から第255条に記されている。この中でインド憲法の第7スケジュール(注1)と第246条において，インド中央政府と州政府が法令を制定できる立法分野がそれぞれリストアップされている。第7スケジュールでは法令分野を，連邦リスト，州リスト，兼任リストの3種に分類している。国会は，連邦リストの範囲内で法令を制定する権限を有しており，一方，州政府は州リストに掲載されている法令を制定する権限を有している。そして国会と州議会の双方が兼任リストに関する法令を制定する権限を有することとなっている。

　上記の第7スケジュールの3つのリストの中でいくつかの重要な事項を35頁からの付録に抜粋したので参照されたい。

（注1）　ここでいうスケジュールとは憲法本文と関連のある添付資料のことである。

上記のリストに応じて，国会と州議会はそれぞれ以下のようなさまざまな法令を規定している。
① インド企業への外国企業の投資
② 企業の設立および運営
③ 土地の取得および工場施設の建設
④ 環境や公害に関する法令
⑤ 産業，雇用および労働に関する法令
⑥ 法人税，関税，物品税および物品の売買に課せられる税金

本項および「2 労働環境」では上記のうち③，④および⑤に関連する事柄に焦点を絞って説明し，①および②に関しても多少言及する。しかし，⑥については「第4章 インドの税制」に説明を譲る。

(2) 外資系企業のインド進出

1999年外国為替管理法（Foreign Exchange Management Act, FEMA）と2000年外国為替管理（インド非居住者による株式売買）規則によると，自動車部品製造に従事しているインド企業への外国企業の出資については，ほとんどの場合インド政府もしくはインド準備銀行（Reserve Bank of India，RBI）からの事前認可は不要である。詳しくは「第3章 投資にあたってのインセンティブと規制 1 外資規制」の項を参照されたい。

しかし，インド企業が外国企業に株式を発行する場合や外国企業がインド企業からインド企業の株を購入する場合には，RBIが規定しているガイドラインに従わなければならない。このガイドラインには株式売買価格を最低限いくらにしなければならないかについての計算式が含まれている。また，当該株式の発行にあたって，所定の書類をRBIや銀行に提出しなければならない。

インド国内に設立された企業が外国企業から資金を借り入れる場合，外国為替管理（外貨借入および貸付）法（2000年制定）およびインド政府の対外商業借入に関する政策に従うこととなる。

ここでいうインド国内企業とは，外国企業がインド国内に設立した100％子

会社やジョイント・ベンチャーも含まれるので，これらの企業が外国企業（親会社や外国にある金融機関）から資金を借り入れる場合には，これらの規則を念頭においておかなければならない。詳細は「第3章　投資にあたってのインセンティブと規制　6　外国為替管理法（FEMA）」を参照されたい。

(3) 企業体の設立および管理
① 新会社法（2013年制定）
インドに設立された企業は，新会社法にのっとって会社運営されなければならない。詳しくは「第5章　インドの会社法と会計制度」を参照されたい。

② インド証券取引委員会（Securities and Exchange Board of India, SEBI）による規則
インド企業の株式を株式市場に上場する場合には，インド企業とその株主（株主が外国企業の場合も含む）は，インド証券取引委員会によって規定されたさまざまな規則やガイドラインを順守しなくてはならない。

③ 2002年競争法
競争法は，
- 競争による有害な影響を防ぐ
- 市場での競争を促進および持続する
- 消費者の利益を保護する
- 取引の自由を保証する

などを目的に制定された法律である。同法はM&Aなどの企業合併を規制するのとは別に，非競争的な協定や市場の独占による悪弊を規制するものである。そのため，M&Aなどの企業合併の交渉に入る前や製品の製造，供給，流通に関するどのような契約を結ぶ場合にも同法の規定に準拠していることを確認する必要がある。

⑷　**土地の購入および工場の建設**

　まず，これから述べる土地の購入や工場の建設に関する規定は，工場もしくは事務所が設置される州の州政府によって規制されることに留意しなければならない。

　工場建設目的の土地は，土地の購入もしくは賃借によって確保することができる。土地は私企業あるいは政府当局から獲得することができる。私企業から土地を獲得した場合，その土地が下記に示されているように，工業目的の使用が可能かを確認するべきである。政府当局は通常，土地を売却するか，（いくつかの州では）土地をリースする。必要書類を譲渡人とともに作成することとなる。

　土地が工業地域内にない場合，会社はその土地の工業利用が認められているか否かを確認するべきである。購入しようとする土地の工業利用が許可されていない場合，通常数日から数か月を要する土地利用の切替手続を踏む必要があり，担当省庁に所定の費用を支払わなければならない。環境的に問題があるような地域では，そのような土地利用の切替えが難しいか不可能な場合もある。

　企業は工場建設前，建設期間中，また建設後にも，さまざまな規制を順守しなければならない。端的に言えば，工場法のもとで建設前に建設計画の承認のようなものが関係当局から求められる。建設期間中には，担当当局にさまざまな情報を提出し，納得させなければならない。最終的に担当当局が建設された建物が認可された建設計画に沿ったものであると認定する前に，空港当局や消防署などから許可証をもらう必要がある。建物が安定したものであることを証明する「安定証明書」を入手することも求められる。そのうえで建設完了証が発行される。

　建設計画の一環として，企業は工業用水や電気の供給手段があることを確認すべきである。工場の立地が所定の工業地域内でない場合は，特に気をつける必要がある。

　工業団地やインフラ等の整備のため政府機関が土地収用を実施する際に，土地収用法が制定されている。現状，土地収用には社会的影響を調査することが

条件となっているが，収用の長期化を招く原因ともなっているため，一定の公共目的のためには省略することが可能となるよう国会にて審議中である。

(5) 環境および公害を取り締まる法令
環境や公害に関する法令には主に下記のものがある。

① 大気（汚染防止管理）法（1981年制定）および水道（汚染防止管理）法（1974年制定）

大気法は，大気汚染の防止，管理，軽減を目的に制定された。大気法下では，大気汚染管理地域での工場の設立および操業に際して，企業は国家汚染防止管理委員会から承認を得なければならない。同様に，水道法下では工場の設立，管理，もしくは廃水を排出する場合には同委員会からの承認を得なければならない。通常は，大気法と水道法の認可は同時に下り，認可のための条件や汚染物質の排出上限なども定められる。

② 環境（保護）法

同法は，環境の保護および改善を目的に規定された。1972年6月にストックホルムで開催された国連人間環境会議での採択に準じるものである。同法下では次の事項が規定されている。
- 有害廃棄物の管理および処理
- 有害化学物質の製造，保管および輸入
- 化学事故に対する対策および迅速な対応
- 細菌生物の培養，輸入，使用等
- 騒音被害の規制および管理等

中央政府は同法下で特定の地域において特定の目的のために大気，水および土壌の質の基準を設け，州政府がさらに厳しい基準を設定している。水道法および大気法もしくは1989年に制定された有害廃棄物（管理と取扱）規則の認可を受けなければならない企業は，毎年9月30日までに州政府に年次の環境報告

書を提出しなくてはならない。

③　水質汚濁防止税法（1977年制定）
　同法は，エンジニアリング産業を含む特定の工業を営む事業者に対して，中央公害管理委員会と州政府が水の使用に対する税を徴収することを目的に制定された。該当する事業者は，州政府に定期的に水の消費量を届出，適切な税額を支払わなければならない。

2 労働環境

(1) 労働市場
　インド経済をこれまで牽引してきたのは，IT産業やビジネスプロセスのアウトソース事業であり，そのためインドは，ソフトウェア技術者などの優秀な人材の宝庫となっているといえる。これらの人材には米国など海外の教育を受けて帰国した者が多く，また，インド人には語学が堪能な人材が多いため，英語はもちろんのこと，それ以外の言語を駆使して仕事をこなす人材も多い。日本語についても学校教育に取り入れられ，今後は日本向けサービスを日本語で提供できる人材も増えるのではないかと思われる。
　最近では，外資系企業のインド進出が著しく，製造業に従事する優秀な人材も増えており，製造業におけるスキルの向上も徐々に進んでいる。

(2) 産業，雇用および労働に関する法令
① 概　要
　インドにおける労働法は，インドが国際労働機関に加盟していることに影響を受けている。労働法は主に労働者を保護し福利厚生を保障することを意図した法であることに留意しなければならない。
　一般に使われている「被雇用者」の定義は労働法下における「被雇用者」と必ずしも一致しない。加えて，1947年に制定された産業紛争法を踏まえると以

下のように分類される。
  (a) 「監督者」もしくは「経営者」とは，すなわち卓越した監督力もしくは経営力を有する被雇用者を意味する。
  (b) 「労働者」とは，すなわち手作業や，非熟練，熟練，技術的，事務的な作業のために雇用された被雇用者を意味する。

各従業員が労働者であるか否か判断するには，個々の従業員の業務内容を考慮することとなる。被雇用者が「監督者」もしくは「経営者」である場合，彼らの雇用は主として雇用主との雇用契約によってなされる。つまり，このような被雇用者は労働条件について協議し合意する自由がある。言い換えれば，「労働者」とは異なり，この分類に属する被雇用者たちは雇用主との争いの際に産業紛争法による保護を受けることができない。通常この分類に属する被雇用者たちについては，各々の雇用契約に沿った労働条件をもとに比較的容易に解雇できる。しかし，「労働者」の場合，彼らの労働条件は関連法令で規定され，産業紛争法のもとで労働争議を起こすこともできる。具体的には，レイオフ，雇用削減，事業の撤退などに関する規定が設けられている。雇用主にはそれらの法令を遵守する義務があり，「労働者」との間で交わす雇用契約は法令に適合し，かつ「労働者」の恩恵と特典を含めたものでなければならない。以下に特に重要な法律を解説する。

② 産業紛争法（1947年制定）

同法は，労使交渉により労働争議を円満に解決するための仕組みや手続を規定することを目的に制定された。しかしながら，多くの州は同法を各州の規定に合わせて修正しているので注意が必要である。同法はすべての事業，貿易，製造もしくは商品の流通やサービスの提供を営む会社に適用される。契約社員やパート社員を含む手作業，事務作業，スキルを求められる作業および求められない作業，技術的作業，操作作業，指揮作業に従事する被雇用者は，同法下で「労働者」に分類される。経営者および管理職の人間は，同法下では労働者には分類されない。

同法では，従業員の解雇に対する保障や保護なども規定している。また，同法は労働者によるストライキや経営陣による工場閉鎖などの実力行使を規制し，レイオフや人員削減，工場閉鎖に対する規定も定めている。いくつかの重要な規定を以下に示す。

【産業紛争法の主な重要規定】
- 100人以上の労働者を雇用する事業所では，労働者および雇用主の代表からなる労働委員会を設置し，労使間の良好な関係を保つようにしなければならない。
- 雇用主は賃金，手当，労働時間，休暇などの労働条件を変更するためには，事前に所定の告知をしなければならない。
- 50人以上の労働者を雇用する事業所では，雇用主は労働争議を担当官庁に報告する苦情処理委員会を組織し，労使間の争いごとの解決を図らなければならない。
- 50人以上の労働者を雇用する事業所では，(a)労働者のレイオフ，(b)解雇等による労働者の削減，(c)事業の譲渡，(d)事業の廃止を実行する場合にはいくつかの制約がある。

③ 工場法（1948年制定）

同法は労働時間などの工場における労働条件を規制し，労働者の健康，安全，福利を保障する目的で制定された。同法では「工場」を，次の要件を満たすあらゆる施設のこととする。

(a) 10人以上が働いていて製造工程が動力の助けによって行われている

または，

(b) 20人以上が働いていて製造工程が動力の助けなしで行われている

同法は工場における健康，安全，福利，労働時間，女性の雇用，休暇，残業手当，休暇中の賃金に関するさまざまな規定を採り上げている。州政府はこれを修正して施行する権限を有している。以下に，同法におけるいくつかの重要な規定を記す。

【工場法の主な重要規定】
- 企業は工場を営むにあたって，計画や関連する書類を提出し，ライセンスを得

- なければならない。
- 企業は取締役の1人を「Occupier」に任命し，誰がOccupierであるか政府に通知しなければならない。Occupierは，工場法の規定に従って工場の運営が行われていることを確かめる責任を負う。
- 健康（清潔，廃物処理，換気，温度，ゴミおよび煙，混雑，照明，飲料水に関する規定，洗面所および小便所，たんつぼ等），安全（機械の外柵工事，クレーン，リフト，圧力プラント等）および福利（洗濯場，応急措置，食堂，休憩所，昼食所，託児所等）に関するさまざまな規定を設けている。圧力容器，ボイラー，リフト等の使用に関しては，定期的な整備や証明書の発行などの，より詳細な規則も整備されている。
- 工場での作業が危険な工程を含んでいる場合，Occupierは政府に対して適切な開示が求められ，その他にも労働者の健康と安全のためにより詳細な方針が定められている。危険な工程のリストは同法の第一スケジュールにて列挙されている。
- 企業は同法の規定によりさまざまな登録が要求され，報告書を政府に提出しなければならない。

④ 産業雇用法（内務規定）法（1946年制定）

同法は産業施設の保有者に，被雇用者に対し均一で安定した雇用条件を定めることを義務付けている。「工場」は同法でいう産業施設の定義に含まれる。同法は100人以上の労働者が現在雇用されているか，過去12か月間で100人以上の労働者が雇用されていたことがある産業施設に適用される。同法における内務規定は同法のスケジュールAに記載されており，(a)労働者の分類，(b)労働時間および休日，(c)出欠席，(d)不正，(e)雇用の終了に伴う手順などがカバーされている。

同法が適用される産業施設の保有者は同法内スケジュールAで示されている内務規定の立案を義務付けられ，当該内務規定を政府から派遣された監督官に提出し認可を受けなければならない。当該内務規定が承認されれば，それ以前の労働条件は効力を失う。

同法にはモデルとなる内務規定が示され，各産業施設で独自の内務規定が立案され監督官に認められるまでは，同法のモデルが適用される。当該内務規定が適用されない産業施設であっても，労働争議を減らすためにも，労働条件を

同法に沿って規定したほうが賢明である。

⑤　店舗および施設法

　この法律はその名のとおり，店舗や施設（通常商業施設）に適用される法律である。同法は雇用，解雇，休日，賃金，解雇時の被雇用者への賠償について定めているという点で，工場法に類似した法律であるが，工場法が適用される工場には適用されない。店舗および施設に関して中央政府は何も規定しないが，ほぼすべての州で各々の司法権の範囲内で店舗や商業施設を規制している。概して，各州で制定された店舗および施設法は類似している。

⑥　請負労働（規制・廃止）法（1970年制定）

　この法律は，事業所による請負労働者の雇用を規制し，いくつかの工場での請負労働の撤廃を目的として制定された。同法は，20人以上の請負労働者を現在雇用しているか，過去12か月間に20人以上の請負労働者を雇用したことがあるすべての事業所に適用される。

　貿易，商取引，製造などが行われているすべての施設が同法でいうところの「事業所」に分類される。同法は一定数以上の請負労働者を雇用する事業所に登録を義務付けている。経営者もしくは Occupier もしくは事業所の長は雇用主と呼ばれる。雇用主は請負人が請負労働者のために食堂，休憩所，飲料水の供給，洗面所などを設置しているかを確認しなければならない。請負人は請負労働者に賃金を支払い，法令で定められた恩典を授けることを義務付けられている。請負人がその義務を遂行できなかった場合，雇用主が請負人に代わって義務を遂行しなければならない。また，同法では中央政府または州政府が政府内の諮問機関（Advisory Board）との協議を経ていかなる事業所に対しても請負労働者を利用することを禁じることもできる旨規定されている。同法による主な履行義務は以下のとおりである。

【請負労働法の主な重要規定】
- 請負労働者を雇用する企業は，自らの登録を義務付けられる。
- 請負労働者を利用する請負人はライセンスを取得しなければならない。
- 雇用主は州政府が請負労働者の就業を禁止している作業を請負労働者にさせてはならない。
- 請負労働者の健康や福利に関する恩典が請負労働者に提供されなければならない。
- 請負労働者を雇用する事業所は，請負労働者が請負人から適切な賃金を含む恩典が提供されていることを確かめなくてはならない。

⑦ 徒弟訓練法（1961年制定）

　この法律はさまざまな分野の有能な技術者を訓練し，スキルのある労働者を増やす目的で制定された。同法は中央政府が指定した地域および産業にのみ適用される。同法は適用されるすべての雇用主に，当該職種についてあらかじめ定められた比率に応じて徒弟を採用し，それらの徒弟に実務的なトレーニングを施すことを義務付けている。職種別の訓練の期間および徒弟の比率は1992年に制定された徒弟期間法で定められ，2015年6月に一部修正されている。徒弟期間は職種によって6か月から4年となっている。徒弟は徒弟訓練中は労働者とは認められないため，労働者に与えられるさまざまな恩典を受ける権利がない。

⑧ 最低賃金法（1948年制定）

　同法は特定の企業が支払わなければならない最低賃金を定めるために制定された。州政府は最低賃金を設定し，通常，職能の熟練度に応じて異なるレートが適用される。同法は熟練工や未熟練工，手工業労働者，事務作業者，屋外作業者や自らの施設での作業従事者などすべての労働者を対象としている。

⑨ 賃金支払法（1936年制定）

　この法律では月給が一定額以下の労働者に対する賃金の支払を規制している。同法は工場や産業施設，鉄道で働く労働者を対象とし，とりわけ賃金の支払方

法，支払対象期間，賃金から最大限控除できる額を定めている。

⑩ 賞与支払法（1965年制定）
　同法は特定の企業に雇用された労働者への賞与を企業の利益金額や生産量，生産性等を基礎に支給するよう義務付けている。同法の適用対象は，以下のとおりである。
　(a) 10人以上の作業員を雇用し，作業の一部が動力の助けによって行われている工場
　(b) その他の企業で20人以上を雇用している企業
　同法は月給が21,000インドルピー以下の被雇用者に適用され，賞与の最低額を義務付けている。同法が適用された企業は，たとえ労働者数が同法の適用基準を下回ったとしても，同法が適用され続ける。

⑪ 均等報酬法（1976年制定）
　この法律では労働における男女差別を排除し，同一労働に携わる男女が同額の報酬を得られることを保障しており，他のどの法令よりも優先して適用される。同法は女性が従事することが禁止または制限されている職業以外において女性が就職，昇進，教育および転任において差別されることがないよう規定している。

⑫ 労働者補償法（1923年制定）
　同法は労働者に対して社会保障を提供するために制定された。同法は労働中の死亡，事故による負傷，職業病などに対する補償を雇用主に課すもので，すべての工場，鉱山，農場，運送会社，建設現場など，1948年従業員国家保険法が適用されないすべての施設に適用される。

⑬ 従業員準備基金法（1952年制定）
　これは退職年金や家族年金，その他の保障などを従業員に提供する法律であ

る。同法は従業員数が20名以上の事業所に適用される。

支払保険料は雇用主および被雇用者双方が負担すると定められており，各料率は基本給の12％となっている。同法が定める年金には，以下の3つの制度がある。

(a) 従業員準備基金制度

同法のスケジュール2によって規定されたすべてのケースに適用される。従業員準備基金制度では，雇用主と被雇用者の双方が保険料を支払わなくてはならない。

(b) 従業員退職年金制度

同法のスケジュール3によって規定されたすべてのケースに適用される。従業員退職年金制度は年金基金に加入しているすべての加入者に適用されるため，被雇用者が別途保険料を支払う必要はない。雇用主が支払った保険料のうち，8.33％分退職年金基金に振り替えられる。なお，2014年9月以降に駐在された方で，月給が15,000インドルピー以上であれば，雇用主が支払った保険料はすべて従業員準備基金へ拠出される。

(c) 従業員預託保険制度

同法のスケジュール4によって規定されたすべてのケースに適用される。従業員預託保険制度は，従業員年金基金制度が適用される従業員に対して生命保険の恩典を付与するものである。この場合，雇用主が月給の0.5％分を掛け金として支払い，さらに月給の0.01％を管理費用として支払うことになる。

なお，同法では大規模企業に対して自己設立による年金基金を認めている。当該自己設立の基金については政府の承認が必要となるケースがある。

日本人駐在員も同法の対象となっており，対象者は日本とインドで加入する形となり，二重の負担となっている。この状況を改善する二国間の協定として，日印社会保障協定に日本およびインドが署名したが，国会承認がまだであり，未発効となっている。

なお，インド側で加入した年金の支給開始時期は58歳とされている。

⑭ 従業員国家保険法（1948年制定）

　この法律では雇用主が被雇用者に対して，病気，出産，労働災害などに際し支援金を支払うことを義務付けている。同法により中央政府はすべての産業，商業，農業等に従事する企業に適用させる権限を持っている。中央政府は被雇用者が工場や施設からよりよい医療行為を得られる場合，同法の免除を認めている。

　同法は季節工場以外の20人以上の従業員を雇用するすべての工場および施設に適用される。同法における被雇用者とは，同法が適用される工場や施設で直接雇用または間接雇用された者で，月15,000インドルピー以下の給料を得ている被雇用者が同法の対象となる。雇用者および被雇用者双方が中央政府によって定められた毎月の保険料を支払うこととなる。

⑮ 退職一時金支払法（1972年制定）

　同法は工場や他の事業所で働いた被雇用者に対しての退職一時金の支払を定めたものである。退職一時金とは被雇用者が退職する際に一括で支給されるものを指す。同法は，特に工場に適用される。同法が適用される工場や事業所で賃金を得ていたすべての被雇用者に適用され，熟練工，中間熟練工，未熟練工，手作業労働者，指揮官，技術者，事務作業員などが含まれる。

　退職一時金は，資格を持つ被雇用者の(1)退職，(2)死亡事故や傷害事故・病気による辞職，(3)定年退職，(4)死亡時などに支払われる。退職一時金は通常，5年以上連続して勤務した被雇用者の退職，転職時に支払われる。死亡もしくは傷害の場合は，5年未満しか勤務していなくても退職一時金が支払われる。

⑯ 児童労働規制法（1986年制定）

　同法では危険な職場での児童の勤務を禁じており，運送業や郵便，カーペット織り，セメント製造，建築，服飾印刷，マッチ製造，食肉解体，ウール清掃，印刷業，半田付け，カシュー加工などの業務に従事することを禁じている。また，深夜労働の禁止，休憩時間や週1回の休暇や児童の健康管理についても規

定している。

⑰　基幹サービスメンテナンス法（1981年制定）
　同法では，一定の産業について労働者がストライキを行うことを禁ずる権限を政府に与えている。

⑱　出産恩恵法（1961年制定）
　同法では出産休暇などを取り決めている。また，その他にも女性の従業員数がある一定の基準を超える場合に託児所の整備が要求されたり，授乳時間の確保や女性労働者へのセクシャル・ハラスメントを禁止したりする法律なども存在する。

(3)　**労使関係**
　インド憲法において結社の自由が認められているため，労働組合の組成が可能となっている。インドの労働組合には多様な形態があるが，企業別または産業別のものが多くなっている。
　労働組合は1926年に制定された労働組合法にのっとって組織され，インド独立後は，政党と密接に結びついて活発な活動を行ってきており，依然として労働組合が政治問題化しており，多くの労働組合組織が政党と強く結びついている。
　実際にはストライキに入る前に経営陣と労働組合との話し合いにより解決が図られることがしばしばであり，そのために社会保障制度に詳しい Labour Welfare Officer という者を雇うことが多い。この Officer は経営陣と労働者との間の独立した立場で双方の交渉の担い手となり，500人以上の労働者を雇用する会社は必ずこの Officer を雇用することが法律で定められている。
　労働組合法においては雇用主と同等の立場で，労働条件について団体交渉できることが保証されている。

(4) 外国人の労働，就労許認可

インドに入国を予定している外国人は，必ずインド大使館等でビザを取得しなければならない。主要なビザには，観光，商用（Business），就労（Employment），学生（Student）などがある。6か月以上のビザでインドに入国した場合には，14日以内に居住管区内の外国人登録局（Foreigners' Regional Registration Office, FRRO）において，登録する必要がある。

インドでビジネスを行うには商用（Business）ビザを取得しなければならない。しかし，商用ビザではインドで被雇用者になることはできず，インドで被雇用者として働くには就労（Employment）ビザを入手する必要がある。就労ビザを取得するためには雇用契約書などが必要である。

(5) 解　　雇

インドでは，100人以上を雇用している会社は，従業員を解雇する際に，州政府の事前承認を得なければならないとされている。しかし，この承認はすんなりとは下りず，しばしば長期間保留されてしまう。

解雇時に従業員と雇用主との間でトラブルがある場合には，調停，仲裁などで解決することとなる。調停，仲裁で解決できない場合には「3　訴訟制度」で記述するように，労働裁判所で争うこととなる。

インドでは，雇用者側が正当な理由にもとづき従業員を解雇したと考えていても，従業員側が納得せず全従業員を巻き込んでのストライキに発展することが少なからずある。

3 訴訟制度

(1) 概　　要

インドは1947年8月15日にイギリスから独立した後，インド独自の憲法を定めるべく国民議会を編成した。この憲法は民主主義を前提としている。

インドの憲法では連邦国家制をとっているが，アメリカ合衆国とは異なり，

主な権力は州政府ではなく中央政府に委ねられている。インド憲法が最高位に位置付けられ，その下で立法府，行政府および司法が対等の地位にあり，それぞれ完全に独立している。三権分立はインド憲法の基幹となるコンセプトである。最高裁判所および高等裁判所の判断はインド憲法の下で保護されており，唯一議会のメンバーの3分の2以上の支持における弾劾においてのみ当該判断が覆る。

インドの法律システムはイギリスの慣習法を基礎としている。各地方が地方裁判所を有し，地方裁判所の判決に不満があれば高等裁判所へ上訴できる。各州がそれぞれ高等裁判所を有する。高等裁判所での判決に不服があればさらに最高裁判所へ上訴することとなる。インド憲法第141条によると，最高裁判所による判断はすべての裁判所の判断を拘束するとあるので，その他の裁判所はこれに反した判決を下すことができない。上訴事実が明らかに憲法に反している場合には，高等裁判所または最高裁判所は当該訴えを却下することができる。

通常の裁判所に加えてインドでは以下のような特別法廷等が設けられている。

- 労働裁判所：労働雇用に関する争いを裁く
- 消費者裁判所：消費者に提供された商製品およびサービスに関する争いを裁く
- 独占および制限取引慣習委員会：不公正取引に関する争いを裁く
- 税務裁判所：法人税，所得税，物品税，関税，販売税およびサービス税に関する争いを裁く

たとえば国税である法人税および所得税に関しては，納税者が税務署の判断に不服がある場合にはまず不服審判所に訴える。当該不服審判所は税務署の一組織であるため納税者に有利な判断が下されることは少ない。不服審判所での判断に不服がある場合には税務仲裁所に訴える。税務仲裁所は税務署からは独立した第三者機関である。さらに，高等裁判所，最高裁判所へと訴えることとなる。

インドでは中央政府も州政府も税収不足であるため，国家予算年度の終了の3月末が近づくと，税務署から多くの企業に追加徴収の知らせが届く。なかには，税収不足額から逆算して算出した更正額も含まれ，納税者にとって理解し

がたい理由にもとづくものもある。こういった場合には後々の影響も考慮し，毅然とした態度で不服審判所などに持ち込むことが肝要である。

(2) 訴訟手続

インドでは数多くの訴訟が提起されているため，最初の判決が出るのに数年もかかってしまう。ましてや最高裁判所まで持ち込まれると，最終判決まで10年から15年もかかってしまうことも多い。

通常の訴訟より解決まで多大な時間がかかることを避けるには，代替案として調停という方法が考えられる。1996年，インド仲裁および和解法が定められており，この中で仲裁の手続が規定されている。仲裁者の下した裁定に従わず当事者が裁判所に訴えることもでき，その条件も当該法律に定められている。

インドでの訴訟の決着に時間がかかることは事実であるが，訴訟手続は非常に公正に行われており，逆にいうと公正な判断を行うためのチェックに時間がかかるために裁判に時間がかかるともいえる。

(3) 訴訟の回避

訴訟リスクを完全に排除することは不可能であるが，コストと時間がかかる訴訟をなるべく回避するために，以下の事前の防止策を講じることが重要となる。

【訴訟回避のための事前策】
- 合弁会社のパートナー間や技術提携契約当事者間などの契約当事者間において争いが生じた場合に，中立国における裁判所で調停を行うようあらかじめ相互に合意しておく。
- 重要な契約や長期の契約を結ぶ前に，関連法規に通じた専門家のアドバイスを受ける。
- 潜在的な訴訟リスクに対して事前に対策を講じたり，訴訟リスクを最小限にとどめたりするために法律の専門家の積極的なアドバイスを受ける。
- 日本の駐在員がインドの現地法人で働く際に，駐在員がインドでのビジネス慣習などを理解できるよう会社がサポートする。

付録　連邦リスト・州リスト・兼任リストの重要事項

連邦リスト（リストⅠ）

エントリー No.7－国会で可決された法律で定められた防衛もしくは戦争の遂行という目的に必要な産業
14－外国との条約締結もしくは合意，条約の履行，外国との合意および協定
36－通貨，硬貨および法定通貨，外貨
37－外貨借入
38－インド準備銀行
41－外国との商取引，関税上の国境を越えての輸出入，関税上の国境の定義
42－州を越えた商取引
43－銀行，保険および金融会社を含むが協同組合を除く商事会社の設立，規制および廃業
44－通商か否かを問わず，大学を除く法人の設立，規制および廃業
49－特許，創案および構想，著作権；商標権および商品権
52－国会で可決された法律で定められた公共の利益になる産業
61－労働組合の被雇用者に関しての労働争議
82－農業収入以外の税金
83－輸出税を含む関税
85－法人税
86－個人および法人所有の農業用地以外の資本に対する課税
91－両替，約束手形，船荷証券，融資契約書，保険契約，株式の譲渡，債券，委任状，領収書などにかかる印紙税の税率
92A－新聞の売買に課される税金および新聞広告に課される税金
97－以下のリストⅡおよびリストⅢに列挙されていないすべての事柄

州リスト（リストⅡ）

24－リストⅠの7番および52番の規定内の産業
26－リストⅢの33番の規定内の州内での商取引
27－リストⅢの33番の規定内の製品の製造，供給および流通
49－土地および建物に課せられる税金
54－リストⅠの92Aで規定されている新聞以外の商品の売買に対する税金
60－職業および雇用に関する税金
63－リストⅠで特定されていない文書に課せられる印紙税の税率

兼任リスト（リストⅢ）

22－労働組合，産業および労働争議
23－社会保障および保険，雇用および失業
24－労働条件や年金基金，雇用主の責務，給与，病気，老齢年金，出産の恩恵を含む労働者の福利厚生
33－以下の物の取引生産，供給および配送
　(a) 国によって管理されることが適切な製品
　(b) 食用油や脂肪種子，オイルなどを含む食料品

(c) 家畜の飼料
　　　(d) 綿花
　　　(e) ジュートの原料
36－工場
37－ボイラー
44－裁判所の印紙による印紙税の徴収以外の印紙税

第3章
投資にあたってのインセンティブと規制

＊原則として2015年12月31日現在の情報である。

1 外資規制

(1) 概　要

インド政府は外資誘致を基本政策として掲げており、基本的に外資に開かれた市場となっている。このため、外国直接投資が禁止されている業種および外国直接投資が認められていながら出資比率規制がある業種を除き、すべて100％外資による子会社の設立が可能となっている。また、これらの規制は頻繁に見直されており、最新の規制は商工省のホームページにおいて更新されている（www.dipp.nic.in）。現在有効な外資規制は2015年5月12日発表のものとなっている。

(2) 外国直接投資禁止業種

現在、以下の業種については外国直接投資が禁止されている。

- 賭博（カジノなどを含む）
- 宝くじ
- 不動産事業または農場の建設
- ニディカンパニー（相互互助金融会社として会社法に定められている会社のこと）
- チットファンド（ある一定人数の個人が契約を結び、その契約に従って一定金

額をあらかじめ定められた期間にわたって分割して出資し，集まった資金を抽選やオークション入札などにより賞金として分割するファンドのこと。チットファンド法に規定されている。）
- 移転可能開発権利の売買
- タバコ，葉巻またはその代用品の製造
- 民間企業の投資が認可されない産業（原子力や鉄道輸送など）[注1]

(3) 出資比率規制がある業種

DIPP における2015年5月12日時点の外資規制において，出資比率規制の設けられている業種が列挙されており，現在20の業種がこれに該当するが，主なものを挙げると以下のとおりである[注2][注3]。

[注1] 2014年8月27日に産業政策促進局（DIPP）から通達 No.8（2014年シリーズ）が発表され，以下の鉄道輸送関連産業が外資に開放されている。
  1．PPP を利用した郊外回廊プロジェクト
  2．高速鉄道プロジェクト
  3．専用輸送線
  4．鉄道車両，機関車を製造，メンテナンスする施設
  5．鉄道の電化
  6．鉄道信号機
  7．貨物ターミナル
  8．乗客ターミナル
  9．鉄道に関連する工業団地のインフラ
  10．大量高速輸送システム
  ただし，100％自動認可になったが，49％を超える出資についてはセキュリティの観点から安全内閣委員会（Cabinet Committee on Security）へ提案書を提出しなければならない。
[注2] 詳細は，インド政府商工省産業援助事務局（SIA）ホームページ http://dipp.gov.in/ を参照のこと。
[注3] 政府の事前承認については200億インドルピー以下の外国直接投資については外国投資促進委員会の承認，200億インドルピー超については経済産業省の内閣委員会の承認が必要であったが，2015年5月からは300億インドルピー超についてのみ経済産業省の内閣委員会の承認が必要となった。

【主な業種と内容】

分　野	ガイドライン
空港	100％までの直接投資は自動認可される。ただし既存のプロジェクトへの74％超の投資は事前認可が必要。
航空輸送サービス	定期航空輸送サービスについては外国直接投資は49％まで自動認可され，非定期航空輸送サービスは政府の事前承認があれば74％まで認められる。ただし，外国航空会社による投資は認められていない（貨物，ヘリコプター，水上飛行機を除く）[※1]。
金融資産の証券化	49％までの直接投資は自動認可される。政府の事前承認があれば，100％までの直接投資が可能。
採掘（金属，非金属鉱石）	100％までの直接投資は自動認可される。ただし，チタンは政府の事前認可が必要。1957年鉱山・鉱物開発規制法に従う必要がある。石炭・亜炭については1973年石炭国有化法に従う必要がある。
防衛関連機器	49％まで政府の事前承認があれば認可される。ただし，1951年産業規制開発法に基づく産業ライセンスが必要[※2]。
放送	49％までの直接投資は自動認可される。政府の事前認可があれば74％まで認められる。ただし，一部のケーブルネットワークは49％までしか認められない。
工事・開発（市街地，家，インフラ）	100％まで自動認可される。ただし，面積や投資額など一定の条件がある。
民間銀行	49％までの外国直接投資が自動認可される。49％超74％以下までの出資については政府の事前承認が必要。
クーリエ・サービス	100％までの直接投資は自動認可される。ただし1898年インド郵便法で定められている品目の配達や書簡を除く。
保険	26％までの直接投資が自動認可ルートで可能。政府の事前承認があれば49％までの直接投資が可能。ただし，保険監督開発局（IRDA）から許可を取得する必要がある。
銀行以外の金融機関（ノンバンク）	100％までの直接投資が自動認可される。ただし，以下の条件にもとづく。 a．最低資本金投下基準 　出資比率51％以下：50万米ドル

	出資比率51%超75%以下：500万米ドル 出資比率75%超100%以下：5,000万米ドルのうち750万米ドルまで一括先行投資が強制となっている。残りは24か月以内に投入。 ｂ．最低資本金基準5,000万米ドルを満たす100%出資の会社については別途定めのある子会社数や出資規制が適用されない。 ｃ．外国投資75%以下の合弁企業は，最低資本金投下基準を満たせばその他のノンバンク関連事業のための子会社を設立することができる。 ｄ．インド準備銀行のノンバンキング金融会社（Non Banking Financial Companies）の通達を参照。
警備	49%まで政府の事前承認があれば認められる。
活字メディア	ａ．ニュースと時事問題を扱う新聞および定期刊行物の出版： 情報放送局のガイドラインに従い，政府の事前承認があれば26%までの直接投資が可能。 ｂ．科学雑誌・専門ジャーナル・定期刊行物の出版： 情報放送省のガイドラインに従い，政府の事前承認があれば100%までの直接投資が可能。
紅茶（プランテーション含む）	政府の事前承認があれば100%まで認められるが将来土地の利用目的を変更する際には州政府の事前認可が必要。
通信	49%までの直接投資は自動認可される。政府の事前承認があれば100%までの直接投資が可能。また，通信省が定めたライセンスやセキュリティに関するガイドラインの順守が条件となっている。
商業取引	ａ．卸売・現金取引： 100%までの直接投資が自動認可される。 ｂ．電子商取引： 100%までの直接投資が自動認可される。ただし，BtoBのみ。 ｃ．単一ブランド製品の小売業： 49%出資までであれば自動認可。政府の事前承認があれば，100%までの直接投資が可能。ただし，インド国外でも同一ブランドで販売されている，51%を超える出資の場合には商

	品の少なくとも30％はインド国内の中小事業者等から調達しなければならない，調達量については会社自ら宣誓し，法定監査人のチェックを受けなければならないなど各種厳しい要件がある。 ｄ．複数ブランド製品の小売業： 　政府の事前承認が必要で51％出資まで認められる。ただし，以下のような厳格な要件が定められている。 ・農作物はブランド化されない ・海外からの投資が１億米ドル以上 ・３年以内に少なくとも投資額の50％はバックエンドインフラに投資する（加工，配送，デザイン開発，品質管理，包装，物流，倉庫など） ・少なくとも30％は小規模企業（機械装置への投資額が２百万米ドル以下）から調達する（最初は５年平均，その後は毎年） ・投資額について順守していることを会社自らが宣誓しなければならない ・店舗の場所にも制限あり（2011年国勢調査における百万人都市，あるいはそこから10km以内） ・農作物の買取り権は第一にはインド政府が持つ ・電子商取引は認められない ・複数ブランド小売業を認めた州でのみ店舗を開くことができる（アンドラ・プラデーシュ，アッサム，デリー，ハリアナ，ヒマーチャル・プラデーシュ，ジャンム・カシミール，カルナタカ，マハラシュトラ，マニプル，ラジャスタン，ウッタラカンド，ダーマン・ディウ・ダトラ・ナガール・ハベリの13州および直轄領）
人工衛星の設置と運営	政府の事前承認があれば，74％までの直接投資が可能(※3)。

(※１)　2015年11月24日発表の通達により，非定期航空輸送サービスは100％自動承認されることとなった。
(※２)　2015年11月24日発表の通達により，自動承認で認められることとなった。49％超についてはケースバイケースで政府の事前承認により認められることとなった。
(※３)　2015年11月24日発表の通達により100％までの直接投資が可能となった。

2 ライセンス

(1) 概　要

　業種によっては，インド進出にあたって事前に産業ライセンスを取得しなければならない。産業ライセンスは1951年産業開発および規制法において定められているが，産業ライセンスが必要な業種はかなり少なくなってきており，基本的に以下の2分類に該当する産業のみとなっている。

- ライセンスが義務付けられている産業
- 規制地域への進出

　ちなみに2015年4月9日までは20品目について小規模企業用に指定された産業があったため小規模企業に該当しない企業がこれらの産業を行うには産業ライセンスが必要であった。しかし，2015年4月10日商工省がS.O.998(E)の通達を発表し，小規模企業用に指定された産業は撤廃され，これに関する産業ライセンスは不要となった。なお，2016年4月18日時点で商工省の産業政策促進局のウェブサイトにFAQが載っていて，こちらではあたかも20品目について小規模企業用産業が指定されているかのようになっているが，ウェブサイトの情報更新遅れと思われるので注意されたい。

① ライセンスが義務付けられている産業

　以下の業種についてはライセンスが義務付けられている。

- 葉巻およびタバコ
- 電子，宇宙航空および防衛機器
- 爆発物の取扱い（雷管，導火線，火薬，ニトロセルロース，火縄）
- 危険な化学薬品（シアン化水素酸およびその誘導体，ホスゲンおよびその誘導体，炭化水素のイソシアン酸およびジイソシアン酸）
- アルコール飲料の蒸留および醸造

② 規制地域への進出

　ここでいう規制地域とは，1991年国勢調査時点における人口100万人超の以下の23都市から25km 以内を指す。

- グレイタームンバイ
- コルカタ
- デリー
- チェンナイ
- ハイデラバード
- バンガロール（ベンガルール）
- アーメダバード
- プネ
- カンプール
- ナグプール
- ラックナウ
- スーラット
- ジャイプール
- コチ
- コインバトール
- ヴァドドラ
- インドール
- パトナ
- マドゥライ
- ボパール
- ヴィシャパトナム
- ヴァラナシ
- ルディアナ

ただし，1991年 7 月25日以前に工業地域として指定された地域や，エレクトロニクス，コンピュータソフトウェアおよび印刷業など非公害産業とされる業

種については適用されない。

(2) 産業ライセンス取得手続

　産業ライセンスを取得するには，フォームFC/IL（下記のリンクを参照）を2,500インドルピーの手数料とともに産業政策促進局に提出する。通常，4～6週間でライセンスが授与される。

　http://dipp.nic.in/English/Investor/Forms/il_Form.pdf

③ 環境規制

　1986年環境保護法に規定されている32業種に該当する場合には，法令にもとづく認可を環境・森林省より入手しなければならない。これらの業種には原子力事業，河川・渓谷，港湾・空港，石油化学コンビナート，原油精製，石油ガス探索，セメント，冶金，火力発電，高速道路，薬品，化学肥料・繊維，紙パルプ，商業施設等建設工事などが含まれる。ただし，投資額が10億インドルピー未満，あるいは5億インドルピー未満の既存のプロジェクトの拡張であれば認可が不要となるが，以下の業種については投資額の多寡にかかわらず，認可が必要とされる。

- 殺虫剤
- 薬品
- アスベスト
- 塗料
- 鉱物採掘
- 観光業の一部
- ヒマラヤ地区の舗装道路
- 蒸留酒造
- 染料
- 鋳造業
- 金属メッキ

また，森林保護区域や，国立公園，保護区域および生物圏保護区等の生態学的に敏感な区域，政府の管理下にある土地から半径15km以内でのすべてのプロジェクトは許可を取得する必要がある。その他，環境配慮地域として指定されているアラバリ地区，沿岸地域，ドゥーン渓谷，ダハヌ等の地域で事業を行う場合には環境森林省のガイドラインに従う必要がある。
（詳細は，インド政府環境森林省（Government of India, Ministry of Environment and Forests）のホームページを参照。http://envfor.nic.in/）

4 輸出入規制

輸出入規制については2015年4月1日に商工省が発表した外国貿易方針2015-2020に記載がある。それによると以下のとおり国別に輸出入禁止品目が定められている。

(1) 対イラク

対イラクについては武器およびその関連製品の輸出入は原則として禁じられている。ただし，輸出に関しては防衛省のNo Objection Certificateがあればその限りではない。

(2) 対北朝鮮

INFCIRC/254/Rev.11/Part 1 and INFCIRC/254/ Rev.8/Part 2（IAEA documents), S/2012/947, S/2009/364 and S/2006/853（UN Security Council documents) and Annex III to UN Security Council resolution 2094（2013）に記載の原材料や機器については北朝鮮の核兵器や弾道ミサイル開発に利用されるとして輸出入が禁じられている。

(3) 対イラン

イランの核の濃縮や再処理，重水処理，核兵器配備システムの開発などに貢

献する製品，原材料，器具や技術の輸出入については原則として禁止している。

(4) 対ソマリア

ソマリアからの木炭の輸入は原則として禁止されている。また，木炭の輸入者は当該木炭はソマリアからの輸入品でないことを関税当局に宣誓しなければならない。

5 技術提携契約

インドでビジネスを行うにあたっては，直接会社や支店を設立する方法や代理店を通して製品を販売する以外に，インド企業と技術提携契約を結ぶことでビジネスを拡大することも考えられる。外資系企業から技術を学びインド企業の国際的な競争力を高めることをインド政府は促進している。なお，ここでいう技術提携契約には技術ノウハウやデザイン，エンジニアリングサービス，ロイヤリティを含む。以前はこれらの国外支払について厳しい規制があったが，今現在はそのような規制は撤廃されており，支払は自由に行える（ただし，国外関連当事者への支払については当然インドの移転価格税制に則った価格決めが必要である。移転価格税制については「第4章　インドの税制　4　移転価格税制」を参照されたい）。

6 外国為替管理法（FEMA）

インドで事業を行うにあたっては，外国為替管理法にも注意が必要である。まず，インドにある現地法人が海外から借入をする場合には External Commercial Borrowings（ECB）として分類され，種々の規制を受ける。ECB は海外からの借入であるため，インドにある子会社が日本にある親会社から借入をする場合もこれにあたる。

子会社が資金繰りに困った際に親会社が一時的に資金を貸すことが日本では

よく行われるが，ECBは過去においては調達資金の使途制限があったため，インドの子会社と日本の親会社との間ではこれができない状況にあった。しかし，この規制は徐々にではあるが緩和されている。まず，2013年9月，インド準備銀行（RBI）は以下の一定条件を満たすことで，一般支出への利用を認める通達を出している。

① 貸付人が借入人の株式の25％以上を有している
② 又貸しの禁止など，ECBの定める禁止事項に抵触しないこと
③ 平均残存期間7年以上で，返済はそれ以降となること

この上で，RBIに申請，認可を受けることになる。

さらに，2014年5月16日，RBIは追加緩和の通達を出した。これは，製造，インフラ，ホテル，病院，ソフトウェアの各セクターに属する企業が，直接株主から一般支出目的（運転資金を含む）でECBにて調達する場合には，事前承認は要請されない。ただし，この場合でも，ローン番号（Loan Registration Number）の取得，RBIへの届出，ローン実行後の月次報告も必要である。

また，借入に際しての利率制限がある。すなわち，3年から5年の借入であれば推奨レートであるロンドン銀行間取引レート（LIBOR）プラス3.5％までとなっており，5年超の借入についてはLIBORプラス5.0％までと決められている。なお，変動金利のほか，固定金利も可能である。

資金使途が運転資金の場合は返済が8年目以降となるが，設備資金等の場合，2,000万米ドル以下は3年以上，2,000万米ドル超は5年以上とする必要がある。

海外から借入をする場合，ECBに該当するとの説明をしたが，これはなにも金銭消費貸借契約を結んだ場合のみではない。たとえば，海外から機械装置を輸入した場合で代金を分割払いした場合は，船積みから3年後以降の支払についてはECBとみなされるので注意が必要である。

7 インセンティブ

インドでは外貨獲得および雇用創出を振興するため，以下のようなさまざ

なインセンティブを設けている。

(1) 特別経済区域（SEZ）
① 概　要
　SEZ（Special Economic Zones）は，インド国内にありながらさまざまな点でインド国外領土としてみなされるため，各種の税制上の恩典を受けることができる。SEZは州政府やその代理人が設立することもあるが，一般企業により設立されることもある。SEZは経済的にはみなし国外領土であるため，インド国内業者からSEZ内企業への販売は輸出とみなされ，SEZ内企業からインド国内業者への販売は輸入とみなされる。

　2015年3月10日時点において，199のSEZが操業しているが，SEZ間の競争が激しくなる中，特定産業に特化したり，港湾とセットで運営する等，特徴的な運営をするSEZもあり，SEZ全体での輸出額は堅調な伸びを見せている（詳細は，商工省ウェブサイト http://www.sezindia.nic.in/ を参照）。日本企業のSEZへの進出例は多くはないものの，今後，インドを輸出拠点として捉える場合には，選択肢の1つになると考えられる。

　また，SEZへの輸出企業の誘致，投資拡大により，外貨の獲得，周辺のインフラ整備，雇用創出等，大きな役割を果たしている。

② 設立の条件
　SEZ設立の認可を受けるには下記の条件を満たさなければならない。

> - 少なくとも1,000ヘクタール以上の面積を有する。
> - SEZおよびその中に入る企業は，土地計画や下水処理，大気汚染等に関する法律や規則，地方条令を順守しなければならない。
> - SEZのうち少なくとも25％は製造用地として利用されなければならない。

　SEZ内企業は外貨獲得額が常にプラスでなければならない。すなわち，輸入による外貨支払額よりも輸出による外貨受取額が大きくなければならない。しかし，事業が軌道に乗るまでは当該要件を満たせないことも多いことから，

猶予規定が設けられており，事業開始から5年経った時点で5年間の累積の外貨受取額が外貨による支払額を上回っていればよい。これが下回った場合には受けていた税恩典が遡及的に受けられなくなる結果，過去分を含めて税金を支払う必要がある。

SEZ内に企業を設立する場合には，当該SEZの開発局長に申請する。通常15日以内に開発局長より設立許可が下りる。産業ライセンスが必要となるケースではSEZ承認機関および商工省内の産業政策促進局による審査後，開発局長より通常45日以内に設立許可が下りる。

③ 外資規制の緩和

SEZ内では通常より外資規制が緩和されており，一部の例外を除くすべての製造業について100％外資系企業が自動承認ルートで設立できる（自動承認ルートについては「第6章 インドにおける拠点設立の手続と留意点 6 現地法人」の項を参照）。

④ 税務上の優遇

SEZ内の企業および開発業者には以下の税務上の恩典が与えられる。

まず，SEZ内の企業については，輸出から生じた利益について当初5年間は法人税が免除される。また，その後の5年間については50％免除され，さらに次の5年間は生じた当期利益を特別準備金に振り替えた金額の50％が免除される（所得税法第10AA条）。つまり，合計で15年間法人税上の恩典が受けられる。しかし，当該15年間に税務上の損失を計上した場合にはこの損失は繰り越して税務上の恩典期間の所得と相殺することはできない。恩典期間を過ぎた期間の所得と相殺できるだけである。損失の繰越期間はSEZ外の通常のインドの会社と同じく8年間である。

SEZを開発する業者にも法人税法上の恩典があり，連続した10年間，法人税が全額免除される。この10年間はインド政府からSEZの認可を受けた年から15年間の中の連続する10年間であればいつでも構わない（所得税法第80IAB

条）。さらに，SEZ内企業が国外から輸入した場合の関税が免除される。通常インド国内の企業が他の製造業者から製品を購入した場合に物品税が課せられるが，SEZ内企業がインド国内の製造業者から購入した場合には物品税は免除される。また，インド国内企業が他の国内のサービス業者からサービスの提供を受けた場合にはサービス税が課せられることがあるが，SEZ内企業がこれらのサービス提供業者からサービスの提供を受けてもサービス税は課せられない。さらに，インド国内企業がその他の州の企業から仕入れを行った場合に中央販売税が通常課せられるが，SEZ内企業が他の州の企業から仕入れをしても中央販売税は免税となる。また，州付加価値税については州によって取扱いが異なり，免除される州もある。なお，SEZ内企業およびSEZ開発業者は最低代替税，配当税は免除されない。上記の関税，物品税，サービス税，中央販売税および州付加価値税，最低代替税および配当税については，「第4章 インドの税制」を参照されたい。

　なお，2016年2月29日発表の新年度予算案（2016-17年度）ではSEZに対するインセンティブの縮小が提案され，法人税優遇規定は2020年3月31日までに活動を開始したSEZに限られることとなる予定である。

⑤　州によって異なるインセンティブ

　労働法についてはインド国内の法律がそのまま適用される。しかし，州政府は州の労働局長の権限をSEZの開発局長に委譲することができる。また，以下に掲げる州政府は労働法に一部修正を加えているので，これらの州にあるSEZ内に企業を設立する際には各州の規定を吟味する必要がある。

- ■アンドラ・プラデーシュ州
- ■マハラシュトラ州
- ■カルナタカ州
- ■ウッタル・プラデーシュ州
- ■マデーヤ・プラデーシュ州
- ■グジャラート州

州政府の一部権限をSEZの開発局長に委譲することができると前述したが,その他にもいくつかの州ではSEZに限って以下のように規制を緩和している。

- 電気税の免税
- 州によっては,州内で課される購入税やオクトロイ,セスなど特別な税金をSEZ内での取引やインド国内企業からSEZ内企業への販売やサービスの提供については免税としている。
- 印紙税や登録費用の免除

以上の特別措置を講じている州は下記のとおりである。
- アンドラ・プラデーシュ州
- カルナタカ州
- マハラシュトラ州
- タミル・ナドゥ州
- グジュラート州
- ケーララ州
- オリッサ州
- ウッタル・プラデーシュ州
- ジャハルカンド州
- マデーヤ・プラデーシュ州
- ラジャスターン州
- 西ベンガル州

(2) **輸出志向型企業（EOU）**
① 概　要

その名のとおり主に輸出を主体として行う企業がEOU（Export Oriented Unit）としての認定を受けることができる。EOU認定を受け保税倉庫としてのステイタスが付与されると,輸入関税,物品税,サービス税,中央販売税は免除される。

② 条　件

　EOUとして認定を受けるには外貨獲得が純額でプラスになるとの要件を満たす必要がある。すなわち，輸出によるFOB^(注4)価格から原材料や機械装置などの輸入によるCIF^(注5)価格を差し引いた金額が製造開始から5年間の累積でプラスとならなければならない。また，外貨建てでロイヤリティやコミッションなどを支払っている場合には，これらも差し引いたうえで外貨獲得金額がプラスとならなければならない。

　上記の外貨獲得金額基準を満たす範囲内であれば，輸出金額の50％まではインド国内への販売も認められる。

　また，製造業者については少なくとも設備投資金額が1,000万インドルピー以上でなければならない。ただし，サービス業者については当該条件は適用されない。販売会社はEOUの認定を受けることができない。

　EOUの輸出品目に制限はないため，ITC（HS）^(注6)において禁止されている品目以外であればEOUから輸出可能である。

③ 恩　典

- インド国内業者からの購入に課せられた中央販売税が還付される（中央販売税については「第4章　インドの税制　⑦　中央販売税」の項を参照）。
- インド国内製造業者から製品を購入する際に通常は物品税が課せられるが，これが免除される（物品税については「第4章　インドの税制　⑩　物品税」の項を参照）。
- 国内の石油会社から購入した石油に課税された税金が一部還付される。

（注4）　FOB（Free on Board）条件下での価格のこと。商品が船舶や貨車，飛行機などに荷積みされた時点で，その商品の所有権が買主に移転するという取引条件。

（注5）　CIF（Cost, Insurance and Freight）条件下での価格のこと。一般にFOB価格に対して，運賃や船荷保険料を上乗せした価格となる。商品が買主の指定する場所に届いた時点で，その商品の所有権が買主に移転するという取引条件。

（注6）　ITC（HS）とはIndian Trade Classification（Harmonized System） of Exports & Importsのことである。

第3章 投資にあたってのインセンティブと規制 53

④ 手　　続
　開発長官より認可を受ける際に許可証（LOP, letter of permit）あるいは趣意書（LOI, letter of intent）を受け取る。これらは製造を開始するまで3年間有効であるが，さらに3年間延長することも可能である。一旦製造が開始されればLOPあるいはLOIは5年間有効となり，さらに5年間延長することもできる。

(3) **電子ハードウェア技術パーク（EHTP），ソフトウェア技術パーク（STP），バイオテクノロジーパーク（BTP）**
① 概　　要
　EHTP（Electronics Hardware Technology Park），STP（Software Technology Park）およびBTP（Bio Technology Park）は，一部許可を受けたインド国内市場向け販売以外すべての製品をインド国外へ輸出することを条件に認められる特別な企業である。これらは製造会社あるいはサービス業でなければならないが，製造には修繕や改造，修復，再設計も含まれる。製造あるいはサービス業が対象となるので，商社や販売会社は対象とはならない。
　EHTP，STPおよびBTPは原材料や機械装置を関税なしで輸入できるが，これらは必ず輸出製品用に利用されなければならない。
　スペアパーツなどの購入および転売については，輸出のFOB価格の1.5％までであれば認められる。

② 条　　件
　EHTP，STPおよびBTPは製造開始から5年間純額で外貨獲得企業でなければならない。すなわち輸出による外貨獲得金額が輸入による外貨支払金額を上回っていなければならない。ただし，一部，さらに高付加価値規定が適用される業種がある。外貨獲得規定を満たさない場合にはペナルティが科され，LOPあるいはLOIは無効となる。
　外貨獲得規定を満たす場合には，輸出のFOB価格の50％までは輸出ではな

くインド国内に販売することも認められる。ただし，一定の割引関税が課せられる。しかし，以下の品目については，一定の割引関税を支払ったとしてもインド国内向け販売は認められない。

> - 車
> - アルコール飲料
> - 本
> - 紅茶（インスタント紅茶を除く）
> - 胡椒および胡椒関連製品
> - 大理石

サービス業者についても同様の規定が設けられている。サービスの提供による対価を外貨で受け取る場合には，輸出のFOB価格あるいは外貨獲得金額の50％まではインド国内向けにサービスを提供できる。

外貨獲得規定について前述したが，以下に掲げる取引も外貨獲得とみなすことができる。

> - EHTP，STPおよびBTPからインド国内のアドバンス・オーサライゼーションやDFIA，EPCGスキームホルダーへの売上
> - 他のEOUやEHTP，STP，BTPへの売上
> - 関税法第65条にもとづき設置された保税倉庫への売上で外貨で報酬を受け取る取引
> - 財務省より発布されている通達による関税免税の特典を受けている組織に対する販売およびサービスの提供
> - 輸出に関連するサービスを提供して報酬を外貨で受け取るケース，あるいはインドルピーで報酬を受け取るがRBIより外貨で受け取っているとみなされるケース
> - 情報技術契約品目（ITA-1）の販売および通信・電子品目で関税が免税される品目の販売

EHTP，STPおよびBTPは輸出をしなければならないが，自らが輸出業者とならなくてもその他のEOUやEHTP，STP，BTPやその他の輸出業者が輸出してもかまわない。

③　恩　　典

基本的にはEOUと同様である。

④　手　　続

基本的にはEOUと同様である。

(4)　**関税免除・減免スキーム**

インド政府は2015年4月1日適用開始となる外国貿易方針を発表しており，この対象期間は2015年4月から2020年3月までである。主な関税免除・減免スキームは以下のとおりである。

①　マーチャンダイズ・エクスポーツ・フロム・インディア・スキーム

これまであったフォーカスプロダクトスキーム，フォーカスマーケットスキーム，マーケットリンクドスキーム，フォーカスプロダクトスキーム等は，マーチャンダイズ・エクスポート・フロム・インディア・スキーム（MEIS）に統合された。これは，2015年4月1日以降の輸出分より適用されているが，日用品，医薬品，資本材等の特定品を特定の国に対して輸出する場合に，たとえばFOB価格の2〜5％分について，支払った税金を税額控除として利用するか，還付を受けられる。

②　デューティー・フリー・インポート・オーソライゼーション（DFIA）

DFIAは外国貿易局長官によるSIONにもとづく許認可が事前に必要である。この許可があれば輸出用製品の製造のための原材料を無関税で輸入できる。SIONでは輸出される完成品に対してDFIAの対象となる原材料品目が特定されている。この場合製品を「輸出」しなければならないが，この「輸出」にはアドバンス・オーソライゼーション・スキームなどと同様にEOU等への販売も含まれる。

このDFIAを許可された輸出業者は，少なくとも20％の付加価値を付けな

ければならない。すなわち，輸入によるCIF価格が100とすると輸出によるFOB価格は120でなければならない。したがって，当該要件はアドバンス・オーソライゼーション（15％の付加価値）よりも厳しくなっている。

ほとんどの製品がDFIAの対象となるが，一部対象とならない品目もある。

SIONには輸出する完成品とそれに必要な原材料が明記されているが，場合によってはそれ以外の原材料を輸入することもありうる。その場合，税務署にアプローチして個別にこれらの原材料もDFIAの対象に含めるよう交渉することができる。この交渉に時間がかかることが多いため，当初は関税を支払って輸入することになるが，DFIAの対象として認定された後に当該支払済みの関税を払い戻してもらうか，またはその後の輸入関税に充てることもできる。

③ エクスポート・プロモーション・キャピタル・グッズ・スキーム（EPCGスキーム）

ある一定の輸出額基準をクリアした企業に対して，資本材の輸入に対する関税が免除される。資本材には予備品や工具，ジグ，備品，金型や型も含まれる。ここで輸出額基準とは，6年で関税免除額の6倍の輸出額を達成することである。

(5) ベンチャー企業に対する免税

2016年2月29日発表の新年度予算案（2016-17年度）によると，2019年3月31日までに設立されたベンチャー企業については設立してから5年間のうち連続した3年間で法人税を免除するという規定を設けることが提案されている。ただし，2016年4月1日から2021年3月31日までのいずれの年度においても年間売上高が2億5,000万インドルピーを超えないなどの厳しい条件が付される予定である。

第4章

インドの税制

＊原則として2015年12月31日現在の税制にもとづいている。ただし，一部2016年2月29日発表のインド政府新予算案（2016-17年度）による改正点も含めている。

1 法人税

(1) 課税範囲

1956年会社法にもとづいて設立され登録された会社については，外資系企業であっても内国法人として取り扱われ，全世界所得に対して法人税が課される。なお，インド国外で徴収された法人税はインド国内で外国税額控除できる。一方，外国法人は，インドで稼得したあるいは発生した所得に対してのみ法人税が課される。外国企業の支店やプロジェクト事務所がこれに該当する。課税年度は4月1日から3月31日の期間に固定されており，たとえば会計年度が3月決算以外の12月決算などであったとしても，3月31日で一旦帳簿を締めて法人税の申告をしなければならない。新会社法では会計年度も原則として3月決算とされたので，会計と税務の年度は基本的に一致することになっている（一部例外があり，これについては「第5章　インドの会社法と会計制度」を参照）。

(2) 税率

法人税率は，内国法人であるか外国法人であるかによって異なる。内国法人の場合には，基本税率30％に追加税7％（あるいは12％）および教育目的税3％が課されるので，実効税率は以下の表のとおりとなる。一方，外国法人につ

いては基本税率40％に追加税2％（あるいは5％）および教育目的税3％が課されるので，実効税率は以下の表のとおりとなる。ここでいう外国法人とは，(1)で述べたようにあくまでも外国企業の支店やプロジェクト事務所を指し，いわゆる外資系企業は内国法人とみなされる。

	所得金額		
	1,000万インドルピー以下	1,000万インドルピー超1億インドルピー以下	1億インドルピー超
内国法人	30.90％(※1)	33.06％(※2)	34.61％(※3)
外国法人	41.20％(※4)	42.02％(※5)	43.26％(※6)

(※1) 基本税率30％×1.03（教育目的税）
(※2) 基本税率30％×1.07（追加税）×1.03（教育目的税）
(※3) 基本税率30％×1.12（追加税）×1.03（教育目的税）
(※4) 基本税率40％×1.03（教育目的税）
(※5) 基本税率40％×1.02（追加税）×1.03（教育目的税）
(※6) 基本税率40％×1.05（追加税）×1.03（教育目的税）
(※7) 2016-17年度予算案では，新規設立製造会社のうち一定の要件（減価償却の加速償却を加味しないなど）を満たす会社については，法人税率を25％とすることが提案されている。
(※8) 同じく新年度予算案では，小規模会社（売上高5,000万インドルピー以下）に対して法人税率を29％とすることが提案されている。
(※9) 2015-2016年度予算発表の際に法人税率を他国水準並みの25％までに2016年4月から4年間にわたって引き下げることが明言されていたが，2016年2月29日に発表された新年度予算案（2016-17年度）では，法人税率の引下げは提案されなかった（※7，※8を除く）。

(3) 受取配当

インド内国法人からの受取配当は持株割合および保有期間を問わず，全額益金不算入である。なお，これに対し，支払配当については，配当する際に支払法人に対し，別途配当税が課される（後述「3　配当税」参照）。

(4) 損　金

費用が法人税法上損金として認められるためには，以下の要件を満たさなければならない。

- 納税者が負担した費用であること

- 資本的支出でないこと（所得税法第37条）
- 個人的支出でないこと（同上）
- もっぱらビジネス目的の支出であること（同上）
- その期の費用であること（所得税法第145条）
- 違法行為による支出でないこと（所得税法第37条）
- 所得税法において明確に損金不算入項目として列挙されている費用でないこと（所得税法第40条A）
- その費用に係る証憑および帳簿記録を残すこと（所得税法第44条AA）

上記において損金算入の要件が満たされる費用であっても，次の費目については法人税の申告期限（9月30日）までに支払を終えていなければ，その期には損金として認められない（所得税法第43条B）。

- 関税，物品税，販売税，サービス税などの間接税
- 従業員に対する賞与，コミッション
- 銀行借入れの利息

さらに，給料や支払利息，ロイヤリティ，技術サービス費用，コミッション，その他の費用で非居住者または外国法人に対する支払については税金を源泉徴収しなければならないので，源泉徴収しなければ，当該費用は損金として認められない（ただし，源泉徴収しなくても源泉税額分を税務当局に納税していれば当該費用の損金算入が認められる）。

また，居住者に支払う利息，コミッション，仲介手数料，専門・技術サービス費用，請負契約による支払についても，税金を源泉徴収しなければならないので，源泉徴収しなければ当該費用は損金として認められない（ただし，源泉徴収しなくても源泉税額分を税務当局に納税していれば当該費用の損金算入が認められる）。

以上は所得税法第193条，194条，194A条，194B条，194BB条，194C条，194D条，194E条，194EE条，194F条，194G条，194H条，194I条，194J条，194K条，194L条，194LA条，196条に規定されている。

このように源泉徴収税を適切に処理しないと当該対象費用が法人税上損金と

して認められなくなるので特に注意が必要である。日本の場合，請求する側が請求書上，源泉税額を明記するため支払者側としてはその金額を差し引いて支払えばよい。しかし，インドでは請求する側は請求書上，源泉税額を明示しないため，支払者側が自己責任においておのおのの経費に対してどれだけ源泉税が課せられるのかを自ら計算しなければならない。

(5) 減価償却費

固定資産の減価償却には定率法が用いられることが所得税法第32条において定められ，償却率は資産の種類によって異なるが，主に次のようになっている。

資　産	償却率（％）
建物（居住用のものを除く）	10
建物附属設備	10
機械装置（特定の機械を除く）	15
車両（リース用のものを除く）	15
コンピュータ（ソフトウェアを含む）	60

期中取得資産については，事業供用日から期末日までが180日超あれば1年分償却できるが，それ以下だと半年分しか償却できない。

減価償却費を計上することにより，課税所得がマイナスとなる場合には，これを翌年度以降に繰り越し，翌年度以降の所得と相殺することになる。この未消化の減価償却費は永遠に繰り越すことができる。

会社法上は，個々の固定資産の取得価額が5,000インドルピー未満である場合に100％償却が認められるため，会計上100％償却をすることがあるが，税務上はこのような少額資産であっても一旦資産計上し，上記に定められた減価償却率により損金算入しなければならない（ここでいう100％償却とは即時償却とは異なる。即時償却はできず，取得価額の100％相当額につき，その供用課税年度中の保有期間に応じて償却することになる。たとえば3月決算で6月末に取得した場合には75％分だけ償却できるということである）。

「第5章 インドの会社法と会計制度」にあるとおり，インドの会計基準において固定資産に減損の兆候がある場合には回収可能価額まで帳簿価額を引き下げ減損損失を計上することとなるが，税務上は当該固定資産の減損損失は損金として認められない。

新規設備投資を喚起するため，新たに取得した機械装置などについては取得価額の20％を取得事業年度に損金算入できる規定がある（所得税法第32条 (iia)）。また，現在特定の産業については減価償却の加速償却率が最大限100％認められている。しかし，2016年2月29日発表の新年度予算案（2016-17年度）では，この上限を40％に引き下げることが提案されている。

(6) 無形固定資産

無形固定資産の減価償却にも定率法が用いられる。ここで償却可能な無形固定資産には，ノウハウ，特許権，著作権，トレードマーク，ライセンス，フランチャイズ，その他の類似の商業上の権利が含まれ（所得税法第32条(1)(ii))，償却率は25％である（所得税法 Appendix I, Part B)。のれんについては法人税法上，資本的支出とされるが，上記の償却可能な無形固定資産に含まれないと解釈されることから，その償却は損金算入できないとされている。しかし，のれんとして支払った金額が上記の償却可能な無形固定資産の取得に貢献していると説明できれば損金算入の可能性はないとはいえない。なお，のれんの償却費の損金性は税務当局によって否認されており，現在，裁判で争われている。実際，のれんの償却は損金算入できないと判断した税務裁判所の判例もあれば，最高裁判所や高等裁判所で損金算入が認められたケースもある。損金算入可能かどうかについては，各々ののれんの内容が所得税法第32条に列挙されている償却可能な無形固定資産と性質が似通っているかどうかなど個別事案での詳細な分析が必要となると思われる。

(7) 研究開発費

ビジネスを立ち上げる前にかかった一定の研究開発費は，事業所得から控除

できる。納税者のビジネスに関連した研究開発により発生した費用で，それらが一定の研究機関に対して支払われた場合，発生時に全額損金処理できる。また，研究開発を促進するために税制上の優遇措置がいくつか設けられている。たとえば，所得税法第35条（2AB）によると製造会社が社内で研究開発用代金を支出し（ただし，土地や建物代金といった固定資産としての性質の費用ではない），当該経費が所定の官庁において認められた場合，当該経費について支出時に200％償却が可能となっている。2016年2月29日発表の新年度予算案（2016-17年度）によると，2017年4月1日から2020年3月31日の年度では150％に縮小され，それ以降は当該インセンティブを廃止することが提案されている。

(8) リース料

リース取引は，買取選択権付賃貸借か否かにより税務上の取扱いが異なる。買取選択権付賃貸借とは文字どおりリース契約書において買取条項がある賃貸借契約を指す。この場合，買取価格が時価に比して安いかどうかは関係ない。買取選択権付賃貸借の場合には借手側で減価償却費を計上することになる。買取選択権付賃貸借以外のリースをシンプルリースと呼び，シンプルリースの場合は支払リース料をそのまま費用処理する。

(9) 貸倒引当金および貸倒損失

貸倒金額を見積もって引当金に計上しても，当該貸倒引当金繰入額は全額損金不算入となる。したがって，実際に該当債権が貸し倒れた際に当該債権を会計上費用処理した際にのみ損金算入できる。この場合の貸し倒れとは，回収努力をしたにもかかわらず，回収の見込みが立たない状況を税務当局に説明できるだけの証拠がある場合をいう。一般的には，会計監査において費用処理することを認められた貸倒損失額が，そのまま税務上も損金算入可能額となる。

銀行など特定の産業については別途異なる規定があるので，注意が必要である。

⑽ 交際費

交際費が損金として認められるには，以下の3つの条件を満たす必要がある。

> ■ 資本的支出でない
> ■ 個人に帰すべき支出でない
> ■ 純粋にビジネス目的で支出される

⑾ 創業費・開業費

営業を開始する前にかかった経費については原則として損金算入できない。ただし，予備調査報告書やプロジェクト報告書の作成，市場調査費用，ビジネスに関連したエンジニアリングサービス，契約書や定款（基本定款・附属定款）作成にかかる法定費用，定款印刷費用，会社登録費用，株式や社債の発行や募集に伴う費用については会社設立後5年間にわたって均等償却することができる（所得税法第35D条）。ただし，【資本金＋社債＋長期借入金】の5％またはプロジェクト費用の5％が上限となる（所得税法第35D条）。したがって，たとえば損金算入可能な創業費・開業費が2,000万インドルピーの場合，【資本金＋社債＋長期借入金】の合計額が2億インドルピーでプロジェクト費用合計額が1億インドルピーとすると，【資本金＋社債＋長期借入金】の合計額のほうが大きいので，2億インドルピーの5％，すなわち1,000万インドルピーを損金算入限度額とできる。ここでプロジェクト費用とは，土地や建物，リース資産，工場，機械装置，建物附属設備，鉄道の側線などの固定資産取得価額を指す。

創業費・開業費が上限額を超えない場合にはインドの子会社で費用を負担して，法人税計算上，損金処理するために，一旦，日本の親会社が設立時に立替負担した創業費・開業費相当額をインドの子会社から日本の親会社へ外貨送金することが考えられる。しかしこの場合，返金する金額が10万米ドルあるいは投資額の5％を超える場合にはRBIの事前承認が必要である旨，外国為替管理法に規定されているので注意が必要である。

⑿ **為替差損**

　従前，税務裁判所や高等裁判所において外貨建て債権・債務の期末時点での為替換算から生じる差損については損金算入を認めないという判決が数多くあった。理由としては実際の決済から生じた為替差損については認めるが，期末での換算差損については概念的な債務に過ぎないなどということであった。しかし，2010年3月における最高裁判所で当該為替差損の損金算入が認められる判決が出ている。為替差損が損金算入される根拠として参考となるのが所得税法第37条(1)である。所得税法第37条(1)によると，資本的支出でなく，個人の私的利用でなく，もっぱらビジネス目的の支出は損金算入されるべきとなっている。ここで「支出」の定義が問題となるが，最高裁判所の判決で「支出」は所得税法において定義されていないため，この言葉が使われている前後の文脈から解釈すべきとされた。そこで，支出には「損」も含まれると解釈されるため，期末時点での換算による為替差損についても「損」の一種であり損金算入されるべきという判決が出た。

⒀ **ICDS**

① 概　　要

　ICDS（Income Computation and Disclosure Standards）は，財務省から課税所得の計算に関する新しい枠組として公表され，中央税務当局から2015年3月31日付で通知されており，2016年3月期から適用が求められている。

　ICDSは，課税所得を一貫性のある明確な方法で計算し，税務上の取扱いを統一することを目的としている。また，ICDSは，段階的に国際財務報告基準へコンバージョンが進められている新インド会計基準（以下Ind AS）との調整も考慮している。現行のインド会計基準，または，Ind ASいずれの場合も，ICDSに従って，会計上の利益に適切な調整を加えて課税所得を計算する。

② 影響を受ける主な項目

　以下では，ICDSの影響を受ける主な項目について記載する。

(a) 借入費用
- 現行のインド会計基準第16号「借入コスト」では建設期間が長い場合には利息費用を資産計上しなければならないが，建設期間が短い場合には費用処理が認められる。一方，ICDSでは建設に相当の期間を要しない資産についても借入費用の資産計上が求められる可能性がある。
- 外貨建借入金から生じる換算差額のうち，利息費用とみなされる部分についてはインド会計基準では建設期間が長い場合には資産計上が強制されるが，ICDSのもとでは借入費用とみなされないため損金算入が可能である。

(b) 工事契約
- ICDSは工事完成基準での会計処理を認めておらず，工事契約からの収益は工事進行基準で認識するよう求めている。

(c) 引当金，偶発債務および偶発資産
- 現行のインド会計基準と異なり，ICDSは「合理的な範囲で確実」な場合に限り引当金を認識するよう求めている。

(参考) ICDS 一覧

ICDS 基準番号	所得計算開示基準	現行のインド会計基準
ICDS I	会計方針	第1号に対応
ICDS II	棚卸資産の評価	第2号に対応
ICDS III	工事契約	第7号に対応
ICDS IV	収益認識	第9号に対応
ICDS V	有形固定資産	第10号に対応
ICDS VI	外国為替レートの変動の影響	第11号に対応
ICDS VII	政府補助金	第12号に対応
ICDS VIII	有価証券	第13号に対応
ICDS IX	借入費用	第16号に対応
ICDS X	引当金，偶発債務および偶発資産	第29号に対応

⒁ 外国税額控除

インドにある子会社が日本の親会社から支払われる報酬等に対して日本で源泉税が差し引かれるなどした場合、日印租税条約の規定に則って当該源泉税部分をインドで外国税額控除できる制度がある。すなわち、100,000インドルピーの報酬に対して日本で10％分すなわち10,000インドルピー相当額の源泉税が差し引かれたとする。これに対するインドでの原価が80,000インドルピーの場合には利益が20,000インドルピーとなり、法人税率を仮に30％とすると6,000インドルピーがインド国内で支払うべき法人税となる。しかし、すでに10,000インドルピーを日本で納税していることとなるため、法人税6,000インドルピーをインド国内で支払う必要はなくなる。これが外国税額控除制度である。ちなみに、10,000インドルピーの支払に対して法人税は6,000インドルピーなので4,000インドルピーを還付請求したいところだが、日印租税条約では控除できなかった税額を翌期以降に繰り越したり還付請求したりする制度がないため、4,000インドルピーについてはコスト負担となってしまう。

⒂ キャピタルゲイン課税

有価証券を売買した場合には通常の法人税率ではなく、以下の税率が適用される。

	上場会社株式		非上場会社株式	
	インド居住者	インド非居住者	インド居住者	インド非居住者
短期	証券取引税が課せられる場合には15％。その他の場合は30％	証券取引税が課せられる場合には15％。その他の場合は40％	30％	40％
長期	20％	20％	20％	10％

⒃ 欠損金

税務上の欠損金は最大8年間繰り越すことができ、将来の事業所得と相殺で

きる(所得税法第72条)。しかし,投機的取引から発生した損失は,将来の投機的取引から発生する所得としか相殺することはできない。損失が発生した年度に,申告書を期限内に提出できなければ,当該損失は翌期以降に繰り越すことはできない。また,非上場会社については,株主構成が49%を超えて変化した場合,当該繰越欠損金は失効する。したがって,損失が発生した年度末と損失を繰り越して所得と相殺をしようとする年度末の株主構成が,少なくとも51%は同じでなければ,欠損金を所得と相殺できなくなる(所得税法第79条)。

なお,会社分割や合併の際には,一定の要件を満たさないと繰越欠損金が失効することとなる(詳細は「第7章 事業の再編」を参照)ため,注意が必要である。株主構成が49%超変化がないかどうかについてはさまざまな判例があり,個別のケースに当てはめて考慮する必要がある。直接保有している株主が49%超変化した場合であってもその実質的な所有者が変化しなければ株主構成に関して変化がないと結論付けた判例もあればそうでない判例もある。企業再編によって株主構成が大きく変化するような場合には繰越欠損金が失効するか否かについて専門家に相談されることをお勧めする。

(17) 過少資本税制

該当なし。

(18) 連結納税制度

該当なし。

(19) 国際課税の強化

2016年2月29日発表の新年度予算案(2016-17年度)では,恒久的施設を持たないインド非居住者によって実施される電子取引についても課税を強化することが提案されている。たとえば,非居住者によるオンライン広告等に対してインド居住者が対価を支払う場合に6%の源泉税を課すなどである(年間10万インドルピーを超える場合)。

⑳ **申告・納税手続**

　法人税申告書の提出および納付は9月30日までに行う（ただし，4 移転価格税制で後述する移転価格証明書を提出する場合には11月30日が期限となる）。さらに，期中において年間の法人税額を見積り中間納付しなければならない。そのスケジュールは以下のとおりである。

課税期間	中間納付期限	納付税額	
4月1日～3月31日	6月15日	年間見積り税額の 15%	①
	9月15日	〃　　　　　　　45%－①	②
	12月15日	〃　　　　　75%－①－②	③
	3月15日	〃　　　　100%－①－②－③	

　以上のそれぞれの中間納付税額だが，その期間に源泉徴収された税額があればその分も差し引いて納税することも可能である。

　各納付期限に納めた中間納付額が，確定決算において確定した税額から割り出したあるべき中間納付額の90％未満であった場合には，この不足分について確定税額を実際に納めるまでの期間に対して月1％分の延滞税が課せられる（所得税法第234条B）。

　さらに，中間納付期限ごとに1％の延滞税も追加で課せられる（所得税法第234条C）。ただし，6月15日と9月15日の時点では税務年度の半分も経過しておらず，法人税額の見積りを正確に行うことが困難であることから，緩和措置が図られている。すなわち，6月15日納付期限については確定税額の12％を上回っていれば延滞税は課せられない。また，9月15日については36％を上回っていれば延滞税は課せられない。

　たとえば，次のケースではどのように延滞税額が計算されるだろうか。

〈延滞税額の計算例〉
2015年6月15日時点での見積税額…100,000インドルピー
2015年9月15日時点での見積税額…120,000インドルピー
2015年12月15日時点での見積税額…130,000インドルピー

第4章 インドの税制　69

2016年3月15日時点での見積税額…150,000インドルピー
2016年9月30日確定納付額　　…200,000インドルピー
各種支払で源泉徴収された税額… 10,000インドルピー

日　付	中間納付額 （インドルピー）	計算方法
6月15日	15,000	100,000×15%
9月15日	39,000	120,000×45%－15,000
12月15日	43,500	130,000×75%－(15,000＋39,000)
3月15日	52,500	150,000×100%－(15,000＋39,000＋43,500)
合　計	150,000	

　確定税額が200,000インドルピーのところ中間納付額総額が150,000インドルピーであり，190,000インドルピー（確定税額200,000インドルピー－源泉徴収税額10,000インドルピー）の90%である171,000インドルピーを下回っている。このため所得税法第234条Bにより不足額40,000インドルピーに対して延滞税が課せられる。金額は40,000インドルピー×1%×18か月（2015年4月1日から2016年9月30日分）＝7,200インドルピーとなる。
　一方，所得税法第234条Cにより次の延滞税も課せられる。

中間納付期限	延滞税額	計算方法	延滞税課税理由
6月15日	405	（190,000×15%－15,000)×1%×3か月	納付税額190,000×12%＝22,800を中間納付額が下回るため
9月15日	945	(190,000×45%－15,000－39,000)×1%×3か月	納付税額190,000×36%＝68,400を9月15日までの中間納付額が下回るため
12月15日	1,350	(190,000×75%－15,000－39,000－43,500)×1%×3か月	納付税額190,000×75%＝142,500を12月15日までの中間納付額が下回るため
3月15日	400	（190,000×100%－15,000－39,000－43,500	納付税額190,000を中間納付総額が下回るため

			−52,500)×1％×1か月
合　　計	3,100		

　なお，日本と同じように税務申告書を提出したのちに申告書の誤りなどが判明した場合には税務申告書の修正を行うことができる。これは申告年度（すなわち申告対象年度の翌年度）の終了から１年以内までとなっている。すなわち，2016年３月期の税務申告書については2017年３月期が申告年度となり，その１年後，つまり2018年３月末が修正の期限となる。ちなみに当初の申告書を期限内に提出できなかった場合には修正をすることはできないので要注意である。

　申告金額が過少であると税務署が判断した場合には，現在100％から300％のペナルティが科せられる。しかし，2016年２月29日発表の新年度予算案（2016-17年度）では，過少申告の場合は50％，虚偽申告の場合は200％とすることが提案されている。

2 最低代替税

　通常，「1 法人税」の項で計算した法人税を納付することになるが，場合によってはその法人税額に代えて最低代替税を納めなければならないことがある。すなわち，会計上の当期利益に一定の調整を加えた金額に18.5％を乗じた金額の方が法人税額を上回る場合には，最低代替税を納めることになる。最低代替税の課税標準は会計上の調整後の当期利益で税率は基本税率が18.5％で追加税が５％，さらに教育目的税が３％課されるので，実効税率は20％となる（調整後の当期利益が1,000万インドルピー超の場合。1,000万インドルピー以下の場合は追加税がないので19.055％となる）。一方，利益が１億インドルピー超だと追加税が10％となり，実効税率は20.96％に跳ね上がる。

　最低代替税がその期の法人税額を超える金額は10年間繰り越して将来の法人税額から控除することができる。たとえば，第１期の法人税額が30で最低代替税額が50であったとすると，第１期には最低代替税額50を納めることになる。

第2期に法人税額が100で最低代替税額が50だったとすると，法人税額100から20を差し引き80だけを納めればよい（20は第1期の最低代替税額50から法人税額30を差し引いて求められる）。したがって，最低代替税は将来の法人税の前払いのような格好となる。

従前から，最低代替税の外国法人（すなわち外国企業のインド支店等）に課せられるのかについては明文の規定がなく，納税者と税務署との間で争いがあった。2016年2月29日発表の新年度予算案（2016-17年度）では，恒久的施策を持たない外国法人には適用されないことが明確となった（2001年4月1日より遡及適用）。

3 配当税

配当を行う場合，配当する会社に当該配当決定額に対して実効税率20.357％の配当税が課せられる（基本税率15％に追加税12％および教育目的税3％が課される）。

実効税率の計算方法は以下のとおりである。

配当金額	100
配当税率	15%
配当税額（A）	$\frac{100}{100-15} \times 15 = 17.647$
追加税（B）	$(17.647 \times 12\%) = 2.1176$
教育目的税（C）	$(17.647 + 2.1176) \times 3\% = 0.5929$
税金総額［A＋B＋C］	20.357
実効税率	20.357%

一方，配当を受領する側（株主）には税金がかからないため，配当に対しては所得税は源泉徴収されない。

当該配当税は，配当する側が行う配当という行為に対して課せられる税金で

ある。日本などで配当に課せられる源泉税は配当を受け取る株主側に課せられる税金であるため，インドの配当税はこれとは仕組みが異なる。日本の親会社が，インドの子会社から配当を受け取った場合にインドの子会社が負担した配当税を親会社側で外国税額控除できるか否かについては，検討が必要である。

なお，配当税の一部免除の規定が設けられている。これは，インド親会社がインド子会社から配当を受け取っている場合において，そのインド親会社が配当を行う際は，その子会社からの配当額をその親会社の配当税課税対象額から差し引くことができるという規定である。たとえば，インドのA社にインドの子会社B社があると仮定し，B社からA社に100の配当が行われた場合，A社がその株主に対して行う配当が150とすると，A社の配当税は50（＝150－100）に対してかかることとなる。ただし，以下の2つの条件を満たす必要がある。

- 子会社は配当税を支払済みである（上記のケースではB社が配当税を支払済み）
- さらにその会社に親会社が存在しない（上記のケースではA社の株主の中にA社株式を過半数保有する親会社が存在しない）

4 移転価格税制

インドでは2001年4月1日より包括的な移転価格税制が導入され，課税方法や書類整備，ペナルティなど国際ルールに従った網羅的な制度となっている。当該制度において，国外関連者との海外取引については独立した第三者価格（独立企業間価格）によるべきことが明示されている。また，特定国内取引についても移転価格税制の対象となる。独立企業間価格とは，2つの独立した企業体が完全に独立して取引を行う際の取引価格と規定されている。独立企業間価格の決め方については，OECDガイドラインに従って次のように定められている。

> A）再販売価格基準法
> B）原価基準法
> C）利益分配法
> D）取引単価営業利益法
> E）その他の方法

　税務調査により，企業が利用した価格と税務署が指摘した独立企業間価格とに差異が生じたとしても，前後3％以内の差異であれば企業が利用した価格がそのまま認められる。

　国外関連者と海外取引を行うすべての者は所定の情報および書類を整備する必要がある。ただし，国外関連者との年間取引額が1,000万インドルピー未満であれば書類整備は要求されない。税務当局には，税務調査の通知を出してから30日以内に必要な情報と書類を提出するよう要求する権限があるので，納税者は常に必要書類を整えておくよう準備が必要である。

　国外関連者と海外取引を行うすべての者は毎期勅許会計士から所定の証明書を入手しなければならない。この証明書では，所定の書類の整備状況，帳簿上の海外取引額，整備された書類上の海外取引のあるべき独立企業間価格による取引額等が記載される。

　ここで国外関連者とは次のように定義されている。

- 経営に直接参画している，または他社を通じて間接的に参画している者または資本を通じて参加している者

したがって，たとえば次の者が国外関連者に該当する。

- 26％以上の株式を保有する大株主
- 総資産の51％を超える貸付を行っている者
- 総借入の10％以上を保証している者
- 取締役会メンバーの過半数を派遣している者
- ノウハウや特許権，著作権，商標，ライセンス，その他の類似の権利を依存している相手
- 原材料の重要な（90％以上）供給者

移転価格税制に規定する法令に従わない場合は厳しいペナルティが科され，必要な書類が整備されていないことが発覚した場合，たとえ独立企業間価格によって取引を行っていたとしても，無条件に国外関連者との取引価格の2％がペナルティとして科される。税務署から要求された情報を提供できなかっただけでも同様に取引価格の2％がペナルティとして科される。前述の勅許会計士の証明書を入手していない場合には10万インドルピーがペナルティとして科される。したがって，会計事務所と協議してこれらペナルティが科されないよう事前に対策をとっておく必要がある。

(1) APA

インドで事業を行う日本企業が身近に直面している問題として，法規制，とりわけ税務リスクについては，インド人・企業の納税意識が相対的に高くはない中，外資系企業を狙い撃ちするかのようなアグレッシブな当局の姿勢に対して，多くの日系企業が悩まされている。

中でも移転価格をめぐる課税関係については近年，係争案件が急増しており，また，金額的影響も多額に上る可能性があることから，コンプライアンス順守のために毎年，人的手当てを含む多大なコストをかけて対応している会社が多いのが実情である。

こうしたビジネスインフラの脆弱さに起因する予見可能性の低さや不確実性といった問題は，マーケットとしての魅力とは裏腹に，インド進出を躊躇させたり，あるいは撤退を余儀なくされるなど，外資企業の直接投資（FDI）を妨げる一因となっている。

この点，2012年7月に導入された移転価格にかかる事前確認制度（Advanced Pricing Agreement Program，以下「APA」）は，インド政府がこれまで実施してきたさまざまな施策のなかでも企業，とりわけ外国企業にもっとも大きな影響を与える施策の1つとして評価され，またインドでの事業遂行上の最大リスクの1つである移転価格リスクを相当程度低減させる効果を発揮する制度として，企業の歓迎を受けている。

さらに，処理しきれない程に膨れ上がった移転価格に関連する係争を落ち着かせることは，インドのビジネス環境評価の上昇に寄与し，ひいてはFDIの増加をもたらし，最終的には税収の増加につながることが期待され，インド政府としてもリーダーシップを持って実行すべき施策として理解されている。

2012年7月にインドでAPAが成立して以来，2014年3月までの申請件数は378件にのぼっている。成立初年度である2012-13年度は146件（Unilateral 117件，Bilateral 29件）の申請があった。これは，各国でAPA制度が成立する中，成立初年度における申請件数としては過去最大であり，APAの成立が歓迎されるとともに，インドにおける移転価格をめぐる移転価格リスクの不確実性を図らずもあらわにする結果となった。なお，成立2年目の2013-14年度は232件（Unilateral 206件，Bilateral 26件）が申請されており，引き続き高い水準で推移している。

APA導入初年度に申請されたうち，インド初のAPA成立案件として2014年3月に5件が成立，同年12月にはインドで初となるBilateral APAが日印間で成立している。インド政府が外資導入に積極姿勢を示す中，納税者にとって受け入れ可能な判断がされることが十分に期待できるAPAは，検討価値のある制度であると考えられる。

(2) 移転価格をめぐる近年の動向

インドは1991年に自由経済に移行して以降，成長性が期待に達しないなど，大国が故の歩みの遅さを指摘されながらも，着実に経済成長を遂げる中で，多くの外国資本が進出を果たしてきた。この結果，クロスボーダー取引や，当局がそれまで想定してこなかった形態，あるいは複雑なスキームの取引が増加，当局は積極的な徴税姿勢を示し，移転価格の更正件数はここ数年増加の一途をたどっている（次頁の図参照）。

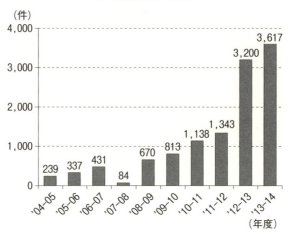

移転価格更正件数

資料：インド財務省

　移転価格の更正件数は2013-14年度には3,617件に上り，世界の移転価格更正件数の70％はインドの税務当局が絡んだものになっている。インドの税務当局は絶大な権限で，半ば強引な形で課税権の行使を試みてくる。このような状況下において，当局との関係を一方的なものとせず，対等な形での対話を可能にし，その効果を長期に渡って享受できるAPAは，移転価格リスクを劇的に減少せしめる制度として，日系企業を含む多くの企業から注目を浴びている。

(3) APAのコンセプト

　APAのコンセプトは，争いの絶えない移転価格事案に関して，既存取引および将来発生が見込まれる取引について当局と合意することで，一定期間の移転価格リスクを回避し，さらには，当該期間における移転価格に関するコンプライアンス対応の負担を低減させることにある。

　APAは合意する各国当局の数に応じてUnilateral（インド1局のみ），Bi-lateral（インド＋1局），Multiple（インド＋2局以上）の3種類あり，企業は各々の状況から適切なAPAを，申請することになる。個々の申請内容および状況に応じて合意までに要する期間は異なるものの，目安としてはUnilateralの場合は1年から1年半，Bilateralの場合は2年程度と，関連する税務当局が増えるほど当然に時間を要することになる。

　インド人の時間感覚の寛容さについては多くの日本人が指摘するところであるが，このAPA合意までの期間についても，長いのか，あるいは短いのか，いろいろな意見があると考えられるが，この点，非常に効率的な制度と評価できると考えている。APAは上述のとおり，既存あるいは将来における関連当事者取引の価格設定に関する事前合意であるが，現在係争中の案件であっても申請することは可能である。さらに次頁の図のとおり，移転価格にかかる裁判は租税裁判所（ITAT）の判決だけでも4年程度を要することを考えれば，APAの有効性のみならず，他の制度との比較において，相対的な効率性も備えた制度であることがわかる。

　APAは当局と合意した場合，申請年度の翌年から最長5年にわたって効力を発揮する。さらに，ロールバック制度（申請年度以前の年度においても，将来年度と同様に合意内容を適用することが可能となる制度であり，ロールバック期間は最長4年）も導入された。すなわち，申請年度以前4年，翌年以降5年の最長9年度に渡る取引に関して税務リスクが軽減されることになる。

　このロールバック制度が成立したことで，インドのAPAはグローバルに知られるAPAと遜色がないものになった。

　一方，インドAPAの特徴的な制度として，事前申請が義務化されていることが挙げられる。これは事前相談（Pre filing）と呼ばれる制度であるが，APA正式申請前に予め当局に相談することを義務化する事で，当局にとってはAPAに適当な取引かどうかの事前調査を可能にし，納税者にとっては当局の考え方や議論になりそうな領域について事前に把握することを可能にするものである。つまり，移転価格をめぐる知識がない中，効率的に制度運営することを目的とした制度と考えられる。このため，ある程度の知識がある国には必要性が低く，Pre filingを義務化している例は多くはない。

　Pre filingは匿名での申請が可能であり，Pre filingにより発生する将来の税務調査における不利益は限定的と考えられる。

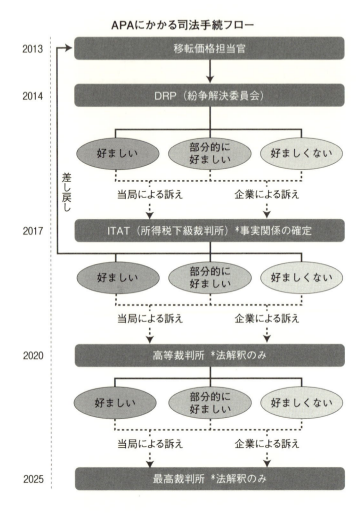

　また，Pre filing の段階においてはもちろんのこと，APA の正式申請後であっても，当局との最終合意前であれば，どの時点においても申請の取りやめは可能であり，納税者の制度利用の便宜が図られている。
　なお，Pre filing は上述の役割を果たした以降には廃止されるものと考えられる。

(4) **APA 成立後**

　Pre filing の結果を受けて，APA を正式申請することになるが，通常の税務年度と同様，4月から翌年3月までの事業年度を基本とする。つまり，3月31日までに申請したものが，翌年度以後5年間の取引および申請年度を含む過去4年間の取引について適用されることになる。

　APA は基本的に資料の提出および提出資料にもとづいた討議（APA の種類に応じて Director General of Income tax もしくは Competent Authority in India との討議）により合意形成を図ることになるが，インドにおいて特徴的な制度として現地調査（Site visits）が実施される。Site visits はビジネスや取扱商品・製品への理解を促進するために行うもので，往査場所におけるキーパーソンとのインタビューも実施され，合理的な結論を出すためにも必要不可欠な手続と理解されている。

　こうして検討が重ねられた結果，Draft report が作成され，納税者に提示されるとともに，直接税中央委員会（The Central Board of Direct Taxes，以下「CBDT」），財務秘書官（Indian revenue secretary）の承認を受けて，Final APA agreement として成立することになる。

　APA はインドで事業を遂行する上での不確実性を低減する意味において意義のある制度と評価できるが，すべての取引に対して実施する意義があるかといえばそうとも限らない。つまり，通例でないと考えられる，あるいは，複雑なビジネスモデルにおける取引にこそ適用する意義がある制度であり，税務当局からの指摘が想定されないような取引については，移転価格リスク低減を理由とした APA はその有用性が薄れ，移転価格コンプライアンスにかかるコストとの兼ね合いからのみ検討する意義があると考えられる。

　APA を検討する企業の場合，通常であれば毎期の移転価格証明（3CEB）申告と移転価格文書の整備が要請されるが，APA 成立取引については，取引における前提条件等に変化がないこと（あればその変化）を示す Compliance report の提出と当局による Compliance Audit を受けることになる。Compliance Audit はすでに APA 合意済みの取引に対するもので，APA 合意時の

諸条件を覆すような状況変化の有無を確認することが目的であり，いわゆるAssessmentのような性質のものではない。

5 BEPS

(1) 背　景

多国籍企業による過度な租税回避行動に対する措置として，OECD租税委員会（議長：浅川財務省財務官）がまとめたアクションプランの最終報告書（以下「BEPS行動計画」）が2015年10月，G20財務大臣・中央銀行総裁会議（ペルー・リマ）に提出，同年11月G20サミット（トルコ・アンタルヤ）に最終報告され，国際課税に関する重要な一歩を踏み出した。

BEPSとはBase Erosion and Profit Shiftingの頭文字をとったもので（財務省は「税源浸食と利益移転」と翻訳），各国課税権の配分すなわち二重課税の調整を目的に設定されている現行の国際課税ルールについて，当該ルールの隙間をついた，課税逃れを目的とした企業行動である。BEPSそれ自体が直接法を犯すものではないものの，2008年のリーマンショック後の所得格差拡大，法人税収低下という状況の中で，価値創出の場と税負担の場が一致しない多国籍企業による過度な租税回避行動は世間からも非難を浴び，新たな国際課税ルールの成立を後押しする形となり，BEPS行動計画として結実をみた。

BEPS行動計画は今後，各国に持ち帰られ法制化されることから，インド国内法上の整備について注視していく必要がある。

(2) BEPS行動計画概要

BEPS行動計画は15のアクションプランから構成されるが，大きくは3つの観点から整理することができる。

実質性—価値創出の場の明確化	行動計画1　電子商取引課税
	行動計画2　ハイブリッド・ミスマッチ取決め効果の否

		認
	行動計画3	外国子会社合算税制
	行動計画4	過大利子控除制限
	行動計画5	有害税制への対抗
	行動計画6	租税条約濫用の防止
	行動計画7	Permanent Establishment（以下「PE」）認定の人為的回避の防止
	行動計画8	移転価格―無形資産
	行動計画9	移転価格―リスクと資本
	行動計画10	移転価格―その他租税回避行動
透明性―情報開示	行動計画11	BEPS関連データの収集・分析
	行動計画12	タックスプランニングの義務的開示
	行動計画13	移転価格文書化再検討
予見可能性―企業の不確実性の排除	行動計画14	相互協議手続の効果的運用
	行動計画15	多国間租税条約協定の開発

　これら行動計画のうち，実質性の部分では，価値創出が実質的にどこでなされたかを明確にすることで，国際課税ルールを表面的に適用して実質的な価値創出の場とは異なる場での課税を達成する企業行動を制限することを目的としている。

　また，透明性の部分であるが，これまでは各国税務当局間の情報交換が乏しく，さらに，各国がそれぞれに文書化等の情報開示を企業に求めてきたため，企業グループ全体におけるグローバルでのタックスプランニングに関する情報の把握が困難という状況にあった。そのため，これを改善し，より効果的に課税逃れを発見する仕組みを構築することを目的としている。

　予見可能性の部分では，今後想定される法制化の中で，各国独自のルールへの対応が求められることで，グローバルな企業行動が萎縮してしまうことがないよう，複数国間で通用する租税条約を開発する等，不確実性を排除することを目的にしている。

15ある行動計画のうち，インド会社にとって特に重要と考えられる『行動計画13　移転価格文書化再検討』および実質性の部分から主要な行動計画について例を用いて解説する。

(3)　透明性 ― 情報開示（行動計画13）

『行動計画13　移転価格文書化再検討』は，多くの企業が対応を求められるもっとも重要な項目といえる。当該行動計画が要求する移転価格文書は，ハイレベルな観点から作成される国別報告書とマスターファイル，マスターファイルを補完する情報が記載されるローカルファイル，以上3つの文書から構成される。現状，インド国内法上は，1,000万インドルピーを超える国内および国外関連者取引がある場合には，移転価格文書の作成が求められるが，当該行動計画における情報開示要求事項はより多岐にわたり，これまでとは異なる観点からの情報提供が企業に求められることから，開示対象企業グループに該当する場合には，特に作成初年度において，これまで以上の作成努力が必要になると考えられる。

①　国別報告書

事業活動を行う各国における国別の所得，納税額等の財務情報，従業員数や事業活動等について記載するもので，親会社税務当局に提出されると，原則，租税条約に基づく自動情報交換方式（以下「条約交換方式」）により各国税務当局に共有され，概括的な移転価格リスク評価が行われる。なお，各国税務当局による情報共有の方法は，前述の条約交換方式のほか，当局間の情報交換に実効性がない場合等の状況下では，子会社が各国税務当局に提出する方法（以下「子会社方式」）が採用される。

- 対象年度：2016年1月1日以降開始事業年度（事業年度終了から1年以内に提出）
- 対象企業：前事業年度連結売上高7億5,000万ユーロ以上
- 報告内容：所在国ごとの総収入，税前利益，資本金，利益剰余金，法人税

額，有形資産，従業員情報等
- 作成者：究極親会社
- 提出先：究極親会社の税務当局（「条約交換方式」により海外税務当局と情報共有）

② マスターファイル
　従来の移転価格文書では多国籍企業の全体像が把握できないことから，グローバルな事業活動概要や所有する無形資産情報，企業内金融活動情報等についての記載を求め，税務当局の重要な移転価格リスクの特定に用いられる。
- 対象年度：特に規定されていない
- 対象企業：特に規定されていない
- 報告内容：グループ事業概要，無形資産，企業内金融活動，財務状況，納税状況，移転価格ポリシー等
- 作成者：究極親会社
- 提出先：各国税務当局（「子会社方式」により海外税務当局と情報共有）

③ ローカルファイル
　各社ごとの組織図や経営戦略，主要な関連者取引とその背景，移転価格ポリシー等，マスターファイルの情報を補完し，重要な移転価格リスクの特定に用いられる。
- 対象年度：特に規定されていない
- 対象企業：特に規定されていない
- 報告内容：個社の組織図，経営戦略，競合他社，関連者との取引背景，移転価格ポリシー等
- 作成者：親・子会社各々
- 提出先：各国税務当局

　インド子会社担当者としては，親会社等からの作成指導を期待できるものの，これまで把握してこなかった情報提供が要求されることから，より早い段階で

の対応が求められる。

(4) 実質性 ― 価値創出の場の明確化（行動計画3，4，5，6，8，9，10）

　価値創出の場の明確化に関して示されている行動計画は，実際の企業行動に直結する部分であり，該当がある場合には留意が必要になる。ここでは2つの例を用い，図Aで行動計画5，8，10を，図Bで行動計画3，4，6，9について解説する。

　図Aは，グローバルに展開するコーヒーチェーンが実際に行ったBEPSを簡略化したものであるが，通常課税国X国にある法人（以下「X社」）は軽課税国Y国にある法人（以下「Y社」）から日用品を仕入れている。Y国では日用品にかかる所得に関して軽税率を課す優遇税制を設けており，X社グループは実体のないインボイシングカンパニーとしてY社を設立し，Y社に利益を移転していた。

　また，知的財産から生じた所得に対して軽税率を課す優遇税制，いわゆるパテントボックス税制を設けるZ国に実体のない法人（以下「Z社」）を設立し，実質的な経済活動がないZ社に知的財産の所有権を持たせ，知的財産の利用者であるX社からZ社にロイヤリティが支払われ，軽課税国にあるZ社に利益を移転していた。

　このように，仕入取引や知的財産の利用といった機能ごとに優遇税制等を求めて取引対象国を決定，軽課税国に実体のない会社を設立して利益を移転することで，グループ全体の税金コストの低減を達成している。さらに，当該企業は取引価格＝移転価格の決定にあたっても，企業が目論む価格（軽課税国にあるY社およびZ社により大きな利益が落ちるような価格）設定に成功していた。

　このようなBEPSに対して，『行動計画10　移転価格―その他租税回避行動』では，クロスボーダーのコモディティー取引については，移転価格決定にあたり一般的な方法であるTransactional Net Margin Method（以下「TNMM法」）ではなく，Comparable Uncontrolled Price Method（以下「CUP法」）を

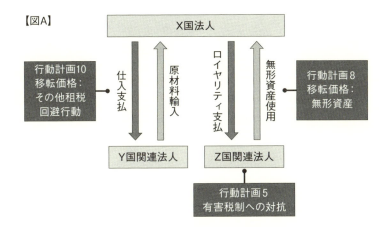

利用すべきとしている。

　営業利益水準を指標とする TNMM 法は，比較可能な非関連者取引情報の収集が困難な場合でも実効性がある方法として一般化しているが，比較可能な取引条件の収集が容易なコモディティー取引については TNMM 法よりも CUP 法がより直接的に実態を表し，企業側の人為的な価格設定がしにくいという趣旨で設定された行動計画と考えられる。

　また知的財産については，その固有性から企業の主張に対する税務当局の反証が困難であるという問題を抱えているが，この点，『行動計画 8　移転価格―無形資産』では，Discount Cash Flow 法の導入や，取引開始当初の計画を事後的に調査し，予測利益と実際利益の乖離を確認する所得相応性基準を示している。

　さらに，『行動計画 5　有害税制への対抗』では，パテントボックス税制を求めて軽課税国に設置された実体のない Z 社を，実質性基準にもとづき有害税制適用会社として位置づけ，開発活動実態割合に応じて課税するとしている。

　図 B では，資金提供は行うが重要な経済活動等は行わない法人を軽課税国に設置し，資金提供や無形資産を利用して多額の超過利潤を得る，いわゆるキャッシュボックスという BEPS の典型事例を紹介する。

　軽課税国 X 国に重要な経済活動は行わず資金だけを持たせたキャッシュボッ

【図B】

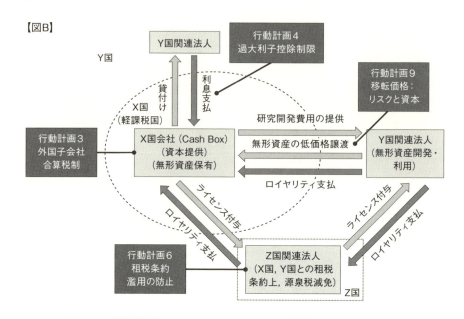

クスを設置し，当該会社から通常課税国であるY国法人に対して不必要な貸付けをすることで軽課税国に利益を落とすBEPSで，もう1つはキャッシュボックスからY国法人に資金提供して無形資産を開発させ，当該無形固定資産をキャッシュボックスが低額で譲り受け，キャッシュボックスが多額のロイヤリティを得るというBEPSである。

不必要な貸付けに関するBEPSに対しては，『行動計画4　過大利子控除制限』として，一定の基準を超えた利子支払額（純支払利子額がEBITDAの10％から30％を超える場合。基準数値は各国で法制化）は損金として認めないとするもので，日本では過大支払利子税制としてすでに法制化されている。

また，『行動計画9　移転価格—リスクと資本』では，資金を提供しているという理由だけでは，無形資産の実質的所有者としては認められず，キャッシュボックスに不適切な利益が帰属することがないよう，取引自体を否認し，キャッシュボックスを利用したBEPSを制限する。

さらに，無形資産を利用した場合，一定率による税金が源泉徴収された上で

無形資産所有者にロイヤリティが支払われる場合が多いが，源泉税を減免する措置を取る国（Z国）もある。当該措置を利用して，Z国にペーパーカンパニー（以下「Z国法人」）を設立し，無形資産所有法人であるキャッシュボックスと無形資産利用法人であるY国法人が直接取引するのではなく，Z国法人を介して取引することで，ロイヤリティ支払時に税金が源泉徴収されることなく，その全額を軽課税国にあるキャッシュボックスに移転することが可能になる。

『行動計画6　租税条約濫用の防止』では，このようなBEPSを阻止するために，租税条約の恩典を受ける場合の要件を設定し，当該例ではZ国法人が，第三国の居住者に支配されていないことや，実質的な経済活動が行われていること等の要件の充足が求められる。

また，日本ではすでに法制化されているが，『行動計画3　外国子会社合算税制』では，実体のないキャッシュボックスに利益を移転させたとしても，実質的な経済活動が伴わない場合には，キャッシュボックスが稼得した利益は親会社利益とみなして親会社所在国において合算課税を求めている。これはキャッシュボックスのみならず，持株会社や付加価値を付けずに他国に転売するインボイシングカンパニーが稼得する利益も対象になるので留意が必要である。

(5) 実質性 ― 価値創出の場の明確化（行動計画7）

国際課税の原則的なルールでは，PEがない国で課税されることはないため，PEとしての認定を人為的に回避する企業行動が取られることがある。『行動計画7　PE認定の人為的回避の防止』では，このようなBEPSへの対抗措置が示されている。

現行OECDモデルでは代理人を利用して物品販売する場合，「企業（本人）（＝外国会社）の名で契約を締結する」者は代理人PEとして認定される。したがって，外国会社の名ではなく代理人の名で契約を締結したり，あるいは，契約締結に至る実質的な活動を代理人が行い，契約締結のみ外国会社が行うことでPE認定を回避することが可能である。また，現行OECDモデルでは代理人業を通常業務とする者は独立代理人としての地位が与えられ，PEとして

認定されないため，代理人業のみを行う関連企業を設立しこれを独立代理人とすることで，外国会社が現地販売子会社を設置することなく，自社製品を販売，販売国での課税を逃れることが可能であった（独立代理人が稼得する一定額の手数料のみ課税）。

このような BEPS に対し，行動計画 7 では，これまでの契約社名を基準とした判断をするのではなく，新たに契約類型基準という考えを示しており，企業（本人）の物品の販売契約という契約類型については，契約社名にかかわらず代理人 PE とするとして BEPS を制限している。これにより，代理人を利用した販売契約を締結する場合には PE 認定され，販売が行われる国において売買益が課税される可能性が高くなる。さらに，独立代理人の地位について，もっぱら関連会社のために業務を行う者については独立代理人の定義から除外し，グループ会社を利用して建前上のルールを充足したとしても認められず，より実質的な判断の中で PE 認定されることになる。

また，仮に施設があった場合でも準備的・補助的活動であれば PE 認定されないという例外規定について，現行 OECD モデルでは機能を細分化して，実質的な活動がない状態（準備的・補助的活動のみの状態）にすることで，人為的に PE 認定回避が可能であったが，当該 BEPS に対して，「いかなる活動も準備的・補助的活動でない場合は PE 認定の例外としない」としており，特定の活動（たとえば商品の引渡しのみを行う活動）は準備的・補助的活動ではないとしている。つまり，前述の建前上のルールの充足では認められず，より実質的な判断の中で PE 認定されることになる。

PE については，移転価格と並んでインドでの課税リスクが高い領域の 1 つであり，現状においても非常に厳しく運用されていることから，行動計画 7 に対する国内法制化による実質的な影響は限定的にも思える。一方，これまで根拠が不明瞭な中での税務当局による更正が，国内法制化にもとづく根拠ある更正となりうることから，今後の成り行きに留意する必要がある。

BEPS 行動計画は，各国の財務当局が共同して作成したものであり，経済界

の声が十分に反映された形にはなっていない。BEPS行動計画は，二重非課税のような過度な租税回避行動の阻止を目的とするものであり，新たな規制によって実態のある経済活動が萎縮してしまうような状況は当然に避けられるべきである。BEPS行動計画の次のステップとして，OECD租税条約・移転価格モデルの改訂，さらに，各国において国内法制化されることになるが，法制化にあたっては，経済界の声を十分に反映した合理性のある制度の成立が望まれる（2016年2月29日発表の新年度予算案（2016-17年度）では，BEPS行動計画13に合わせてマスターファイル，ローカルファイル，国別報告書の文書化が提案されたため，今後は文書化に関する通達等に留意が必要である。また，文書化の不備に関するペナルティ規定の設置も提案された）。

6 個人所得税

(1) 納税者の区分

インドでは，居住者と非居住者とで個人所得税の取扱いが異なり，さらに居住者でも，通常の居住者と非通常の居住者とで個人所得税の課税対象範囲が異なる。これらの納税者区分は次の図によって判定する。

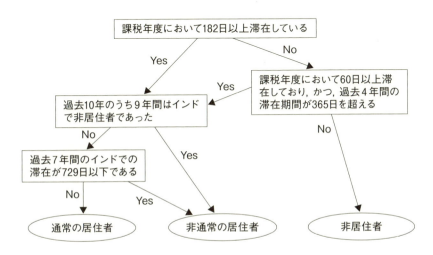

以上の区分はインドの国内税法における取扱いであり、課税の有無については別途二国間の租税条約で規定されていることがある。たとえば、現行の日印租税条約第15条(2)では、給与所得に対して、以下の3つの条件を満たせばインドでの課税が免れる（いわゆる短期滞在者免税）。

- インドでの滞在が課税年度において183日以下である
- 給与の支払者がインド居住者あるいはインドの内国法人ではない
- 給与の負担者がインド国内における恒久的施設（PE）ではない

課税範囲であるが、非居住者については、インド国内で受け取ったあるいは発生した所得が課税対象となる。非通常の居住者についてはそれに加えて、インドで関わっている活動から発生している所得でありインド国外で発生し受け取る所得も課税対象となる（インド国内にいてインド国外のビジネスをコントロールすることにより発生した所得、たとえばインド国内にいながら海外に診療所を持っていて遠隔操作により医療行為を行う場合の所得などがこれに該当する）。通常の居住者については全世界所得に課税されるので、日本で受け取っている不動産賃貸収入なども課税対象となる。

(2) 納税手続

① 源泉税の納付

毎月の給料支払額に対して雇用者は毎月源泉税を徴収しなければならない。源泉税額は年間の給料総額の見積額から算出する。年の途中でボーナスの支給があったり昇給したりした場合には、年間の所得税額の見積金額が変わるので、その月以降は修正した見積金額にもとづいて所得税を源泉徴収し納付しなければならない。源泉徴収した税金は翌月の7日までに税務当局に納めなければならない。雇用者は四半期（7月15日、10月15日、1月15日、5月15日）に一度、給料と源泉税額を記載した四半期報告書を税務署に提出する。従業員は7月31日までに前年4月1日から当年3月31日までの期間に係る確定申告書を提出し、税額を確定し納税する。雇用主は5月31日までに給与の源泉徴収票を従業員に提出する（フォーム16およびフォーム12BA）。

インド国内の貯蓄預金口座に振り込まれる銀行利息については源泉税が徴収されていないので、確定申告の際にはこれらの銀行利息も所得に含めて所得税額を計算しなければならないので注意が必要である。

② 日本で支払われている給料の取扱い

通常、日系企業の場合、日本人の給料総額とインド人の給料総額が大きく異なる。この場合、インド人従業員の士気を考慮して日本人駐在員の給料の一部を日本の親会社が直接支払うことにより、日本人駐在員の給料総額をインド人に秘匿することがしばしば行われる。この場合、インドでのPE課税の問題が生じる恐れがある（PE課税については「第10章 インド進出に関するQ&A」参照）。この場合であっても所得税はあくまでも給料総額に対して課税されるので、日本で支払われている給料も含めて源泉税の計算を行わなければならない。このため日本人駐在員の源泉税および確定申告は現地法人で行わず、外部の会計事務所に計算を委託していることが多い。

なお、日本から日本人を駐在させる場合のみならず、日本人を現地採用する際にもその給料金額には注意が必要である。現在外国人がインド国内で働くための雇用ビザを取得するには年間給料が25,000米ドル超でなければならないというルールがある。ちなみに、外国料理のコック、英語以外の語学の先生や通訳、インド国内にある大使館で働くスタッフ、無償で働くNGOスタッフは例外である。

③ 給与所得以外に所得がある場合の取扱い

通常、従業員の給与所得については、毎月の源泉徴収と7月31日の確定申告を行えばよいが、給与所得以外に家賃収入などその他の所得がある場合には、下記のとおり、年3回の中間納付が必要となる。ただし、希望すれば当該給与所得以外の所得を会社に開示して、それを含めて所得税を源泉徴収してもらうこともできる。

課税期間	中間納付期限	納付税額	
4月1日～3月31日	9月15日	年間見積り税額の 30%	①
	12月15日	〃 60%－①	②
	3月15日	〃 100%－①－②	

中間納付額が確定税額の一定額を下回ると延滞税が課せられるが，これについては「1 法人税 ⑳ 申告・納税手続」に詳しく記載しているのでこちらを参照されたい。

ちなみに，2016年2月29日発表の新年度予算案（2016-17年度）では，法人税と同様に年4回（6月15日，9月15日，12月15日，3月15日）の中間納付が提案されている。

(3) 所得税計算方法

所得税は次の計算式により計算する。

(総収入－非課税所得－必要経費－所得控除)×税率＝所得税額

(4) 税　率

累進課税による税率が適用され，税率は下記の表のとおりである。

所得金額	税率
20万インドルピーまで	免税
20万インドルピー超50万インドルピーまで	10%
50万インドルピー超100万インドルピーまで	20%
100万インドルピー超1,000万インドルピーまで	30%
1,000万インドルピー超	33.6%

上記税率に加えて教育目的税3%が不可避的にかけられるので実効税率はそれぞれ10.3%，20.6%，30.9%，34.61%などとなる。また，60歳以上80歳未

満については25万インドルピーまで免税で，80歳以上となると50万インドルピーまで免税となる。

なお，2016年2月29日発表の新年度予算案（2016-17年度）によると，1,000万インドルピー超の取得に課せられている追加税を12％から15％へ引き上げることが提案されており，これにより実効税率は34.61％から35.54％となる予定である。

(5) **課税対象**

インド国外に出張した際の海外出張手当については過去の裁判例が参考になる。出張者が現地で使った経費の充当であるとみなされれば当該手当は非課税となり源泉徴収の対象外となる。しかし，それを上回って手当を受け取る場合には課税対象とされることがあるので留意が必要である。

通勤手当については健常者については月1,600インドルピーまでが非課税で，目の不自由な方など一定のハンディキャップのある方については月3,200インドルピーまでが非課税となっている。

課税対象となる給与には賃金，年金，退職金，謝礼，コミッション，給与の前渡，有給休暇の未消化分の買取および諸手当が含まれる。諸手当には，住宅手当，ガス・電気・水道手当，家政婦手当，赴任手当，交通費，車および運転手，利率の低い貸付金金利などが含まれる。なお，新しい住居に引っ越すまでの間にホテル代を15日間以上支給した場合には，給料の24％と実際のホテル代のうち低い金額のみが課税対象となる。

従業員またはその家族に対して無利息あるいは低金利で2万インドルピー超の貸付を行った場合，State Bank of India が通常適用している利率と実際に会社が従業員に対して適用している利率との差額部分に対して所得税が課せられる。2014年4月1日時点での State Bank of India のパーソナルローンの貸付利率は18.5％である。

駐在員の給料を決定する際に，日本で受け取っていた給料の手取金額を保障し，それに対して課されるインドでの所得税額は会社が負担するということが

しばしば行われる。この際，手取金額から所得税額をグロスアップしたうえで所得税額が計算される。住宅手当については以下のような詳細な規定がある。

① House Rent Allowance（住宅手当）
　従業員が住居を賃借し，会社がそれに対して住宅手当を支給した場合，以下の3つの金額のうち一番小さい金額分を住宅手当の所得税対象額から控除できる。
- 会社が支給した住宅手当金額
- （実際に支払った賃借料総額）－（基本給料の10％）
- 基本給料の50％（メトロシティに住んでいる場合），基本給料の40％（メトロシティ以外に住んでいる場合）(注1)

② Rent Free Accommodation（会社が住居を提供する場合）
　以下の金額が課税対象金額となる。

	家具なし	家具付き
会社所有の住居	2001年の国勢調査で250万人超の人口を抱える都市の場合は給料の15％	家具なしの金額に家具代金の10％を加えた金額（ただし，家具をリースしている場合にはリース金額が加えられる）
	100万人超，250万人以下の場合は給料の10％	
	それ以外の都市は給料の7.5％	
会社がリースしている住居	会社が負担したリース料または給料の15％のどちらか低い金額	家具なしの金額に家具代金の10％を加えた金額（ただし，家具をリースしている場合にはリース金額が加えられる）

　車や運転手代金については詳細な規定がある。
　まず，会社が保有またはリースしている車を従業員に貸し出す場合で，従業員がもっぱら仕事に利用している車にかかる代金を会社が負担している場合，

(注1) メトロシティとはデリー，ムンバイ，チェンナイ，コルカタの4都市を指す。

一定の書類を整備することで従業員に対して個人所得税は課せられない。一方，従業員がもっぱら私的利用のために車を利用する際にそのメンテナンス費用や運転手代金を会社が負担する場合にはその会社負担部分について従業員に対して個人所得税が課せられる。車を仕事とプライベート両方に利用する場合には，プライベートで利用している分を会社が負担しているとみなされ，以下の金額について個人所得税が課せられる（1か月当たり）。

車の排気量	1,600CC 以下		1,600CC 超	
	運転手なし	運転手つき	運転手なし	運転手つき
会社負担	1,800インドルピー	2,700インドルピー	2,400インドルピー	3,300インドルピー
個人負担	600インドルピー	1,500インドルピー	900インドルピー	1,800インドルピー

従業員が車を保有していてそのメンテナンス費用等を会社が負担する場合，その車がもっぱらビジネス目的で利用される際には一定の書類を整備することで個人所得税は課せられない。一方，車を仕事とプライベート両方に利用する場合には，プライベートで利用している分を会社が負担しているとみなされ，以下の金額について個人所得税が課せられる（1か月当たり）。

車の排気量	1,600CC 以下		1,600CC 超	
	運転手なし	運転手つき	運転手なし	運転手つき
会社負担	会社負担額から1,800インドルピーを控除	会社負担額から2,700インドルピーを控除	会社負担額から2,400インドルピーを控除	会社負担額から3,300インドルピーを控除

会社が日本の健康保険や厚生年金の掛け金を負担した場合についてはデリー高等裁判所において判例があり，所得税第17条(1)(v)におけるベネフィットに該当せず非課税という判断が下されている。

(6) 所得控除

生命保険料，据置年金，年金，一定の株式や社債，投資信託，政府インフラ

債などへの出資，5年の定期預金，住宅ローンの返済，教育費用については一定の算式の下，150,000インドルピーまで所得控除できる。また，特定の基金や機関に対する寄付金を一定の範囲内で所得控除できる。さらに，最大15,000インドルピーまでの医療費も所得控除可能である（本人あるいは被扶養者分）。また，25,000インドルピーまでの健康保険料も所得控除できる（高齢者については30,000インドルピーまで）。そのほか，身体障害者に対しては追加的な所得控除措置がある（所得税法第80DD条，80DDB条，80U条）。

(7) 税額控除

所得が50万インドルピー未満のインド居住者に対する税額控除額が現在2,000インドルピーとなっているが，2016年2月29日発表の新年度予算案（2016-17年度）では，これを5,000インドルピーに引き上げることが提案されている。

(8) 給料の外貨送金

日本人駐在員がインドで給料を受け取っている場合，使わなかった余剰資金を日本にある銀行口座へ送金することとなる。外貨送金はすでに自由化されているため，送金自体が問題となることはない。また，さらに規制が緩和され，インドで働く外国人は，所得税を支払うことを条件に，インド国外で開いた銀行口座で給料を受け取ることも可能となっている。

(9) 外国資産の開示

インド居住者がインド国内で個人所得税を申告する際には外国に保有している資産の明細を開示しなければならない。そのフォームについては以下を参照。

第4章 インドの税制

Schedule FA — Details of Foreign Assets and Income from any source outside India

A. Details of Foreign Bank Accounts held (including any beneficial interest) at any time during the previous year

Sl No	Country Name and Code	Name and Address of the Bank	Account holder name	Status-Owner/Beneficial owner/Beneficiary	Account Number	Account opening date	Peak Balance During the Year (in rupees)	Interest accrued in the account	Interest taxable and offered in this return		
									Amount	Schedule where offered	Item number of schedule
(1)	(2)	(3)	(4)	(5)	(6)	(7)	(8)	(9)	(10)	(11)	(12)
(i)											
(ii)											

B. Details of Financial Interest in any Entity held (including any beneficial interest) at any time during the previous year

Sl No	Country Name and code	Nature of entity	Name and Address of the Entity	Nature of Interest-Direct/Beneficial owner/Beneficiary	Date since held	Total Investment (at cost) (in rupees)	Income accrued from such Interest	Nature of Income	Income taxable and offered in this return		
									Amount	Schedule where offered	Item number of schedule
(1)	(2)	(3)	(4)	(5)	(6)	(7)	(8)	(9)	(10)	(11)	(12)
(i)											
(ii)											

C. Details of Immovable Property held (including any beneficial interest) at any time during the previous year

Sl No	Country Name and code	Address of the Property	Ownership-Direct/Beneficial owner/Beneficiary	Date of acquisition	Total Investment (at cost) (in rupees)	Income derived from the property	Nature of Income	Income taxable and offered in this return		
								Amount	Schedule where offered	Item number of schedule
(1)	(2)	(3)	(4)	(5)	(6)	(7)	(8)	(9)	(10)	(11)
(i)										
(ii)										

D. Details of any other Capital Asset held (including any beneficial interest) at any time during the previous year

Sl No	Country Name and code	Nature of Asset	Ownership-Direct/Beneficial owner/Beneficiary	Date of acquisition	Total Investment (at cost) (in rupees)	Income derived from the asset	Nature of Income	Income taxable and offered in this return		
								Amount	Schedule where offered	Item number of schedule
(1)	(2)	(3)	(4)	(5)	(6)	(7)	(8)	(9)	(10)	(11)
(i)										
(ii)										

E. Details of account(s) in which you have signing authority held (including any beneficial interest) at any time during the previous year and which has not been included in A to D above.

Sl No	Name of the Institution in which the account is held	Address of the Institution	Name of the account holder	Account Number	Peak Balance/Investment during the year (in rupees)	Whether income accrued is taxable in your hands?	If (7) is yes, Income accrued in the account	If (7) is yes, Income offered in this return		
								Amount	Schedule where offered	Item number of schedule
(1)	(2)	(3)	(4)	(5)	(6)	(7)	(8)	(9)	(10)	(11)
(i)										

DETAILS OF FOREIGN ASSETS

	(ii)											
	F	\multicolumn{12}{l}{Details of trusts, created under the laws of a country outside India, in which you are a trustee, beneficiary or settlor}
DETAILS OF FOREIGN ASSETS	Sl No	Country Name and code	Name and address of the trust	Name and address of trustees	Name and address of Settlor	Name and address of Beneficiaries	Date since position held	Whether income derived is taxable in your hands?	If (8) is yes, Income derived from the trust	If (8) is yes, Income offered in this return		
										Amount	Schedule where offered	Item number of schedule
	(1)	(2)	(3)	(4)	(5)	(6)	(7)	(8)	(9)	(10)	(11)	(12)
	(i)											
	(ii)											
	G	\multicolumn{12}{l}{Details of any other income derived from any source outside India which is not included in,- (i) items A to F above and, (ii) income under the head business or profession}
	Sl No	Country Name and code	Name and address of the person from whom derived	Income derived	Nature of income	Whether taxable in your hands?	If (6) is yes, Income offered in this return					
							Amount	Schedule where offered	Item number of schedule			
	(1)	(2)	(3)	(4)	(5)	(6)	(7)	(8)	(9)			
	(i)											
	(ii)											

> **NOTE ▶** *Please refer to instructions for filling out this schedule. In case of an individual, not being an Indian citizen, who is in India on a business, employment or student visa, an asset acquired during any previous year in which he was non-resident is not mandatory to be reported in this schedule if no income is derived from that asset during the current previous year.*

7 中央販売税

(1) 課税対象と税率

インドでは，州を越えて動産を売買した場合には，中央販売税が課税され，販売元が顧客より徴収し，税務当局に納める。課税期間は4月1日から3月31日となっている（以下，州VAT，サービス税，物品税も同じ）。

中央販売税が課される取引は広く解釈され，建設工事などを行うために材料が提供される場合や物品の権利が移動するリース契約，買取選択権付賃貸借も含まれ，中央販売税の課税対象となる。

登録業者（中央販売税法および州VAT法においてあらかじめ登録した業者）や政府に対する売上にかかる中央販売税の税率は，2％（中央販売税法第8条）と販売元の州の州付加価値税（以下，州VAT）の税率とのいずれか低い税率が適用される。この場合，所定の法定書類（フォームC）を提出する必要が

ある。

したがって，たとえば，下の図の〈甲物品〉の場合，所定の法定書類を整備すれば，州VAT 6％と2％を比較し，より低い2％が適用される。一方，〈乙物品〉の場合，州VAT 1％と2％を比較するので，法定書類を整備すればより低い1％の税率が適用される。

中央販売税は，8 で述べる州VATと一部相殺可能なので，顧客から受け取った受取中央販売税と仕入先に支払った支払州VATとを相殺して税務当局に納めることができる。この仕入税額控除制度は各州の州VAT法において定められている。

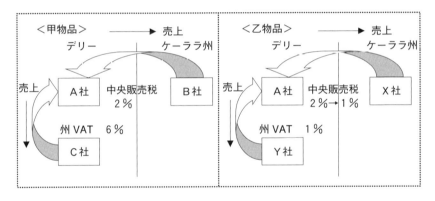

ちなみに，他州から仕入れて他州に販売した場合，代金支払時に中央販売税を乗せて支払い，顧客からは中央販売税を受け取ることになる。この支払中央販売税については，税務当局に支払う中央販売税の計算につき，仕入税額控除の対象とすることはできない。

(2) 二重課税の排除（in-transit sales）

中央販売税は物品が州を越えるたびに課税される。しかし，たとえばデリーからケーララ州に売り上げ，ケーララ州からカルナタカ州に売り上げることがあらかじめわかっている場合，物品をデリーからカルナタカ州に直接配送し，売却側および購入側双方が法定の書類を整備すれば，デリーからカルナタカ州

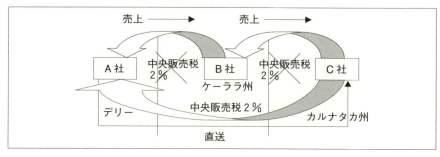

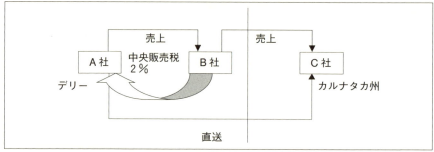

への物品の移動にのみ中央販売税が課税され，二重課税を排除できる（上図の上段）。

　たとえば，上図の下段のようにデリーにあるA社が同じデリーにあるB社を通してカルナタカ州にあるC社に製品を売り上げる場合，製品をA社からC社に直送すれば税金はA社がB社に売上を計上することにかかる中央販売税だけとなる。B社のC社に対する売上には税金は課せられない。この場合，A社，B社およびC社は中央販売税法におけるディーラーとして登録されていなければならない。また，B社はフォームCを準備してA社に渡さなければならない。A社はフォームE-Iを準備してB社に渡す。C社はフォームCを準備してB社に渡す。B社はフォームCとフォームE-Iを当局に提出することになる。

　中央販売税が州間の取引を阻害し，税制度を複雑にしているとしてインド政府は2016年4月1日から中央販売税を廃止する予定にしていたが，実現が延期

されている。実現されると州をまたぐことによる税負担の問題が小さくなると思われるが、それまではインドを1つの国と考えず、各州を1つの国と考えて他の州から仕入れると中央販売税という名の関税がかかる、とイメージする必要がある。

(3) **特殊な通達**

中央販売税がいわゆる州間の関税となってしまっている関係上、州によっては企業誘致の障害となっていると考え、別途対策が必要なケースもある。たとえば、インド北部のハリアーナ州にスズキや本田技研工業など主要な自動車およびバイクメーカーが進出している。これらのメーカーに製品を納入する場合、隣のラジャスターン州に工場を設けてそこから納入すると2％の中央販売税をスズキや本田技研工業から徴収しなければならなくなる。こういった余分な税負担を顧客にかけないためにはスズキや本田技研工業と同じハリアーナ州に進出しなければならなくなる。ラジャスターン州としては、企業誘致のため、この2％の中央販売税の税率を下げたいと考えることになる。

1956年中央販売税法第8条(5)において、州政府における税率修正の権限が規定されている。この規定を用いて州政府からさまざまな通達が出ている。たとえば、2005年11月17日のラジャスターン州の州政府通達 No.F, 4 (89) FD/Tax/2004-88によると、ラジャスターン州にある日系企業投資ゾーン内の企業に対して一定の要件のもとに中央販売税率を0.25％にするとある。当該規定は時限立法であったが、今現在も有効となっている。

その他には、ある一定の投資額を条件に中央販売税の還付や免除を認めている州もある（パンジャブ州、マハラシュトラ州、ビハール州など）。今後インドに進出を考える企業にとっては進出予定の州から同様の通達が出ていないか検討する価値があるといえよう。

8 州VAT

(1) 仕入税額控除制度

州VATでは付加価値に対してのみ課税することとしているため，支払った州VATと顧客から受け取った州VATとを相殺して税務当局に納めることになる（仕入税額控除制度）。

州VATとは，文字どおり付加価値税であり，同一州内での取引に係る税金である（VATとはValue Added Taxの略）。

次の場合，B社が税務署に州VATを納める際に，C社から受け取った州VAT80からA社に支払った州VAT50を控除し，30のみ納めればよい。日本の消費税の仕入税額控除と同様のシステムである。したがって下記のB社にとってはA社に支払った州VAT50はコストとはならない。

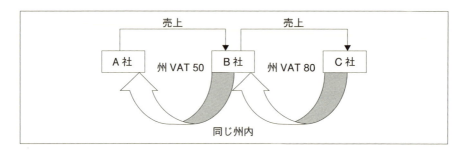

(2) 他税との相殺

「7 中央販売税」の項でも述べたが，受取中央販売税と支払州VATとを相殺して納付することができる。また，州によっては越境税と州VATを相殺することもできる（次頁の上図を参照されたい）。

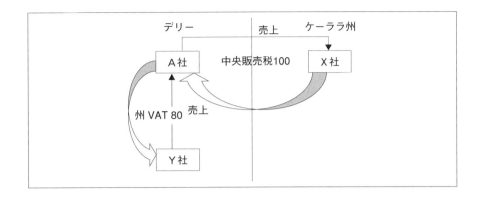

上の図のケースでは，A社はX社から受け取った中央販売税を税務当局に納める際にY社に支払った州VAT80を控除できるので，20だけ納めればよい。

しかし，支払中央販売税と受取州VATとは相殺控除できない。このため，次の図のX社にとっては，中央販売税はコストとなってしまう（次図を参照されたい）。

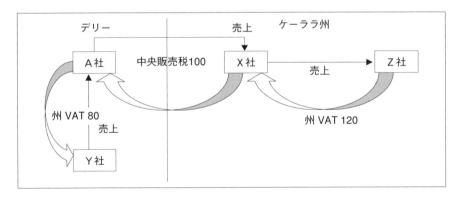

X社がケーララ州内のZ社に製品を販売し州VAT120を受け取ったとする。この州VATを納税する際に中央販売税100を仕入税額控除することはできない。このため120全額を納税しなければならない。

X社が州外の顧客に販売した場合にはどうなるだろうか。

X社がカルナタカ州にあるV社へ製品を販売し，V社より中央販売税を120

徴収したとする。X社では受取中央販売税120と支払中央販売税100とは同じ税金ながら相殺控除できない。したがって、X社は中央販売税120をそのまま全額納税することとなる（下図参照）。

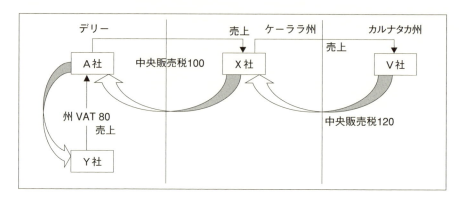

州VATの税率は基本税率が12.5〜15％で、機械装置などの資本材には5〜5.5％、貴金属には1％の税率が適用される。しかし、石油等については20％から30％、アルコール飲料については20％から50％となるなどより高い税率が適用される物品もあるので注意が必要である。

ある企業が他の州に倉庫などを保有し、州間で自社内の在庫移動を行う場合、中央販売税を回避できるが、他の取引から発生した受取州VATと相殺すべき、当該在庫移動を行った商品を仕入れる際に負担した支払州VATを計算する際に、2〜5％分は控除対象から除外されてしまう。すなわち、支払州VATが12.5％で控除対象外の率が2％だとすると、10.5％分しか控除できない。さらに、一部在庫移動が認められない品目もあり、その場合には、在庫移動した場合でも原則どおり中央販売税が課される。このため、在庫移動が本当に節税となるかについては慎重に判断されたい。

9 サービス税

(1) 概　　要

　サービス税は1994年財政法の第5章において規定されている中央税であり，2011年度まではサービス税はサービス税法に列挙されたサービスの提供のみ課せられていた。しかし，2012年度税制改正によりネガティブリスト形式が導入され，基本的に全サービスが課税対象であるが，一部非課税サービスを限定列挙することとなった。

　つまり，サービス受領者がサービス提供者にサービス価格に上乗せして支払う間接税である。当初は税率5％だったが，その後8％，10％，12％と増税されている。その後，2015年度に14％に税率が引き上げられ，更に2015年11月にクリーン・インディア税0.5％が導入されたため，実効税率は14.5％となっている。2016年2月29日発表の新年度予算案（2016-17年度）ではKrishi Kalyan Cess（KKC）0.5％が導入され，実効税率が15％となる予定である（2016年6月1日より適用予定）。

　ちなみに，クリーン・インディア税は仕入税額控除対象外のため，支払った企業にとってのコストとなる。KKCについては受取KKCと支払KKCを相殺できるが，一定の要件があるため，結果的に企業側のコストとなることもある。

　サービス税は中央税でありながら，ジャンム・カシミール州だけはサービス税法の範囲外とされている。このため，ジャンム・カシミール州に住む住民向けのサービスについてはサービス税は課せられない。また，サービスによっては多額の設備投資が必要な業種があり，そういった業種についてはサービス税が免除されるという仕組みもある。

　支払ったサービス税は受け取ったサービス税の仕入税額控除に使え，後述する受取物品税とも税額控除可能が原則である。しかし，一部例外がある。レンタカーサービスや従業員に対する福利厚生サービス，工事契約などについては支払ったサービス税の仕入税額控除が認められない。サービス税は，サービス提供者がサービス受領者から徴収して税務当局に支払うが，ある一定の条件に

おいては，サービス受領者がサービス税をサービス提供者に支払わず，直接税務当局に納税することもある（サービス提供者が非居住者の場合など）。

(2) 免　　税

　小規模事業者に免税の規定があり，前年度の年間課税取引が100万インドルピー未満の事業者は当年度の課税取引額が100万インドルピーに達するまではサービス税が免除される。また，以下の条件を満たすとサービスの輸出とみなされ，免税措置がある。

- サービス提供者が課税地域に存在する（ジャンム・カシミール州を除くインド国内）
- サービスを受け取る者がインド国外にいる
- 当該サービスがネガティブリストに載っていない
- サービスの提供場所がインド国外である
- サービスの支払対価が外貨である
- サービス提供者とサービス受領者がどちらも同じ企業の支店ではない

　現在，海上輸送による輸入品にかかる運送料にはサービス税は課されていないが，2016年2月29日発表の新年度予算案（2016-17年度）ではサービス税を課すことが提案されている（2016年6月1日より適用予定）。

(3) 手　　続

　通常，サービス税を支払う者はすべてサービス税当局に登録し，税金の支払や申告書の提出（紙ベース，電子データベースのどちらも可）などの手続が必要となる。しかし，2002年8月16日以降は，サービス税を支払う者がインド国内に事務所を持たない非居住者の場合，サービス税を受ける側がこれらの手続を行わなければならなくなった。

　サービス税はサービスの報酬額に対して課税され，報酬を受け取った際に支払わなければならない。サービス税を受領した者は月初から月末までに受領したサービス税を翌月6日までに納付しなければならない。ただし，3月につい

ては，3月1日から3月31日までに受領したサービス税を3月31日までに納付しなければならない。

サービス税の納入を遅延すると以下の延滞税が課せられる。

延滞期間	率
6か月以内	年率18%
6か月超12か月以内	年率24%
12か月超	年率30%

しかし，2016年2月29日発表の新年度予算案（2016-17年度）では，延滞税を一律年率15％に引き下げることが提案されている。

(4) R&D Cess との関係

技術的ノウハウを海外から輸入した場合，R&D Cess という税金が課される。しかし，この R&D Cess は受取サービス税と相殺控除できるため，サービス業者にとってはコストとはならない。R&D Cess の税率は5％であり，教育目的税は課せられない。R&D Cess については「14　研究開発税（R&D Cess）」の項目を参照されたい。

10 物品税（Central Excise Act, 1944の第3条）

(1) 概　要

物品税は製造業者に対して出庫時に課され，通常販売価格に上乗せして購入者から回収する。つまり，インドで製造された製品を購入する際に，購入者が製品価格および物品税相当額を支払う。

現在ほとんどの物品には12.5％の基本物品税が課されるが，一部免税品目やその他の税率が適用される品目もある。たとえば，医薬品や CD, VCD, DVD などの物品税率は6％であるし，糸など0％の製品もある。なお，2014年度まではさらに3％の教育目的税が課されたが，これが廃止されている。

当該税率は Central Excise Tariff Act, 1985 に定められており，Harmonised System of Nomenclature（HSN）によって区分されている。

　製造業者は仕入先に支払った物品税や輸入時に課された相殺関税（後述の「11　関税」の項を参照）を受け取った物品税と相殺することにより，税務当局に支払う物品税を低く抑えることができる。また，サービス税とも相殺可能なので，顧客から受け取った受取物品税とサービス提供業者に対する支払サービス税とを相殺して税務当局に納めることができる（Cenvat Credit Rules, 2004の Rule3）。しかし，一部石油製品などに課せられる物品税は仕入税額控除に使えない。

　物品税の課税対象となる金額は主に取引価額であるが，一部の物品につき小売価格やみなし評価額などが用いられる場合もある。たとえば自動車部品や携帯電話，靴などの小売される製品などについては小売価格から一定の割引をした金額が課税対象額となる。紙巻きたばこは1箱いくらといった具合で課税されるし，製造用機械についてその生産能力によって課税金額が決まるものもある。アルコールなどは当該物品税ではなく，州物品税が課せられるため，計算方法も当該物品税とは異なる。

　2016年2月29日発表の新年度予算案（2016-17年度）では，自動車に対して新たに Infrastructure Cess の導入が提案され，車の全長や排気量，燃料の種類により1％，2.5％あるいは4％の税金が課せられることとなった。ただし，電気自動車やハイブリッド・カーは免税である。また，Make-in-India 政策を促進するためインドでの製造を誘致すべく，物品税の税率が改定された（たとえば携帯電話のアダプターやバッテリー，スピーカーなどの物品税を0％から2％あるいは12.5％に引き上げる一方，これらの製品を製造するために必要なパーツや原材料については税率を12.5％から0％に引き下げるなど）。

　延滞税については「9　サービス税」の項を参照のこと。

(2) 仕入税額控除の制限

　機械装置は一般的に高額となることがあるため，その購入にあたって支払っ

た物品税はその支払った年度で全額仕入税額控除に使えない。50％だけ使え，残りの50％分は翌期以降の仕入税額控除に利用することになる。その年度の受取物品税が少ないなど全額仕入税額控除に利用できない場合には翌期以降永遠に繰り越すことができる。

(3) 免税，手続

中小事業者の免税規定があり，前年度の工場出荷高が4,000万インドルピー以下であれば，当年度は売上が1,500万インドルピーに達する分までは物品税の納税が免除される。例を挙げると，以下のようになる。

	売上高	物品税納税対象額
1年目	1,400万インドルピー	全額免税
2年目	4,500万インドルピー	1,500万インドルピーまでは免税
3年目	2,000万インドルピー	全額課税（前年度の売上高が4,000万インドルピーを超えているので）
4年目	3,000万インドルピー	1,500万インドルピーまでは免税

ただし，OEMのように他社ブランド製品を製造する場合には1,500万インドルピー以下の部分も課税対象となるので注意が必要である。

物品税を受領した製造業者は月初から月末までに受領した物品税を翌月5日までに納付しなければならない（インターネットバンキングなどによる支払の場合は翌月6日）。ただし，3月については，3月1日から3月31日までに受領した物品税を3月31日までに納付しなければならない。

(4) 今　後

インド政府は中央販売税，州VAT，サービス税および物品税を統合して1つのGoods & Service Tax（GST）とすることを発表している（GSTについては，「15　GST」を参照）。

11 関税(Customs Act, 1962の第12条)

(1) 概　要

　インド国外から物品を輸入するとHSNコードにもとづいて定められた税率によって関税が課される。

　関税にはまず，基本関税（以下，BCD）があり，税率10％の品目が一番多く見受けられる。ただし，資本材については主に7.5％が適用されている。しかし，2016年2月29日発表の新年度予算案（2016-17年度）においてこれが10％に引き上げられている。税率はCustoms Tariff Act, 1975において定められている。さらに相殺関税（以下，CVD）がかかり，これは主としてインドでの製造にかかる基本物品税と同じ12.5％の税率で課される。インド国内で製造すると物品税が課せられるので，国内の製造業者との課税の平衡を図るため輸入品に課されるものである。さらにほとんどの輸入品に対して追加関税（以下，ACD）4％が課せられる。関税の計算対象となる金額はCIF価格に1％のローディングチャージ（荷下ろしおよび取扱い経費見合い）を上乗せして計算される。また，3％の教育目的税もかかることから，基本税率が10％であるとすると，実効税率は29.441％となる（CVDが12.5％であるという前提）。

　1％のローディングチャージ込の輸入金額を100とすると以下のように計算する。

	税　率	計算方法	税　額
基本関税	10％	100×10％	10
相殺関税	12.5％	(100＋10)×12.5％	13.75
教育目的税	3％	(10＋13.75)×3％	0.7125
追加関税	4％	(100＋10＋13.75＋0.7125)×4％	4.9785
合　計			29.441

　2016年2月29日発表の新年度予算案（2016-17年度）では，Make-in-India政策を促進するためインドでの製造を誘致すべく関税率が改定された（たとえば

携帯電話のアダプターやバッテリー，スピーカーなどの基本関税，相殺関税，追加関税を免除から課税とする一方，これらの製品を製造するために必要なパーツや原材料については基本関税，相殺関税，追加関税を課税から免税として，携帯電話のアダプター等もインドで製造するインセンティブを与えるなど）。

　関税は輸入業者によって通関手続が終了した時点で支払われる。関税の課税対象となる額は一般的に物品の取引価額となり，当該取引価額は国際取引に使われるいわゆる独立した第三者との間で利用される価格（独立企業間価格）を指す。実際の取引価額が独立企業間価格によって行われていない場合，税務当局がGATT（関税貿易一般協定）原則にのっとった1988年関税評価ルールにより課税対象価額を算定する。

　関連当事者間取引の場合は，取引当事者間の関係から物品価格に何らかの影響があるかないか税務当局が調査を行う。その結果何らかの影響があると認められる場合，関税当局の特別評価チームが独立企業間価格を決定するための評価を行う。

　輸入した物品を関税支払後18か月以内にそのまま再輸出した場合，支払った関税の98％が還付される規定もある。

　延滞税については「9　サービス税」の項を参照のこと。

(2) 仕入税額控除の制限

　機械装置の輸入金額は一般的に高額となることがあるため，その購入にあたって支払った相殺関税はその支払った年度で全額仕入税額控除に使えない。50％だけ使え，残りの50％分は翌期以降の仕入税額控除に利用することになる。その年度の受取物品税が少ないなど全額仕入税額控除に利用できない場合には翌期以降永遠に繰り越すことができる。

(3) 実効税率を下げるための税額控除制度

　インド国内の製造業者が顧客から預った物品税を税務署に支払う際に輸入品

に課されたCVD，教育目的税およびACDを仕入税額控除できるので，製造業者にとってこれらはコストとはならない。さらに，輸入者が製造業者でない場合でもファーストステージディーラー，あるいはセカンドステージディーラー（ファーストステージディーラーから購入するディーラー）として税務当局に登録することで，CVDおよびACDを顧客である製造業者に転嫁し，製造業者がそのCVDおよびACD見合いを物品税と相殺することもできる。また，製品を海外に輸出する場合には，支払ったCVDもACDもともに還付申請することができる。また，輸入品をインド国内で販売することによって獲得した州VATや中央販売税を納税したことを証明することでACDを還付申請する仕組みもある。これらの仕組みをよく理解したうえで税負担率を考慮することが肝要である。

(4) 輸出関税

稀ではあるが，輸出をする際に関税が課せられることがある。たとえば鉄鉱石については30％，皮革製品については60％などである。

12 越境税

越境税はほとんどの州で導入されており，利用，消費または販売目的で物品が州に入境した場合に購入者側に課される。税率は州および物品の種類によって異なる。ほとんどの州では支払った越境税と受取州VATとの仕入税額控除を認めている（州内での製造に利用するなどの条件付で）ため，支払った越境税がコストとならないことが多い。しかし，州によっては仕入れ税額控除を認めていないところもあるので注意が必要である。

越境税が課せられることについては多くの企業がその適法性について裁判所に訴えを起こしている。いくつかの州の裁判では憲法違反とされ，いくつかの州の裁判では合憲とされている。たとえばハリアナ州やタミル・ナドゥ州では憲法違反とされ，ラジャスターン州やマデーヤ・プラデーシュ州，ビハール州，

カルナタカ州では合憲とされている。

13 物品入市税（Octroi）

　マハラシュトラ州では，物品入市税が市レベルで課されている。これは特定の物品が該当の市に，利用，消費または販売目的で入境した場合に購入者側に課される税金である。税率は物品ごとおよび市ごとによって異なる。残りの市ではLocal Body Taxという別の税金が課せられていた。Local Body Taxはいかなる税金とも仕入税額控除ができないため，常に支払者にとってはコストになってしまっていた。

　しかし，Local Body Taxは2015年8月1日に廃止され，現在は1年間に5億インドルピーを超えて商品が入ってくる大規模会社にのみ課税されている。

14 研究開発税（R&D Cess）

　一定の技術的ノウハウの輸入には研究開発税が課され，税率は5％である。当該研究開発税が課せられる場合，支払わなければならないサービス税額はその分小さくなる。すなわち，「9　サービス税」の項で述べたように，通常サービス税は14％課されるので5％分だけ減額され，支払サービス税は9％となる。そうすると税額が同じで税金の名称が変わっただけのような印象を受けるが実はそうではない。以下の設例を用いて説明する。

　技術ノウハウの輸入にかかる対価が100であるとする。そうすると研究開発税が5（100×5％），サービス税が9（100×14％－5）となる。このノウハウを利用してインド国内でサービスを行い，その対価が120だとする。そうすると顧客から受け取るサービス税は16.8（120×14％）となる。税務当局に対して支払うサービス税は16.8－9＝7.8となる。この時支払った研究開発税は仕入税額控除できない。以上より収支は120＋16.8－100－5－9－7.8＝15となり，研究開発税5の分だけ収支が悪化することになる。

15 GST（Goods and Services Tax）

　これまでインドの諸税金について説明してきたとおり，インドには多くの間接税があるが，この多様で複雑な間接税の体系が事業活動を遂行するうえでの阻害要因となったり，FDIに対しても否定的な影響を及ぼすなど，結果的に税収を増加させない原因となっていることから，これを統一して間接税体系を簡素化し，新たな税体系への移行を目指している。

　古くは2000年に当時のバジパイ首相がGSTの導入について言及しているが，中でも，2007-08年度予算案において，当時のチダンバラン財務大臣が2010年4月1日からの導入を公表するなど，GST導入が現実味を帯びた時期もあった。結果的には，GSTは導入されずに現在まで至っているわけだが，これは国会における政権党が確保する議席数や，間接税に対する課税権を有している各州のコンセンサスを得られなかったことが大きな要因である。つまり，複雑で非効率な税体系が企業活動を阻害しており，これを簡素化することで，実効税率を低減しつつも税収増が期待できるとして，総論としては理解を得られているものの，既得権に対する根強い執着がその実現を阻んできたといえる。

　2014年5月に誕生したモディ政権は，モディ首相がグジャラート州首相時代に達成した成功をインド全土にも広げようとの意図で，企業が事業活動をやりやすい環境の実現を目指した政策が採られることが多いが，その中でももっとも大きな政策の1つがGSTであるといえる。GST導入にあたっては，その詳細を規定するGST法の導入の前に，まず憲法修正が必要となる。憲法修正案（Constitutional Amendment Bill）は2015年5月にLok Sabha（下院）を通過した。しかし，Rajya Sabha（上院）では，まだ議論が続けられており通過をしていない。上院通過後には，さらにインド29州のうち過半数の承認を得ることが必要となる。その後，GST法案が発表され，コメント募集を行った上で，GST法案の採決が行われ，最終的にGST法が施行されることとなる。

　現在，GST導入に向けて，2015年12月に「Model GST Law」が一般に公開されている（ただし，財務省から正式に公表されたものではない）。また，

GSTにおける登録手続，支払方法，税務申告手続および還付手続についてもガイダンス案が公表されている。これらを見れば，そのスキームを理解することができる。なお，税率は18％から22％の間にて議論されている。

　GSTへの統一対象である主な間接税は，相殺関税，追加関税，物品税，サービス税，中央販売税，州付加価値税，越境税，娯楽税，贅沢税，また，これらにかかるCessも統一対象である。GSTに統一される結果，1つの税金になることが望まれたが，インドで導入されるのはDual GSTといわれる制度である。インドにおけるGSTは，①中央レベルのCentral GST（CGST），②州レベルのState GST（SGST），③国外からの輸入とインド国内での州をまたいだ物品およびサービスの供給に対して課せられるIntegrated GST（IGST）の3つに分けられる。さらに，国内の州をまたいだ物品の供給（在庫の移動を含む）に対して，追加税1％が課税される。この追加税は仕入税額控除ができずに企業のコストになる。

　GST導入前と後の企業側のコストを比較すると，導入後のコストの方が低くなると考えられる。たとえば，輸入にあたり支払う相殺関税や追加関税は輸入者のコストとなる場合があるが，GST導入後は，仮払GSTとして販売時に仮受けるGSTの仕入税額控除として利用され輸入者のコストにはならない。同様に州を越えて仕入れた場合に支払う中央販売税等もコストになっているが，GST導入後は追加税1％を除き仕入税額控除できる。

　以上から企業の仕入れコストは下がるため，最終的には企業の価格設定上は低下要因として影響を及ぼすものと考えられる。一方，追加税1％はこれまで課税されなかった在庫移動にも課される。IGSTは仕入税額控除の対象のため最終的には企業のコストにはならないが，追加税である1％部分についてはコストになるため，販売までに要する州間の在庫移動は極力減らすことが肝要である。また，コストにはならないとはいえ，在庫移動の際にIGSTが課されることで，キャッシュアウトが一時的に余計に生じるため，導入当初のキャッシュマネジメントには特に気を配る必要がある。

　以上のとおり，GSTは会計処理，税務への影響のみならず，価格設定やサ

プライチェーン，キャッシュ・フロー，ITシステムなど，企業運営上の多岐にわたり影響を及ぼすことから，親会社，取引先といったステークホルダーの理解を得ることが重要であり，その上で，早期に対応準備にかかることが望ましいと考えられる。

GST導入後の間接税の取扱いについて，簡単な例を用いて説明する。なお，税率はCGST10％およびSGST10％（合計20％），IGST20％および追加税1％と仮定する。

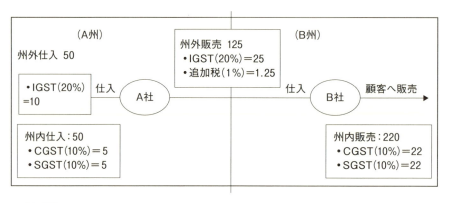

（A社）

GST（仮払）

- A社は，州外からの仕入時にIGST10を支払う。
- A社は，州内からの仕入時にCGST5およびSGST5を支払う。
- これらは仮払計上されることになる。

GST（仮受）

- A社は，B州にあるB社へ販売し，IGST25および追加税1.25を受け取る。

相殺

まずIGST（仮払）10，CGST（仮払）5およびSGST（仮払）5と，IGST（仮受）25とを相殺する。この結果，相殺しきれなかったIGST（仮受）5を納税することとなる。ちなみに，追加税1.25は仕入税額控除対象外

なので，こちらも納税することになる。
(B社)
GST（仮払）
- B社は，A州にあるA社からの仕入時にIGST25および追加税1.25を支払うこととなる。この支払った追加税1％は仕入税額控除をとることができず，コストになる。

GST（仮受）
- B社は，B州にある顧客へ販売し，CGST22およびSGST22を受け取る。

相殺
　IGST（仮払）25とCGST（仮受）22およびSGST（仮受）22と相殺をし，相殺しきれなかったSGST（仮受）19を納税することになる。

16 日印租税条約

(1) 租税条約とは

　租税条約は，国際的な人的・物的交流の拡大を受け，主として国際的な二重課税排除と脱税の防止を目的として締結されるものであり，二重課税の排除方式や共通の課税ルール等を定めている。日本は，2015年5月1日現在，64条約，90か国と締結している。日本とインドの間でも，両国の経済関係の重要性を踏まえ，投資交流の促進を図る目的で1960年に日印租税条約が締結されており，1989年の全面改正を経て，2006年6月28日に現行の条約に部分改正がなされている。

(2) 日印租税条約の特徴

　現行の日印租税条約の特徴としては，投資所得（配当，利子および使用料等）に対する限度税率が一律10％とされている点が挙げられる。
　投資所得の限度税率は，たとえば，日本からインドに対する投資，またはインドから日本に対する投資より生じる収益について，各投資先国（源泉国）で

の課税を軽減する目的で規定されているものである。

　日印租税条約上，規定されている日印間の配当，利子および使用料，技術上の役務に対する料金の限度税額は，下表のとおりである。

	改正後
配当	10%
利子	10%
使用料，技術上の役務に対する料金	10%

　日本法人からインド法人へ支払われるこれらの所得は，日本国内法により20.42％の税率で課税されるが，租税条約の適用により徴収税率は10％とされる。なお，当該インド法人は「租税条約に関する届出書」を提出する必要がある。

　これに対し，インド法人から日本法人へ支払われる利子およびロイヤリティや技術サービス料については，インド国内法によりそれぞれ21.63％および10.815％（日本法人がPANナンバー[注2]を保有していない場合は20％）で課税されるが，租税条約の適用により徴収税率は10％へと調整される。なお，インド法人から日本法人への配当についてはインド国内法により日本法人に対する課税がないため，租税条約上の10％ではなく，インド国内法上の0％が適用される。

　なお，日印租税条約には，その独特な条項として第12条に「使用料」とともに「技術上の役務に対する料金」が規定されている。また，この条項の第6項ではその源泉地につき支払者の所在地によって決定する，いわゆる「債務者主義」を採用している。これらの条項により，たとえば，通常，日本では課税関係が生じない日本法人からインド法人へ支払われる「インド現地におけるソフトウェアの開発に係る役務提供の対価」については，日本において限度税率内での源泉税が課されることになる。

　（注2）　PANについてはP.203を参照のこと。

第5章
インドの会社法と会計制度

＊原則として2015年12月31日現在の情報にもとづいている。

1 会社法

(1) 概　要

　インドの会社法は2013年において，1956年以来実に50余年ぶりに全面改正された。

　1956年会社法は，制定以来部分的な改正を行ってきた結果，条文の重複や整合性等の点で問題も多く，また現在のビジネス環境にそぐわない内容や，形式的かつ煩雑な規定も多々含まれていた。このため過去幾度となく改正が議論されてきたが，2013年にようやく実現に至った。以下，1956年会社法（Companies Act, 1956）を「旧会社法」，2013年会社法を「新会社法」と称する。

　新会社法の条文数は，旧会社法の700条から470条へ集約されており，詳細規定は施行規則（Rules）に委ねるスキームが採用されている。

　新会社法のうち大部分の条文は2014年4月1日までに施行された。しかし，2014年4月1日時点で必要機関が未設置である等の理由により一部の条文が未施行だったり，施行規則やその他通達によって新会社法の条文自体が一部修正されたりという状況にあり，2015年に入ってもこうした検討が続いている。このため，会社法の適用にあたっては通達等を含め最新の規定を確認する必要がある。

【新会社および施行規則の章立て（2015年12月31日時点）】

章番号	タイトル	新会社法の条文
第1章	Preliminary（施行規則は"Specification of definitions details"）	第1条～第2条
第2章	Incorporation OF COMPANY AND MATTERS INCIDENTAL THERETO	第3条～第22条
第3章	PROSPECTUS AND ALLOTMENT OF SECURITIES	第23条～第42条
第4章	SHARE CAPITAL AND DEBENTURES	第43条～第72条
第5章	ACCEPTANCE OF DEPOSITS BY COMPANIES	第73条～第76条
第6章	Registration of Charges	第77条～第87条
第7章	Management and Administration	第88条～第122条
第8章	Declaration and Payment of Dividend	第123条～第127条
第9章	ACCOUNTS OF COMPANIES	第128条～第138条
第10章	AUDIT AND AUDITORS	第139条～第148条
第11章	Appointment and Qualification of Directors	第149条～第172条
第12章	Meetings of Board and its Powers	第173条～第195条
第13章	APPOINTMENT AND REMUNERATION OF MANAGERIAL PERSONNEL	第196条～第205条
第14章	INSPECTION, INQUIRY AND INVESTIGATION	第206条～第229条
第15章	COMPROMISES, ARRANGEMENTS AND AMALGAMATIONS	第230条～第240条
第16章	PREVENTION OF OPPRESSION AND MISMANAGEMENT	第241条～第246条
第17章	REGISTERED VALUERS	第247条
第18章	REMOVAL OF NAMES OF COMPANIES FROM THE REGISTER OF COMPANIES	第248条～第252条
第19章	REVIVAL AND REHABILITATION OF SICK	第253条～第269条

	COMPANIES	
第20章	WINDING UP	第270条〜第365条
第21章	PART I.—*Companies Authorised to Register under this Act*	第366条〜第374条
	PART II.—*Winding up of unregistered companies*	第375条〜第378条
第22章	COMPANIES INCORPORATED OUTSIDE INDIA	第379条〜第393条
第23章	GOVERNMENT COMPANIES	第394条〜第395条
第24章	REGISTRATION OFFICES AND FEES	第396条〜第404条
第25章	COMPANIES TO FURNISH INFORMATION OR STATISTICS	第405条
第26章	*NIDHIS*	第406条
第27章	NATIONAL COMPANY LAW TRIBUNAL AND APPELLATE TRIBUNAL	第407条〜第434条
第28章	SPECIAL COURTS	第435条〜第446条
第29章	MISCELLANEOUS	第447条〜第470条
SCHEDULE I	関連条文:第4条,第5条	
TABLE-A	MEMORANDUM OF ASSOCIATION OF A COMPANY LIMITED BY SHARES	
TABLE-B	MEMORANDUM OF ASSOCIATION OF A COMPANY LIMITED BY GUARANTEE AND NOT HAVING A SHARE CAPITAL	
TABLE-C	MEMORANDUM OF ASSOCIATION OF A COMPANY LIMITED BY GUARANTEE AND HAVING A SHARE CAPITAL	
TABLE-D	MEMORANDUM OF ASSOCIATION OF AN UNLIMITED COMPANY AND NOT HAVING SHARE CAPITAL	
TABLE-E	MEMORANDUM OF ASSOCIATION OF AN UNLIMITED COMPANY AND HAVING SHARE CAPITAL	
TABLE-F	ARTICLES OF ASSOCIATION OF A COMPANY LIMIT-	

		ED BY SHARES
	TABLE-G	ARTICLES OF ASSOCIATION OF A COMPANY LIMITED BY GUARANTEE AND HAVING A SHARE CAPITAL
	TABLE-H	ARTICLES OF ASSOCIATION OF A COMPANY LIMITED BY GUARANTEE AND NOT HAVING SHARE CAPITAL
	TABLE-I	ARTICLES OF ASSOCIATION OF AN UNLIMITED COMPANY AND HAVING A SHARE CAPITAL
	TABLE-J	ARTICLES OF ASSOCIATION OF AN UNLIMITED COMPANY AND NOT HAVING SHARE CAPITAL
	SCHEDULE II	USEFUL LIVES TO COMPUTE DEPRECIATION 関連条文：第123条
	SCHEDULE III	GENERAL INSTRUCTIONS FOR PREPARATION OF BALANCE SHEET AND STATEMENT OF PROFIT AND LOSS OF A COMPANY GENERAL INSTRUCTIONS FOR THE PREPARATION OF CONSOLIDATED FINANCIAL STATEMENTS 関連条文：第129条
	SCHEDULE IV	CODE FOR INDEPENDENT DIRECTORS 関連条文：第149条8項
	SCHEDULE V	関連条文：第196条，第197条 PART I CONDITIONS TO BE FULFILLED FOR THE APPOINTMENT OF A MANAGING OR WHOLE-TIME DIRECTOR OR A MANAGER WITHOUT THE APPROVAL OF THE CENTRAL GOVERNMENT PART II REMUNERATION PART III Provisions applicable to Parts I and II of this Schedule PART IV The Central Government may, by notification, exempt any class or classes of companies from any of the requirements contained in this Schedule.
	SCHEDULE VI	関連条文：第55条，第186条（infrastructural projects と

		infrastructural facilities の説明)
SCHEDULE VII	関連条文：第135条 Activities which may be included by companies in their Corporate Social Responsibility Policies	
2013年会社法の章番号または章タイトルが含まれていない施行規則		
Cost records and audit（関連条文：第469条，第148条）		
Corporate Social Responsibility Policy（関連条文：第135条，第469条1項，2項）		
The Companies (Central Government's) General Rules and Forms Amendment Rules, 2014（1956年会社法の改訂）		
The Company Law Board (Fees on Applications and petitions) Amendment Rules, 2014（1956年会社法の改訂）		

(2) 会社法改正のポイント

主な改正のポイントは，以下のとおりである。

① コンプライアンス強化
- 主要経営責任者（KMP）[注1]の概念の導入
- 取締役について新たなルールの導入
- より厳格な報告フレームワークの導入
  ——会計年度の3月への原則統一，連結財務諸表の作成義務化，過年度財務諸表と取締役会レポートの修正
- 監査人の責任強化
  ——ローテーション義務化，非監査業務の制限，報告内容の強化
- 内部統制制度の強化
- 関連当事者取引に関する規制の改訂　等

(注1) KMPについてはP.148を参照のこと。

② 産業発展への対応, 規制の合理化
- 減価償却規定の変更
- 事業再編手続の簡便化
- 取締役報酬制限の見直し 等

③ 新たな概念の導入
- 企業の社会的責任（CSR）の義務化

旧会社法に慣れ親しんだ人のために，以下で旧会社法と新会社法との対比表を挿入する。ただし，新会社法の条文との対比のみであり，その後に公布された施行規則等との対比は含まれていない。

図表2　旧会社法と新会社法の条文対比表

S. No.	Provisions of Companies Act, 2013 as notified (98+1+183=282 Sections)	Corresponding provisions of Companies Act, 1956	Corresponding provisions of Companies Act, 1956 continue to remain in force
1.	Section 2		
	Clause(1)	2(1)	Nil
	Clause(2)	211(3C)	Nil
	Clause(3)	2(1A)	Nil
	Clause(4)	2(1B)	Nil
	Clause(5)	2(2)	Nil
	Clause(6)	Nil	Nil
	Clause(7)	Nil	Nil
	Clause(8)	Nil	Nil
	Clause(9)	2(5)	Nil
	Clause(10)	2(6) ; 252(3)	Nil
	Clause(11)	2(7)	Nil

	Clause(12)	2(8)	Nil
	Clause(13)	209(1)	Nil
	Clause(14)	2(9)	Nil
	Clause(15)	Nil	Nil
	Clause(16)	124	Nil
	Clause(17)	Explanation to section 33(2)	Nil
	Clause(18)	Nil	Nil
	Clause(19)	Nil	Nil
	Clause(20)	2(10) and 3	Nil
	Clause(21)	2(23) and 12(2)(b)	Nil
	Clause(22)	2(23) and 12(2)(a)	Nil
	Clause(24)	2(45)	Nil
	Clause(25)	2(45A)	Nil
	Clause(26)	Nil	428 The term 'Contributory' shall continue for the purposes winding up.
	Clause(27)	Nil	Nil
	Clause(28)	233B(1)	Nil
	Clause(29)(except sub-clause(iv)	2(11), 2(14), 10	622
	Clause(30)	2(12)	Nil
	Clause(31)	Explanation to 5BA (11)	Nil
	Clause(32)	2(12A)	Nil
	Clause(33)	2(12B)	Nil
	Clause(34)	2(13)	Nil

	Clause (35)	2(14A)	Nil
	Clause (36)	2(15)	Nil
	Clause (37)	2(15A)	Nil
	Clause (38)	59(2)	Nil
	Clause (39)	Nil	Nil
	Clause (40)	Nil	Nil
	Clause (41) [except first proviso]	2(17)	Nil
	Clause (42)	Nil	Nil
	Clause (43)	Explanation to section 2(29A)	Nil
	Clause (44)	Nil	Nil
	Clause (45)	2(18), 617	Nil
	Clause (46)	2(19), 4	Nil
	Clause (47)	Nil	Nil
	Clause (48)	Nil	Nil
	Clause (49)	Nil	Nil
	Clause (50)	Nil	Nil
	Clause (51)	Nil	Nil
	Clause (52)	2(23A)	Nil
	Clause (53)	2(24)	Nil
	Clause (54)	2(26)	Nil
	Clause (55)	2(27), 41	Nil
	Clause (56)	2(28)	Nil
	Clause (57)	2(29A)	Nil
	Clause (58)	Nil	Nil
	Clause (59)	2(30)	Nil
	Clause (60)	2(31), 5, 7	Nil

第5章 インドの会社法と会計制度　127

	Clause(61)	Nil	448
	Clause(62)	Nil	Nil
	Clause(63)	Nil	Nil
	Clause(64)	2(32)	Nil
	Clause(65)	Explanation to section 192A	Nil
	Clause(66)	2(33)	Nil
	Clause(67)[except sub-clause(ix)]	2(34)	Nil
	Clause(68)	2(35)	Nil
	Clause(69)	Explanation (a) to section 62(6)	Nil
	Clause(70)	2(36)	Nil
	Clause(71)	2(37)	Nil
	Clause(72)	4A	Nil
	Clause(73)	2(39)	Nil
	Clause(74)	Nil	Nil
	Clause(75)	2(40)	Nil
	Clause(76)	Nil	Nil
	Clause(77)	2(41),6 and schedule IA	Nil
	Clause(78)	Explanation to 19B	Nil
	Clause(79)	2(42)	Nil
	Clause(80)	2(43)	Nil
	Clause(81)	2(45AA)	Nil
	Clause(82)	2(45B)	Nil
	Clause(83)	Nil	Nil
	Clause(84)	2(46)	Nil

	Clause (85)	Nil	Nil
	Clause (86)	Nil	Nil
	Clause (87)	2(47), 4	Nil
	Clause (88)	Explanation II to section 79A	Nil
	Clause (89)	2(48)	Nil
	Clause (90)	2(49A)	Nil
	Clause (91)	Nil	Nil
	Clause (92)	12(2)C	Nil
	Clause (93)	Nil	Nil
	Clause (94)	Explanation to section 269	Nil
	Clause (95)	2(31A), 2A	Nil
2.	Section 3	12	Nil
3.	Section 4	13, 14, 15, 15A, 15B, 20, 37	Nil
4.	Section 5	26, 27, 28, 29, 30	Nil
5.	Section 6	9	Nil
6.	Section 7 (except sub-section (7)	33, 34(1), 35	Nil
7.	Section 8 (except sub-section (8)	25	Nil
8.	Section 9	34(2)	Nil
9.	Section 10	36	Nil
10.	Section 11	149	Nil
11.	Section 12	17A, 146, 147	Nil
12.	Section 13	16, 17, 18, 19, 21, 23	Nil
13.	Section 14 (except second	31 (except proviso to	Proviso to sub-section (1) of sec-

第5章 インドの会社法と会計制度　129

	proviso to sub-section(1) and sub-section(2))	sub-section(1) and sub-section (2A) ; 43)	tion 31 sub-section(2A) of section 31 ;
14.	Section 15	40	Nil
15.	Section 16	22	Nil
16.	Section 17	39	Nil
17.	Section 18	32	Nil
18.	Section 19	42	Nil
19.	Section 20	51,52,53	Nil
20.	Section 21	54	Nil
21.	Section 22	47,48	Nil
22.	Section 23	67	Nil
23.	Section 24	55A	Nil
24.	Section 25	64	Nil
25.	Section 26	55,56,57,58,59,60, 5ch.Ⅱ	Nil
26.	Section 27	61	Nil
27.	Section 28	Nil	Nil
28.	Section 29	68B	Nil
29.	Section 30	66	Nil
30.	Section 31	68	Nil
31.	Section 32	60B	Nil
32.	Section 33	56(3)	Nil
33.	Section 34	63	Nil
34.	Section 35	62	Nil
35.	Section 36	68	Nil
36.	Section 37	Nil	Nil
37.	Section 38	68A	Nil

38.	Section 39	69, 75	Nil
39.	Section 40	73, 76	Nil
40.	Section 41	Nil	Nil
41.	Section 42	67	Nil
42.	Section 43	2(46A), 85, 86	Nil
43.	Section 44	82	Nil
44.	Section 45	83	Nil
45.	Section 46	84	Nil
46.	Section 47	87	Nil
47.	Section 49	91	Nil
48.	Section 50	92	Nil
49.	Section 51	93	Nil
50.	Section 52	78	Nil
51.	Section 53	79	Nil
52.	Section 54	79A	Nil
53.	Section 55 except sub-section(3)	80 and 80A (except Proviso to section 80A(1) and section 80A(2))	Proviso to section 80A(1) and section 80A(2)
54.	Section 56	108, 108A to 108I, 109, 110, 113	Nil
55.	Section 57	116	Nil
56.	Section 58	111	Nil
57.	Section 59	111A	Nil
58.	Section 60	148	Nil
59.	Section 61 except proviso to clause (b) of sub-section (1)	94	Nil

60.	Section 62 except sub-section (4) to (6)	81 except sub-section(4) to (7)	sub-section (4) to (7) of section 81 and section 94A
61.	Section 63	proviso to 205(3)	Nil
62.	Section 64	94A(3), 95, 97	Nil
63.	Section 65	98	Nil
64.	Section 67	77	Nil
65.	Section 68	77A	Nil
66.	Section 69	77AA	Nil
67.	Section 70	77B	Nil
68.	Section 71 except sub-section (9) to (11)	117, 117A, 117B, 117C, 118, 119, 122 Except 117B(4) and 117C(4) and (5)	117B(4) and 117C(4) and (5)
69.	Section 72	109A, 109B	Nil
70.	Section 73	58A, 58AA, 58AAA, 58B, 59	Nil
71.	sub-section (1) of Section 74	Nil	Nil
72.	Section 76	58A	Nil
73.	Section 77	125, 128, 129, 132, 133, 145	Nil
74.	Section 78	134	Nil
75.	Section 79	127, 135	Nil
76.	Section 80	126	Nil
77.	Section 81	130	Nil
78.	Section 82	138	Nil
79.	Section 83	139, 140	Nil
80.	Section 84	137	Nil

81.	Section 85	131, 136, 143, 144	Nil
82.	Section 86	142	Nil
83.	Section 87	141	Nil
84.	Section 88	150, 151, 152, 152A, 153, 153A, 153B, 157, 158	Nil
85.	Section 89	187C	Nil
86.	Section 90	187D	Nil
87.	Section 91	154	Nil
88.	Section 92	159, 160, 161, 162, 5ch V	Nil
89.	Section 93	Nil	Nil
90.	Section 94	163	Nil
91.	Section 95	164	Nil
92.	Section 96	165, 166, 170	Nil
93.	Section 100	169(9)	Nil
94.	Section 101	171, 172	Nil
95.	Section 102	173	Nil
96.	Section 103	174	Nil
97.	Section 104	175	Nil
98.	Section 105	176, Schedule IX	Nil
99.	Section 106	181, 182, 183	Nil
100.	Section 107	177, 178	Nil
101.	Section 108	Nil	Nil
102.	Section 109	179, 180, 184, 185	Nil
103.	Section 110	192A	Nil
104.	Section 111	188	Nil
105.	Section 112	187A, 187B	Nil

第5章　インドの会社法と会計制度　133

106.	Section 113	187	Nil
107.	Section 114	189	Nil
108.	Section 115	190	Nil
109.	Section 116	191	Nil
110.	Section 117	192	Nil
111.	Section 118	193, 194, 195, 197	Nil
112.	Section 119 (except sub-section (4))	196	Nil
113.	Section 120	Nil	Nil
114.	Section 121	Nil	Nil
115.	Section 122	Nil	Nil
116.	Section 123	Section 205 sub-section (3) of section 205A section 206	Nil
117.	Section 126	206A	Nil
118.	Section 127	207	Nil
119.	Section 128	209, 214	Nil
120.	Section 129	210, 211, 212, 213, 221, 222, 223	Nil
121.	Section 133	211 (3C)	Nil
122.	Section 134	215, 216, 217, 218	Nil
123.	Section 135	Nil	Nil
124.	Section 136	219	Nil
125.	Section 137	220	Nil
126.	Section 138	Nil	Nil
127.	Section 139	224, 224A, 619	Nil
128.	Section 140 [except second pro-	225 except Proviso to sub-section (3)	Proviso to sub-section (3) of sec-

		viso to sub-section (4) and sub-section (5)	tion 225
129.	Section 141	226	Nil
130.	Section 142	224(8)	Nil
131.	Section 143	227, 228, 263A	Nil
132.	Section 144	Nil	Nil
133.	Section 145	229, 230	Nil
134.	Section 146	231	Nil
135.	Section 147	232, 233, 233A	Nil
136.	Section 148	233B	Nil
137.	Section 149	252, 253, 258, 259	Nil
138.	Section 150	Nil	Nil
139.	Section 151	Proviso to sub-section (1) of section 252	Nil
140.	Section 152	254, 255, 256, 264	Nil
141.	Section 153	266A	Nil
142.	Section 154	266B	Nil
143.	Section 155	266C	Nil
144.	Section 156	266D	Nil
145.	Section 157	266E	Nil
146.	Section 158	266F	Nil
147.	Section 159	266G	Nil
148.	Section 160	257	Nil
149.	Section 161	260, 262, 313	Nil
150.	Section 162	263	Nil
151.	Section 163	265	Nil

第5章 インドの会社法と会計制度　135

152.	Section 164	202,274	Nil
153.	Section 165	275,276,277,278,279	Nil
154.	Section 166	312	Nil
155.	Section 167	283	Nil
156.	Section 168	Nil	Nil
157.	Section 169 except sub-section (4)	284 except sub-section (4)	Sub-section (4) of section 284
158.	Section 170	303,307	Nil
159.	Section 171	304	Nil
160.	Section 172	Nil	Nil
161.	Section 173	285,286	Nil
162.	Section 174	287,288	Nil
163.	Section 175	289	Nil
164.	Section 176	290	Nil
165.	Section 177	292A	Nil
166.	Section 178	Nil	Nil
167.	Section 179	Section 291 Section 292	Nil
168.	Section 180	293	Nil
169.	Section 181	Nil	Nil
170.	Section 182	293A	Nil
171.	Section 183	293B	Nil
172.	Section 184	299,305	Nil
173.	Section 185	295,296	Nil
174.	Section 186	372A	Nil
175.	Section 187	49	Nil
176.	Section 188	294,294A,294AA,297,314	Nil

177.	Section 189	301	Nil
178.	Section 190	302	Nil
179.	Section 191	319,320,321	Nil
180.	Section 192	Nil	Nil
181.	Section 193	Nil	Nil
182.	Section 194	Nil	Nil
183.	Section 195	Nil	Nil
184.	Section 196	197A,267,311,317, 384,385,388	Nil
185.	Section 197	198,201,309,310,387	Nil
186.	Section 198	349	Nil
187.	Section 199	Nil	Nil
188.	Section 200	637AA	Nil
189.	Section 201	640B	Nil
190.	Section 202	318	Nil
191.	Section 203	269,316,386	Nil
192.	Section 204	Nil	Nil
193.	Section 205	Nil	Nil
194.	Section 206	234 [except sub-section (8)]	Nil
195.	Section 207	209A	Nil
196.	Section 208	Nil	Nil
197.	Section 209	234A	Nil
198.	Section 210	235	Nil
199.	Section 211	Nil	Nil
200.	Section 212 [except sub-section (8) to (10)] ;	Nil	Nil

201.	Section 214	236	Nil
202.	Section 215	238	Nil
203.	Section 216 [except sub-section (2)]	247 [except sub-section 1A]	Sub-section (1A) of section 247
204.	Section 217	240	Nil
205.	Section 219	239	Nil
206.	Section 220	240A	Nil
207.	Section 223	241, 246	Nil
208.	Section 224 [except sub-section (2) and (5)]	242, 244	Section 243
209.	Section 225	245	Nil
210.	Section 228	Sub-section (6) of section 234	Nil
211.	Section 229	Nil	Nil
212.	Section 366	565	Nil
213.	Section 367	574	Nil
214.	Section 368	575	Nil
215.	Section 369	576	Nil
216.	Section 370 [except proviso]	Section 577 except proviso	Proviso to section 577
217.	Section 371	Section 578	Nil
218.	Section 374	Nil	Nil
219.	Section 379	Nil	Nil
220.	Section 380	592, 593	Nil
221.	Section 381	594	Nil
222.	Section 382	595	Nil
223.	Section 383	596	Nil

224.	Section 384	600	Nil
225.	Section 385	601	Nil
226.	Section 386	602	Nil
227.	Section 387	603	Nil
228.	Section 388	604	Nil
229.	Section 389	605	Nil
230.	Section 390	605A	Nil
231.	Sub-section (1) Section 391	607	Nil
232.	Section 392	598, 606	Nil
233.	Section 393	599	Nil
234.	Section 394	619A	Nil
235.	Section 395	Nil	Nil
236.	Section 396	609	Nil
237.	Section 397	610A	Nil
238.	Section 398	610B	Nil
239.	Section 399 except referevce of word Tribunal in sub-section (2)	610	Nil
240.	Section 400	Nil	Nil
241.	Section 401	610D	Nil
242.	Section 402	610E	Nil
243.	Section 403	611, Schedule X	Nil
244.	Section 404	612	Nil
245.	Section 405	615	Nil
246.	Section 406	620A	Nil
247.	Section 407	Explanation to 10FD	Nil

第 5 章 インドの会社法と会計制度　139

248.	Section 408	10FB,10FC	Nil
249.	Section 409	10FD	Nil
250.	Section 410	10FR	Nil
251.	Section 411	Nil	Nil
252.	Section 412	10FX	Nil
253.	Section 413	10FE,10FT	Nil
254.	Section 414	10FG,10FW	Nil
255.	Section 439	621,624	Nil
256.	Section 442	Nil	Nil
257.	Section 443	624A	Nil
258.	Section 444	624B	Nil
259.	Section 445	Nil	Nil
260.	Section 446	626	Nil
261.	Section 447	Nil	Nil
262.	Section 448	628	Nil
263.	Section 449	629	Nil
264.	Section 450	629A	Nil
265.	451	Nil	Nil
266.	452	630	Nil
267.	453	631	Nil
268.	Section 454	Nil	Nil
269.	Section 455	Nil	Nil
270.	456	635A	Nil
271.	Section 457	635AA	Nil
272.	Section 458	637	Nil
273.	Section 459	637AA	Nil
274.	Section 460	637B	Nil

275.	Section 461	638	Nil
276.	Section 462	Nil	Nil
277.	Section 463	633	Nil
278.	Section 464	11	Nil
279.	Section 467	641	Nil
280.	Section 468	643	Nil
281.	Section 469	642	Nil
282.	Section 470	Nil	Nil
	Schedule I	Schedule I	Nil
	Schedule II	Schedule XIV	Nil
	Schedule III	Schedule VI	Nil
	Schedule IV	Nil	Nil
	Schedule V	Schedule XIII	Nil
	Schedule VI	Nil	Nil
	Schedule VII	Nil	Nil

出典：インド企業庁ホームページ

　以下，改正内容を交えつつ，新会社法の主な規定を解説する。

(3) 会社の機関
① 株主および株主総会
(a) 株主数

　旧会社法と同様に新会社法でも，非公開会社については最低2名の株主が必要で，公開会社については最低7名の株主が必要であると定められている（新会社法第3条1項）。これに加えて，新会社法では一人会社（One person company）の概念が導入されている（非公開会社および公開会社の定義については，「第6章　インドにおける拠点設立の手続と留意点　6　現地法人　(5)その他の留意点」の項を参照。一人会社について詳細は，本節「(8) 会社の種

類」参照）。

非公開会社の株主数の上限は200名である（新会社法第2条68項）。

(b) 株主総会の開催時期，招集方法

一人会社以外の会社では，定時株主総会は，毎年1回以上，前回開催から15か月以内に開催しなければならない。会社設立時には，決算日後9か月以内に最初の定時株主総会を開催しなければならず，その後は決算日後6か月以内に開催しなければならない（新会社法第96条1項）[注2]。

定時株主総会は登記上の事務所もしくは登記上の事務所のある市町村で開催することが要請されている（新会社法第96条2項）。株主総会を開催するには原則，少なくとも開催日の21日前までに招集通知を文書または電子的な手段で送付しなければならない（新会社法第101条1項）。招集通知には開催日時，場所および決議事項が記載される（新会社法第101条2項）。

招集通知は以下の関係者に送付される（新会社法第101条3項）。

- 全株主，死亡した株主の法定代理人および破産した株主の指定代理人
- 会社の会計監査人
- 会社の全取締役

なお，2015年6月5日に発行された通達により，定款で別途定めがある場合には非公開会社については第101条は適用されない旨が定められており（通達464E Exemptions to Private Companies under section 462 of CA 2013），招集通知の発送期限や記載内容，送付対象について定款の定めによることが認められた。

臨時株主総会は，取締役会が必要と認めたときや，10％以上の株主の請求があった場合に開催される（新会社法第100条1項および2項）。

(c) 株主総会の定足数（新会社法第103条）および運営方法

株主総会成立の定足数は，非公開会社の場合は2名である。

(注2) 特別な理由があれば，会社登記局（Registrar of Companies，以下 ROC）は3か月を超えない期間に限り，株主総会の開催期限の延長を許可できる。

なお，2015年6月5日に発行された通達により，定款で別途定めがある場合には非公開会社については第103条は適用されない旨が定められており（通達464E Exemptions to Private Companies under section 462 of CA 2013），定足数について定款の定めによることが認められた。

公開会社の場合は以下のとおりである。
- 株主が1,000名以下の場合，5名以上の株主の出席
- 株主が1,000名超5,000名以下の場合は，15名以上の株主の出席
- 株主が5,000名超の場合は，30名以上の株主の出席

ただし，定款においてこれより多い人数を定めている場合にはその定めに従う。

株主総会の議長は，定款に別途定めがない場合には，参加した株主から選出される（新会社法第104条）。

(d) 株主総会の決議方法および決議内容

電子的な方法による運営がなされていない限りは原則，挙手により決議の可否が決定される（新会社法第107条1項）。

ただし，非公開会社および公開会社のいずれにおいても，総議決権の10分の1以上を占める出席株主，もしくは払込済資本金額が50万インドルピー以上（別途これよりも高い金額が定められている場合はその金額による）の株式を保有する出席株主の要請，または議長の判断により，投票によって決議を行うことが可能である（新会社法第109条1項）。ここでいう投票は，議決権割合による投票である。

なお，2015年6月5日に発行された通達により，その他関連する条文や定款で別途定めがない場合にのみ非公開会社については第107条および第109条が適用される旨が定められており（通達464E Exemptions to Private Companies under section 462 of CA 2013），定款の定めによって投票により決議を行うことができる旨が明確になった。

決議の種類としては普通決議と特別決議がある。普通決議は出席株主の議決権の過半数により決議され，特別決議は出席株主の4分の3以上の賛成にて決議される（新会社法第114条）。

特別決議が必要な事項は新会社法の各条項で定められているが，うち取締役会の業務執行について特別決議を必要と定めている第180条については，2015年6月5日に発行された通達により，非公開会社については適用されないこととされた（通達464E Exemptions to Private Companies under section 462 of CA 2013）。

第180条で特別決議が必要と規定されているのは，以下の4点である。

- 会社の事業（事業が複数ある場合にはそのうちの1つの事業）のすべてもしくは実質的にすべてとみなされる部分の売却，リースまたは廃棄。ここで事業とは，会社の投資が前年度の監査済貸借対照表の純資産の20％を超える場合，または前年度の会社の総収入の20％超をその事業から獲得している場合を指す。また，実質的にすべてとは，前年度の監査済貸借対照表においてその事業の20％以上の価値を指す。
- 合併や買収の結果，受け取った対価を投資信託へ投資すること。
- 既存の借入とあわせて会社の払込資本および剰余金を超える借入（会社の通常の業務において取引先銀行から一時的に借り入れる場合を除く）。一時的な借入とは，要請により返済可能な場合や6か月以内の借入等を指し，投資目的の借入を除く。
- 取締役への貸付けについての返済免除または返済期限の猶予

出資比率によって株主が有する権利は以下のとおりである。

出資比率　10％以上…投票による決議の要請，臨時株主総会の招集要請
　　　　　25％超…重要事項の議決への拒否権
　　　　　50％超…通常事項の議決権
　　　　　75％以上…重要事項の議決権

(e)　株主総会議事録（新会社法第117条）

株主総会の決議内容については，原則承認後30日以内にROCに提出しなければならない。定款が変更された場合には変更後の定款のコピーも提出する必要がある。

② 取締役
　(a) 取締役の人数

取締役の人数は以下のとおり定められている（新会社法第149条1項）。

非公開会社…2名以上15名まで

公開会社　…3名以上15名まで

※一人会社は1名以上15名まで（増員する場合は株主総会の特別決議を要する。）

　(b) 取締役の種類

・居住取締役（Resident director）

新会社法では，公開会社，非公開会社の区別を問わず，取締役のうち最低1名は，前年暦年ベースで合計182日以上インド国内に滞在していなければならないと定められた（新会社法第149条3項）。

この変更によって，今までのように日本の居住者のみを取締役に据えてインドに会社を設立，運営することができなくなり，また取締役が日本人のみの場合，取締役の解任・帰任につき本条項を充たすよう留意する必要がある。

なお，旧会社法では，公開会社にのみマネージング・ダイレクター（Managing Director；以下 MD）等に直近12か月の居住要件が規定されていたが，政府の事前許可を得ることで居住要件を免除できるという容認規定があったため，多くの日系企業ではこの容認規定を活用することで対応してきた。新会社法においては上記取締役の居住要件とともに，MD 等に関する12か月規定も継続しており，非公開会社で任意に MD が選任される場合も適用対象となるかどうかは解釈が分かれていたが，2015年6月5日に発行された通達により非公開会社については MD 等に関する直近12か月の居住要件規定は適用されない旨の規則緩和策が導入された。

・女性取締役（Woman director）

上場会社，および公開会社のうち払込資本10億インドルピー以上または売上高30億インドルピー以上の会社は，少なくとも1名女性取締役を置かなくてはならない（新会社法第149条1項，2014施行規則第11章3条）。

第 5 章　インドの会社法と会計制度　145

- 独立取締役（Independent director）（任期は 5 年で連続 2 期まで）

旧会社法においては，独立取締役に関する規定はなく，インド証券取引委員会の規定において上場会社のみが独立取締役の選任を義務付けられていたが，新会社法では独立取締役についての規定が新設された（新会社法第149条，150条）。

独立取締役は，MD，常勤取締役，nominee director[注3]以外であり，会社，親会社，関係会社と一定の期間において一切の関係がない者と定められている。インド国籍保有者やインド居住者である必要はない。日本の親会社や関係会社からの派遣等では対応できないため，適正な人材の確保，および社外取締役導入前までのような業務遂行は難しく，導入当初は困難が生じることが予想される。インド政府側もこの人材難をすでに予想しており，新たに候補者を選ぶ際に企業が参照できる独立取締役候補者のデータバンクを用意し，対象会社をサポートする条項も規定されている（新会社法第150条 1 項）。

独立取締役の必要員数は以下のとおりである（新会社法第149条 4 項，2014施行規則第11章 4 条）。

上場会社：少なくとも 3 分の 1 以上が独立取締役でなくてはならない（端数は切り上げて計算される）。

公開会社のうち，払込資本 1 億インドルピー以上，売上高10億インドルピー以上，または負債総額 5 億インドルピー超の会社： 2 名以上の独立取締役が義務付けられる。

※なお，各種委員会においても，独立取締役の必要人数が定められている。

(c)　取締役の選任，改選および解任

取締役は原則として株主総会において選任される（新会社法第152条 2 項）。

なお，公開会社においては，定款にすべての取締役の年次株主総会での退任（任期 1 年間）が定められていない場合には， 3 分の 2 以上の取締役についてローテーションの対象となり，任期は 3 年間とされ，毎年取締役の 3 分の 1 が

（注3）　nominee director は，法律上の定めや契約に基づき金融機関や政府，その他の者から，その利益を代表するために指名された取締役を指す。

改選される。ローテーション対象外の取締役の任期は定款の定めに従う（新会社法第152条6項）。

取締役の解任は株主総会により決議される（新会社法第169条）。

(d) 取締役への貸付け禁止，報酬制限

旧会社法では公開会社による取締役に対する貸付けや保証行為等は原則として中央政府の事前許可の下において可能で，一方，非公開会社についてはそのような制限はなかった。

新会社法においては，公開会社・非公開会社を問わず，原則的には取締役に対する貸付けは以下の場合を除き認められない（新会社法第185条）。

- MDまたは常勤取締役への貸付けが，従業員全体に対して行われる，株主総会の特別決議を通した雇用スキームの一環である場合
- 会社の通常の業務において貸付け，債務保証等が行われた場合で，インド準備銀行が定める金利を当該貸付金金利が下回らない場合

さらに留意すべきは，貸付けが禁止されている対象として，取締役本人以外に，取締役が利害関係を持つ会社も含まれることになるため，インド国内におけるグループ会社間での資金融通を検討する際には，この規定に抵触しないよう留意する必要がある。ただし，この貸付け禁止規定は，以下の場合には，その対象となる借入金が子会社の事業活動に対し使用されている場合においては適用されない（2014施行規則第12章，2015年改正法第15条，2015改正規則第12章2条(ii)）。

- 完全子会社の借入れに対して親会社が行う保証行為，および親会社が完全子会社に対して行う貸付け
- 子会社の金融機関からの借入れに対して，親会社が行う保証行為

また，2015年6月5日の通達で，非公開会社については以下の条件を充たせば，新会社法第185条は適用されない旨の規定が導入された（通達464E Exemptions to Private Companies under section 462 of CA 2013）。

- 法人が金銭出資していないこと
- その非公開会社の金融機関や他の法人からの借入金が，5億インドルピー

か払込資本の2倍かいずれか小さい金額未満の場合
- 第185条に定める取引を行う際に，既存の借入金の不履行がないこと

しかし，上記の「法人が金銭出資していない」という条件から，一般的には日系企業がこの恩典を利用することはできない。

なお，公開会社の場合には取締役報酬の上限規定がある（新会社法第197条）。すなわち，MD，常勤取締役，マネジャーを含む取締役への報酬は原則その事業年度の純利益の11％を超えてはならない。ただし，中央政府の事前承認を得て株主総会の決議があれば，その基準を超えて報酬を支払うことができる。

またこの場合に，MD，常勤取締役，またはマネジャーが1名の場合には，原則報酬は純利益の5％を超えてはならず，2名以上の場合は10％を超えてはならない。それ以外の取締役については，MDや常勤取締役やマネジャーがいる場合には1％を超えてはならず，いない場合には3％を超えてはならない。

(e) 取締役会

取締役会は原則，年に4回以上開催する必要があり，かつ120日以上間を空けてはならない（新会社法第173条1項）。

取締役会成立の定足数は3分の1または2名以上のいずれか多い方である（新会社法第174条1項）。決議には過半数の同意が必要である。

取締役会はインド国外で開催することも可能であると解されている。

取締役が出席したことが確認でき，議事とともにその日時が記録保存できれば，TV会議やその他のAV機器を利用した方法でも取締役会に出席できる（新会社法第173条2項）。

書面決議は，過半数の取締役が同意した場合に可能である。ただし，3分の1以上の取締役から要請があった場合には，対面にて決議を行う必要がある（新会社法第175条）。なお，ビデオ会議で決められない内容（2014施行規則第12章4条），書面決議できない内容（2014施行規則第12章8条）が別途定められている。

各取締役は，直接的であれ間接的であれ，会社と何らかの契約を結んだり結ぶ予定である場合など利害関係がある場合には，取締役会の会議においてその

利害関係について開示しなければならない。当該利害関係のある取締役は取締役会決議に参加できない（新会社法第184条2項）。なお，非公開会社については2015年6月5日の通達で，利害関係のある取締役はその利害関係について開示した後に，取締役会決議に参加できる旨の緩和措置が導入された（通達464E Exemptions to Private Companies under section 462 of CA 2013）。

一定の事項に関する取締役会の決議については，株主総会の決議同様にROCへの提出が要請されているが（新会社法第117条），非公開会社については2015年6月5日の通達で，新会社法第179条3項に定める，取締役会の決議によって取締役会が業務執行できる事項（インド国内外での社債を含む証券発行，自己株式の買い戻し，借入等）についてROCへの届出の必要がない旨の緩和措置が導入された（通達464E Exemptions to Private Companies under section 462 of CA 2013）。

③ 主要経営責任者
　(a) 概　　要
新会社法では新たに主要経営責任者（Key Managerial Personnel；以下KMP）という概念が導入された（新会社法第2条51項，第203条）。
主要経営責任者は以下のとおり定義付けられている。
- CEO（Chief Executive Officer），MDもしくはマネジャー（ただしこれらが設置されていない場合は，常勤取締役（Whole-time director））
- 会社秘書役（Company Secretary）
- CFO（Chief Financial Officer）
- その他施行規則等で別途定める者

上場会社および払込資本1億インドルピー以上の公開会社は，常勤のKMP（ただし会社秘書役のみ必要対象会社の範囲が改正されて拡大した。詳細は次項「(b)会社秘書役」参照）を定める必要がある（2014施行規則第13章8条）。常勤のKMPは取締役会での選任が義務付けられており，取締役とは別に通常業務を遂行する中で法令順守等，取締役同様の責任と義務を負うことになる。

MDとマネジャーを同時に選任してはならない。MD，マネジャーもしくは常勤取締役の任期は5年間である（新会社法第196条1項，2項）。MD，マネジャー，常勤取締役については居住要件が設けられており，任命された日まで連続して12か月以上インドに滞在していることが求められる（新会社法SCHEDULE V PART I APPOINTMENTS(e)）。この要件を充たさない場合，中央政府の承認および任命された日から最初の定時株主総会で承認を得る必要がある（新会社法第196条4項）。なお，この規定は前述（本章（3）会社の機関　②　取締役　(b)　取締役の種類参照）のとおり，非公開会社には適用されない旨の緩和策が導入された（通達464E Exemptions to Private Companies under section 462 of CA 2013）。

CEOはMDとの兼任が条件付で認められる旨明記されているが，CFOについては兼任規定が明文化されていない。

(b) 会社秘書役

書類の認証，登録事務等，行政上の義務を担当する。

他のKMPの基準とは異なり，払込資本5,000万インドルピー以上の会社は，インド秘書役協会の資格者を常勤で選任する義務がある（2014改正施行規則第13章8A条）。なお，旧会社法でも同規模の会社に設置が義務付けられていたため，それほど大きな影響はないものと考えられる。

上場会社および払込資本5億インドルピー以上または売上高25億インドルピー以上の公開会社は，会社秘書役による監査を受けることが義務付けられている（新会社法第204条1項，2014施行規則第13章9条）。

④　監査委員会（Audit Committee）他

上場会社，公開会社のうち払込資本が1億インドルピー以上，売上高10億インドルピー以上，または負債総額5億インドルピー超の会社は，監査委員会および指名・報酬委員会（the Nomination and Remuneration Committee）を設ける必要がある（新会社法第177条，2014施行規則第12章6条）。指名・報酬委員会は，新会社法で新設された委員会である。これらは最低3名以上の取締役

（指名・報酬委員会の場合は業務執行をしない取締役）により構成されなければならず，また過半数が独立取締役であることを要する（新会社法第177条2項，第178条1項）。

　監査委員会は，会計監査人の選任や報酬に関する推薦や，業務監査の遂行を行う。監査委員会の設置は，旧会社法においても上場会社および払込資本5,000万インドルピー以上の公開会社に設置が義務付けられており，業務内容についても特に変更はないため，この点は影響が少ないものと考えられる。旧会社法からの変更点は，監査委員会設置会社の場合，従来上場企業において設置を奨励されていた，取締役や会社の従業員が監査委員会に対して直接問題点を報告することを可能にするための内部通報制度（Vigil mechanism）の整備が義務付けられたことである（新会社法第177条9項）。

　指名・報酬委員会は，取締役候補者の選任，解任案を取締役会へ提案したり，取締役の業務遂行の評価を行うとともに，取締役の独立性への判断基準のガイドラインや，報酬に関する基本方針を策定し，取締役会へ推薦するなどの機能を持つ。

　また，株主，社債権者，預け金形式で債権を所有している者（新会社法第5章参照）およびその他証券保有者の合計が1,000人超である会社は，利害関係者委員会（Stakeholders Relationship Committee）を設置する必要がある（新会社法第178条5項）。

⑤　CSR委員会

　新会社法においては，以下の一定条件を充たす会社，外国法人の支店，プロジェクトオフィスはCSR委員会の設置が義務付けられた（新会社法第135条1項，2014施行規則 Corporate Social Responsibility Policy 第3条）。

　過去3年度のいずれかにおいて，
- 50億インドルピー以上の純資産
- 100億インドルピー以上の売上高
- 5,000万インドルピー以上の純利益

に該当する会社は，新会社法およびその施行規則において定められたCSR活動を行い，そのために直前3会計年度における平均純利益の2％以上の額を年度ごとに支出する必要がある。

CSR活動の例としては，次のように教育の推進，社会的なプロジェクトへの関与，雇用促進のためのプログラム，貧困救済などが該当する。
- 環境保護活動
- 女性の権利向上や男女同権の促進
- 教育の促進
- 貧困の減少，飢餓の撲滅
- 社会的な事業プロジェクトの実施
- 子供の死亡率の減少および母体の衛生環境の改善
- 健康の増進
- 職業的技術の訓練
- 社会経済の開発および開発のために設立された中央政府および州政府による基金に対する寄付

CSR委員会はCSR活動を行うための基本方針の作成，実施状況，支出状況のモニタリング，取締役会への報告などを行い，同委員会は3名以上の取締役から構成され，うち少なくとも1名は独立取締役でなければならないのが原則である。しかし，非上場の公開会社および非公開会社は，CSR委員会のためだけに独立取締役を選任する必要はない。また，非公開会社で取締役が2名の会社の場合，CSR委員会のために3名とする必要はない（2014施行規則 Corporate Social Responsibility policy 第5条1項1号および2号）。

この規定は，公開会社，非公開会社の別を問わず条件に該当するすべての会社が対象となる点，さらに純利益の数値基準が5,000万インドルピーと比較的低いことから留意が必要である。

なお，CSR活動を行うための基金，協会，会社などを設立することもできるとされたため，グループ会社として共同の基金などを設立してまとまった活動を行うなどの柔軟な対応も可能となっている。

また，CSR活動が認められる例のうち，消費者教育が項目として明示されている。これにより消費者向け製品を製造販売している会社にとっては消費者への安全教育などの適格CSR活動として認められることになるため，企業にとっては今までの活動の範囲の延長対応という形も可能になり得ると考えられる。

⑥　内部監査人

　内部監査人は，会社内部または外部の勅許会計士，コスト会計士 [注4] 等専門家であり，内部監査を担当する。

　内部監査人の選任義務があるのは，以下の会社である（新会社法第138条，2014施行規則第9章13条）。

○上場会社
○非上場公開会社のうち以下の条件のいずれかを充たす会社
・払込資本5億インドルピー以上
・売上高20億インドルピー以上
・金融機関などからの借入総額10億インドルピー以上
・預り金・借入金等の債務2億5,000万インドルピー以上
○非公開会社のうち以下の条件のいずれかを充たす会社
・売上高20億インドルピー以上
・金融機関などからの借入総額10億インドルピー以上

(4)　財務報告制度
①　決　算　期

　旧会社法のもとでは，決算期は一般的には会社が自由に定めることができた。ただし会計上の決算期にかかわらず，法人税の課税年度が4月1日から3月31日と定められているため，それに合わせて決算期を3月とする会社も多かった。

（注4）　コスト会計士とは，1959年 the Cost and Works Accountants Act 第2条1項(b)に定義されており，the Institute of Cost and Works Accountants of India のメンバーである。

新会社法においては会計上の決算期が原則，3月決算に統一された（新会社法第2条41項）。この規定は2014年4月1日の施行から2年間の猶予期間が与えられていたが，その猶予期間はもう過ぎたため原則2016年3月末から3月決算が採用されている。

なお，インド法人がインド国外の会社の持株会社もしくは子会社であり，インド国外において3月とは異なった決算月で連結決算が実施される場合に，会社法審判所（Tribunal）[注5]に申請し許可されれば，インド法人も3月決算以外の決算月を採用することができるという容認規定が設けられている。

会計年度は通常12か月であるが，旧会社法では12か月未満や12か月を超えても15か月までの期間であれば自由に採用することができた。15か月を超える場合は18か月まで延長する際にはROCの事前承認が必要で，18か月超の会計年度は認められない，とされていた（旧会社法第210条4項）。新会社法ではこの条文自体は引き継がれておらず，決算期は「毎年3月31日に終わる期間」と定められており，ただし，1月1日以降に設立した会社は翌年3月末に決算期を設けることができるとされている（新会社法第2条41項）。また，上記のインド国外の会社の連結決算に合わせるための容認規定においては，特に会計年度の期間は定められていない。

(a) 連結財務諸表

関係会社を持つインド会社は，単体財務諸表に加えて連結財務諸表を作成し，監査を受けるよう新たに義務付けられた（新会社法第129条3項）。旧会社法では連結財務諸表の作成義務はなく，上場会社のみが作成していた。この際の留意点は，新会社法における子会社・関連会社の判定は，普通株式の議決権ベースで判定するのではないということである。配当優先権を与えた議決権なしの優先株式等を発行している会社の場合，議決権を持つ株式のみならず，すべての種類株式全体に占める割合での判定となるため，会計基準における連結の範

（注5）　なお，会社法審判所（Tribunal）は2015年12月31日時点ではまだ設立されておらず，2014年6月6日付けの通達（S.O.1460(E)）で，会社法審判所（Tribunal）の設立まではCompany Law Boardがその権限・機能を果たす旨が定められている。

囲と異なる可能性がある。

(b) 帳簿記録および保存，財務諸表の作成

帳簿は発生主義で記録され，複式簿記で作成される。すべての会社は適正な帳簿を保存するよう規定されている（新会社法第128条）。

帳簿は，直近の8年分について証憑とともに原則インド国内に保存しなければならない。この規定は現地法人のみならずインドにビジネス拠点がある場合，つまり外国法人の駐在員事務所や支店，プロジェクト事務所など形態を問わずすべての拠点に適用される（新会社法第384条3項）。

帳簿類はROCに登録した住所に保管しなければならないが，インド国内のその他の場所に保管することもできる。この場合その旨を取締役会決議で決定し，ROCに対して決議後7日以内に書面で通知しなければならない。

財務諸表は会社の財政状態を真実かつ公正に表示しなければならない（新会社法第129条）。新会社法SCHEDULE IIIにおいて，一般的な財務諸表および連結財務諸表作成の指針と，貸借対照表および損益計算書の最低限必要な様式が提示されている。

財務諸表・連結財務諸表は，取締役会の承認を経てから，監査人による報告書を添付されて年次株主総会で承認を受け，30日以内にROCへ登録する必要がある（新会社法第134条，137条）。

(c) 過年度財務諸表の遡及修正（新会社法第131条；未適用）

旧会社法では，会社の財務諸表の遡及修正を行うことはできなかったが，新会社法では，不正や誤謬が発覚しそれが過年度の事象に起因している場合，会社法審判所（Tribunal）の承認を受けた上で，任意で3年間までは遡り財務諸表の修正を行うことができると規定された。ただし，この条文は2015年12月31日現在で施行されていない。なお，インド当局が必要と判断した場合，同様の遡及修正を会社に要求することも可能と定められているが，この場合の遡及期間には3年という縛りは設けられていない。

(d) 減価償却制度の見直し（新会社法第123条1項および2項 SCHEDULE II）

旧会社法では，固定資産の減価償却制度として最低償却率という概念が設定

され，すべての会社は毎期最低限計上すべき償却費として，それ以上の額を計上する義務があった。ただし，この償却率自体が非常に小さく，現在の実務，国際的な水準と比較して長い年数での償却（つまり少額の償却費計上）がなされていた。

新会社法では，この最低償却率の概念自体は引き続き継続するものの，各資産の法定耐用年数が従来より短くなったため，旧会社法の最低償却率に従っていた会社の多くにとっては年間償却費が増加する傾向となった。

(e) 配当（新会社法第123条）

配当金額は原則，会社法規定にもとづいて減価償却費を控除した当期利益金額，または減価償却費控除後の当期および前期利益から未払配当金を控除した金額を上限とする。損失が発生した場合には，前期の繰越利益または剰余金額から配当することができるが，その場合一定の条件（過去3年間の平均配当割合率を超えない，直近監査済財務諸表の払込資本と剰余金額の10％を超えない等）を充たす必要がある（2014施行規則第8章3条）。また，会社法規定にもとづく前期以前の減価償却を加味した上で繰越欠損金がある場合には，その欠損金が当年度の利益と相殺できない限りは配当できない（2015年改正法第10条）。

なお，取締役会決議により中間配当を行うこともできる（新会社法第123条3項）。

配当は，現金，小切手，銀行振込等の電子的手段，または新株引受権により支払われる。

(5) **財務内部統制**

① 背　景

新会社法は，財務内部統制（Internal Financial Control，以下「IFC」と略す）という概念を導入し，IFCの有効性に関する取締役会，監査委員会，独立取締役，外部監査人の責任を以下のように規定している。その要件の概要は次のとおりである。

第134条5項(e)は，取締役に対し，適切かつ有効な IFC の整備および運用に関する主張を取締役報告書に明記することを求めている。

第143条3項(i)により，外部監査人は，適切な IFC 制度の整備状況，およびその運用状況の有効性について監査報告書に記載することが求められている。

第177条4項(vii)により，監査委員会は，IFC の評価および取締役会への報告が義務付けられている。

新会社法の別表Ⅳは，独立取締役の役割および機能として，財務情報の誠実性および強固で防御力の強い IFC およびリスク管理体制の整備を確保するよう明記している。

実務適用時期については，インド企業省（MCA：Ministry of Corporate Affaires）は外部監査人は2016年3月31日以降に終了する会計年度から IFC の有効性について意見表明を行うと2014年10月に発表した。

② 財務内部統制の定義

新会社法のもとで組織における IFC に求められる主要項目は以下のとおりである。
- 規律的かつ効率的な業務執行を可能にするための方針および手続
- 資産の保全
- 不正および誤謬の防止と発見
- 会計記録の正確性および網羅性
- 財務情報の適時な作成

③ ICAI ガイダンスノートに明記されている主な要点

新会社法を受け，インド勅許会計士協会（The Institute of Chartered Accountants of India，以下「ICAI」と略す）が2015年9月にガイダンスノートを公表した。このガイダンスノートは監査人であるインド勅許会計士が IFC 監査を行う際に準拠すべき指針であるが，会社側の意思決定にも影響するため，要点を以下にまとめる。

第5章 インドの会社法と会計制度　157

- 監査人は財務報告に係る内部統制に焦点を当てたIFC，すなわちInternal financial control over financial reporting（ICOFR）について監査報告書に記載する。その一方で，上場会社の取締役は業務プロセスに係る内部統制を含む第134条5項(e)の要件にも準拠する必要があるため，取締役報告書において財務報告および業務プロセスに係る内部統制が規律的かつ効率的かどうかについて，より広範囲の報告をすることが求められる。
- すべての上場・非上場会社において，ICOFRについて監査する監査人の選任が求められる。
- 国内子会社，ジョイント・ベンチャー，関連会社は単体ベースでIFCを適用することが求められる。
- 会社は自社にとってもっとも適切と思われるIFCフレームワークを選択することができる。
- 全社レベルおよびプロセスレベルでコントロールを定義する必要がある。またITおよび不正に関するフレームワークの確立も求められる。これらのコントロールは，整備状況および運用状況の有効性について評価される。
- コントロールは年間を通じて有効であることが求められるが，報告書には期末日現在の状況が記載される。

④　IFCの適用におけるフレームワーク

インドで設立されたすべての会社は，IFCフレームワークを適用し，上記の基準に沿ってその有効性を検証することが求められる。以下は，IFCの適用に際して参考になるガイダンスである。

- COSO 2013フレームワーク（世界でもっとも広く用いられている内部統制フレームワーク）
- ICAIが発行しているIFCに関するガイダンスノート

フレームワークは，全社レベルとプロセスレベルのIFCを考慮する必要があり，ITと不正に関するコントロールも含める必要がある。主要なステークホルダー（取締役会，監査委員会，独立取締役，外部監査人）から定期的に合

意を得る必要がある。

⑤ IFC について会社が対応すべき事項

会社が対応すべき事項は，取引の複雑性や規模によっても異なる。一般的なアプローチ案の詳細は次頁のとおりである。

フェーズ	活動内容	フェーズ中の重要な活動内容の詳細	成果物
Ⅰ	評価計画および範囲の決定	・対象となる事業体，プロセス，場所を特定する。欠陥事項を分類する際の重要性の判断基準として，重大，重要，統制の不備を定義する。 ・計画および対象範囲案について外部監査人，取締役会，監査委員会に確認を求める。	・対象となる事業体，プロセス，サブプロセス，場所について特定
Ⅱ	IFC フレームワークの整備	・既存の方針および手続のレビューを行い，主な欠陥事項を特定し，主要な方針（特に財務関連の方針）を定義する。 ・現在の権限委譲状況（準拠状況を含む）を見直す。 ・ビジネスプロセスごとに，上位レベルプロセスのフローチャートを作成する。 ・全社レベルのコントロール，ビジネスプロセス，IT および不正関連のコントロールについて文書化する。	・上位レベルプロセスのフローチャート，説明文 以下を含むリスクコントロールマトリクスの作成 ・全社レベルのコントロール ・プロセスレベルのコントロール ・IT アプリケーション・コントロール ・IT 全般統制 ・不正コントロール
Ⅲ	整備状況の有効性評価	・各取引種類についてコントロールごとに1つのサンプルを選択し，書面の証拠を入手することによって整備	・不備追跡調査手順を整備，RCM（リスク・コン

		・の有効性をテストする。 ・コンプライアンス証明書を見直し，未解決事項や欠陥事項に対応する。内部監査における未解決事項を見直し，重要課題や欠陥事項（特にICOFRの不備）がすべて対応済みであることを確認する。 ・アクセス権を見直し，職務分掌に関する課題を特定する。 ・不備や修正方法（対応期限を含む）を特定し，修正計画を立てる。	トロール・マトリクス）のアップデート
Ⅳ	不備の修正	・修正計画を実行し，再テストを実施する。	・整備状況の有効性の再テスト
Ⅴ	運用状況の有効性のテスト	・コントロールの有効性をテストし，修正の必要な欠陥事項を特定する。修正後，決算日前に有効性評価に関する一連のテストを再度実施する。	・有効性のテスト不備の追跡調査手順
Ⅵ	IFCのコントロールに関する経営陣・取締役の報告	・経営陣は，IFCフレームワークの整備状況と運用状況の有効性（特定された欠陥事項に関する修正計画を含む）について，取締役会および監査委員会宛てに報告書を提出する。 ・取締役会は，IFCフレームワークおよび期末日現在の有効性に関する評価内容を株主に報告する。	・重大・重要な不備に関する経営陣報告書（該当する場合） ・株主に対する取締役報告書

⑥ 日本版内部統制監査制度との差

日本版内部統制もインドIFCもCOSOフレームワークをもとにしており，基本は共通するが，以下のような点で差がある。

- 内部統制監査制度の適用対象会社が，日本では上場企業なのに対し，インドではインドで設立された，外資系を含むすべての会社が対象である。
- 監査人の監査対象が，日本では取締役が作成した内部統制報告書であるのに対し，インドではICOFRそのもの（ダイレクトレポーティング）であ

- 新会社法で上場企業の取締役に求められる IFC には，「規律的かつ効率的な業務執行を可能にするための方針および手続」という項目が含められており，取締役には業務プロセス（業務の効率性等）も含めた報告が求められており，日本よりその範囲は広い。ただし，ICAI ガイドラインでは，監査人の監査対象から外れており，監査対象としては日本とインドで大差がない。

(6) 資　本
① 株　式

株式には以下の種類がある（新会社法第43条）。
- 普通株式
- 議決権付株式，および配当や議決権その他の権利を有する種類株式
- 優先株式

優先株式とは，発行済株式の一部が以下のような優先的な権利を有する株式を指す。
- ある一定の金額あるいは利益に対する一定の率で配当を優先的に受けることができる株式
- 定款または基本定款に定めがあり，会社清算時に株式の払戻しを優先的に受けることができる株式

優先株式は，定款で定めがあり，株主総会の特別決議を経て，かつ優先株式の買戻しや配当の支払に不履行が生じていない場合に発行できる（2014施行規則第4章9条）。

なお，2015年6月5日に発行された通達により，定款で別途定めがある場合には非公開会社については第43条は適用されない旨が定められており（通達464E Exemptions to Private Companies under section 462 of CA 2013），定款の定めによって第43条に定めのない種類の株式を発行することが認められている。

会社は自己株式を取得することができる（新会社法第68条）。その場合，以

下の金額が上限となる。
- 剰余金額
- 株式払込剰余金
- 取得予定の自己株式とは異なる種類の株式および特定有価証券（従業員ストックオプション等を含む）を発行している場合に，その発行金額

つまり，取得する予定の自己株式と同じ種類の株式や同じ種類の特定有価証券が，取得予定よりも先に発行されている場合に，それらの発行金額は自己株式取得から除かなければならない。

ただし，原則以下のケースでは自己株式の取得はできない。
- 自己株式の取得ができることが定款で定められていない場合
- 自己株式の取得が株主総会の特別決議で承認されていない場合
- 自己株式の取得金額が払込資本および剰余金額の25％超の場合（普通株式の場合は，1事業年度における取得価額が自己資本の25％超）
- 自己株式買取後の資本金および剰余金額が負債金額の半分未満となる場合
- 自己株式買取対象の株式について資本金の払い込みが完了していない場合
- インド証券取引委員会規則に従って自己株式の買取が行われない場合（インド証券市場に上場している会社のみ）
- 法律上制定された自己株式規則に従って自己株式の買取が行われない場合（非上場会社）

なお，払込資本および剰余金額の10％以下の自己株式の取得は，取締役会の決議によることができる。

自己株式の買取を行うには株主総会の特別決議日から1年以内に完了しなければならない。買い取った自己株式は取得が終了した日から7日以内に消却しなければならない。また，取得が終了した日から30日以内にROCに対して（上場会社の場合はインド証券取引委員会にも）報告しなければならない。

以下の項目における債務不履行があった場合，その債務が履行されてから3年の間，自己株式の買戻は禁止される（新会社法第70条）。
- 預り金，利息の支払

- 社債償還,優先株式償還
- 借入金の返済

② 増　　資

インドに会社を設立した後,市場が急拡大していることにより設備投資を追加で行う必要が生じるなどで,当初計画よりも早期に資金需要が生じることもありうる。このために増資を検討する場合に,公開会社は,公募（目論見書の発行による会社設立時および設立後の公募,また既存株主による売却の募集を含む）,私募,株主割当（無償による割当を含む）の方法により新株を発行することができる。上場企業または上場準備企業の場合,株主割当については,新会社法に加えて1992年インド証券取引法および関連規則に従う必要がある。非公開会社は,私募,株主割当（無償を含む）の方法により新株発行ができる（新会社法第23条1項,2項）。

払込資本金額がすでに定款に定められた授権資本金額に到達していたら,授権資本金額を増やす必要がある。このための基本定款の変更には原則株主総会の特別決議が必要である。

③ 減　　資

旧会社法では第100条から第105条で減資に関して規定されており,有償減資も無償減資も認められている。主な手続は以下のとおりである。会社は,定款において減資することができる旨の定めがあれば,株主総会で減資についての特別決議を実施する。この特別決議を以って裁判所に申請を行い,裁判所の指示のもと,債権者保護手続を行う。裁判所の判断で一定期間社名に「and reduced」を加えるよう命令されることや,減資の理由およびその他の情報を公表するよう要請されることもある。裁判所からの減資の認可後は,命令書および議事録のコピーとともに,会社登記局（ROC）へ届出し登録する。また裁判所に指示された方法で会社登録の通知を公表する必要がある。一方で,新会社法でも第66条で減資についての規定があるものの,2015年12月31日時点で未

適用である。旧会社法と同様に，有償減資も無償減資も可能であると定められている。新会社法における主な手続は次のとおりである。会社は，会計監査人の証明書を添付して申請し，会社法審判所の承認のもと，株主総会の特別決議を経たうえで，減資を行うことができる。会社法審判所は中央政府，ROC，（上場企業の場合は証券取引委員会へも），会社債権者へ通知を行い，3か月以内に異議申立てがなければ，減資に反対しないものとみなされる。

(7) **会計監査制度**

(a) 会計監査人の任期と強制ローテーション

旧会社法では，会計監査人は毎年の定時株主総会ごとの選任が義務付けられていた。新会社法においては，毎年の定時総会での追認を前提に5年ごとの選任へと変更がなされた。会社は監査人の選任について，承認後15日以内にROCへ届け出る必要がある（新会社法第139条）。

なお，任期満了前の監査人の解任には中央政府の承認を経たうえで，株主総会の特別決議が必要とされている（新会社法第140条1項，2014施行規則第10章7条）。

さらに，上場会社，払込資本が1億インドルピー以上の非上場公開会社，払込資本が2億インドルピー以上の非公開会社，負債金額が5億インドルピー以上のすべての会社において，任期の上限が設けられた（新会社法第139条2項，2014施行規則第10章5条，6条）。具体的には，会計監査人が自然人である場合には1期（5年間），法人である場合は2期（10年間）までとされ，この任期を超えると強制的に交代を求められる。これらの年数は過年度に遡って判定され，新会社法施行から3年間の猶予期間が設けられている。

同じ監査人を再任するためには5年間のクーリングオフ期間を設ける必要がある。

(b) 会計監査人による非監査業務提供の禁止（新会社法第144条）

新会社法では監査人の独立性担保のために監査業務との同時提供禁止業務が明確に規定された。これは記帳代行業務や内部監査業務など，すでに日本を含

めた先進国において法的にも実務的にも導入されているものであり、変更による実務上の混乱は限定的であるといえるが、注意点として提供可能な業務であっても、監査人が監査業務以外の業務を提供する場合は、その会社の取締役会または監査委員会においての承認が必要になるという点である。

(c) 不正に関する報告

法定監査人の不正に関する会社への報告については、新会社法で定められたが未施行だった規定が、2015年改正法（第13条）において修正されて2015年12月14日に施行された。更に、2015年12月14日に公表された2015改正規則第10章により、更なる改正が加えられ、12月15日から適用されている。その内容は以下のとおりである。

監査人は、法定監査人としての業務を行う過程で、会社の役員や従業員が不正に関与すると信じるに足る理由があった場合に、その金額的影響額が1,000万インドルピー以上である場合には、以下の手続を経たうえで中央政府へ報告しなければならない。

- 監査人は、取締役会または監査委員会に対して、45日以内の返信または見解を求めるために、不正を発見してから2日以内に不正に関して報告しなければならない。
- 監査人は、取締役会または監査委員会から返信や見解を受領したら、コメントを付して監査人の報告書とともに、受領日から15日以内に中央政府に報告する義務がある。
- 監査人は、規定された45日以内に取締役会または監査委員会から返信や見解が得られなければ、監査人の報告書とともに、取締役会または監査委員会へ提出したが返信や見解が得られていない報告書の詳細を含む通知を中央政府に対して行なわなければならない（新会社法第143条12項、2014施行規則第10章13条、2015改正法第13条、2015改正規則第10章2条）。

中央政府への報告はForm ADT-4という様式で実施される。

なお、不正の金額が1,000万インドルピーよりも少額の場合には、監査人は不正に気付いた日から2日以内に監査委員会または取締役会に報告しなければ

ならない。

また，期中に監査人が監査委員会または取締役会に報告した不正の内容について，会社は取締役会報告にて以下の開示をしなければならないことが定められている。

- 不正の内容の説明
- 概算影響額
- 不正関与者（もしも是正措置が実施されていなければ）
- 実施された是正措置

これらの規定は，コスト監査人[注6]や，会社秘書役が新会社法上義務付けられた業務を行う場合にも適用される。

(8) **会社の種類（一人会社，小会社，休眠会社）**

新会社法において，新たに一人会社（One person company；新会社法第2条62項，第3条），小会社（Small company；新会社法第2条85項），休眠会社（Inactive company；新会社法第455条）の制度が導入された。一人会社とは株主が1名で設立できる会社，小会社とは非公開会社として設立されるものの規模が非常に小さい会社のことを指し，それぞれ通常の会社と比較してコンプライアンス順守義務が軽減されるメリット（取締役会の開催が半期に1回でよい，など）を持つ会社形態である。しかしながら一人会社は，設立可能な者がインド国籍を有するインド居住者の自然人に限定されており，小会社の場合は同会

(注6) 製品の製造やサービス提供を行う特定の業種において，その前年度の売上高が3億5,000万インドルピー以上の会社は，会計帳簿上原材料や人件費，その他の項目のコストを記録する必要がある（新会社法第148条1項，2014施行規則および2014改正施行規則 Cost records and audit）。特定業種のうち規制業種については，前年度の総売上高が5億インドルピー以上，またはコスト記録が要請される特定業種の製品・サービス売上の合計が2億5,000万インドルピー以上の会社は，コスト監査を受ける必要がある。また，特定業種のうち非規制業種については，前年度の総売上高が10億インドルピー以上，またはコスト記録が要請される特定業種の製品・サービス売上の合計が3億5,000万インドルピー以上の会社は，コスト監査を受ける必要がある（新会社法第148条2項，2014施行規則および2014改正施行規則 Cost records and audit）。ただし，外貨輸出が売上の7割を超える会社，およびSEZ内の企業はコスト監査が免除されている。コスト監査は取締役会によって選任されたコスト会計士によって，コスト監査基準に従い実施される。なお，会計監査人はコスト監査人とはなれない。

社が別法人の「親会社」「子会社」となる場合は適用対象外と規定されていることから，それぞれ日系企業が活用するには困難な制度設計となっている。

(9) その他
① 関連当事者取引（新会社法第 2 条76項，第188条，2014施行規則第 1 章 3 条，2014施行規則・2014改正施行規則・2014二次改正施行規則第12章，2015年改正法第16条，2015改正規則第12章 2 項(ⅲ)）

旧会社法においては，関連当事者の定義がそもそも明確ではなかったが，新会社法においてその定義が以下のとおり明確化された。

- 会社の取締役およびその血縁者
- 会社の主要経営責任者およびその血縁者
- 取締役，マネジャーおよびその血縁者がパートナーである企業
- 取締役，マネジャーが取締役となっている非公開会社
- 取締役，マネジャーが取締役となっている公開会社，および取締役，マネジャーがその血縁者も含めて払込資本の 2 ％超を有している公開会社
- その企業体の取締役会，MD またはマネジャーが，取締役，マネジャーの助言，指示，指針に従っているような場合（専門家による場合を除く）の当該会社
- 取締役およびマネジャーが，助言，指示，指針に従っているような人物（専門家による場合を除く）
- 親会社，子会社，関連会社，親会社の子会社
- その他規定される者（親会社の取締役，主要経営責任者，およびその血縁者）

関連当事者間で，以下に関する契約を締結する場合，原則として，取締役会の事前承認が必要となる。また，当初は取引金額について特定の条件（売上等の取引金額が総売上高の10％超もしくは10億インドルピー超のいずれか低い金額等）に当てはまる場合は，株主総会の特別決議による事前承認が必要とされていたが，2015年改正法で株主総会の普通決議による事前承認によることとさ

れ，承認方法が緩和された。
- 商品等の販売，購入
- 資産の譲渡，処分または譲受け
- 資産の賃貸
- サービスの提供
- 商品販売等に関する代理人の選任
- 会社，子会社または関連会社における役職等への選任
- 会社の有価証券等の引受け

なお，2015年6月5日に公表された通達で，非公開会社については上記に定義された関連当事者のうち「親会社，子会社，関連会社，親会社の子会社」との取引については，事前承認の必要がないことが定められた（通達464E Exemptions to Private Companies under section 462 of CA 2013)。

この事前承認義務の例外として，通常の業務かつ独立当事者間取引と同様の条件（arm's length）の場合は，上記承認手続は行わなくてよいものと想定されている。

インドの日系企業は親会社，関連会社と関連当事者取引を行っている例が多いが，移転価格のコンプライアンス上独立企業間価格算定等をすでに行っている例が多いと考えられる。従来からの継続取引については問題がないが，公開会社は新規に行う取引の場合，事前に独立企業間価格であることを検討しない限りにおいては，上記事前承認の手続を踏む必要がある場合が発生することに留意が必要である。

また，現在の所得税法で規定され移転価格のコンプライアンスが求められる関連当事者の1つに「26％以上の直接・間接的な所有関係がある場合」があるが，新会社法が新たに定義する関連当事者は「20％超の直接・間接的な所有関係」となって異なっているため，この2つの法律の差である20％超26％未満までの出資関係にある関連会社との取引については，移転価格のコンプライアンスとは別途対応が必要となる可能性が出てくる点にも留意が必要である。

なお，2015年改正法で，関連当事者との取引のうち親会社または100％子会

社との取引については，それらの会社を含めて連結決算書が作成されており，連結決算書が株主総会の承認を受ける場合には，関連当事者取引としての株主総会決議は必要ない旨が定められている。

更に，上場企業についてはインド証券取引委員会において，監査委員会が一定の条件を充たす関連当事者取引について，1年を超えない期間において包括的に承認できる旨定められていたが，2015年改正法および2015改正規則第12章（2条(i)）で，このルールに合わせる形で条項が追加され，一定の条件を充たす関連当事者取引は，監査委員会によって包括的に承認することが認められた。

② シック・カンパニー制度

従来，赤字会社（Sick Industrial Company）の取扱いは「The sick industrial Companies (Special Provision) Repeat Act, 2003（以下 SICA）」で規定されており，下記の要件に当てはまる会社がシック・カンパニーとみなされてきた。

- 設立5年以上
- 製造会社
- 「累積損失額（Accumulated loss）が Net Worth（純資産＋調整項目）を超過する場合（債務超過）」

シック・カンパニーとみなされた場合，インドでの裁判所に準ずる機関（Board for Industrial and Financial Reconstruction，以下「BIFR」）が該当企業の再建や閉鎖などについての権限を持つことになるとされており，インドの日系製造企業にとっては大きな影響力を持つ法令で，対応に苦慮しているケースもあった。

新会社法においては，シック・カンパニー制度が統合され，製造業に限らずすべての会社がその対象として規定されている（新会社法第253条）が，2015年12月31日時点で未適用である。

従来のような債務超過要件による自主的な報告義務は撤廃されており，新会社法でのシックとは，当該企業の債務全体の50％以上を占める Secured Creditors（いわゆる担保を所有する債権者のことを指すものの法令における明確な定義付けはされていない）からの通知を受けて30日以内に債務の返済ができない場合に，当該債権者が届出を行うことでシックになると規定されている。

　この規定が将来的なシックの規定であれば，今後は第三者への債務に大きく依存する会社となり，該当する日系企業の数は非常に限定的になると考えられる。

2 会計制度

(1) 概　　要

　インドの会計処理は次の基準にのっとって行われなければならない。
- 新会社法（一部規定については引き続き旧会社法が現在まだ適用されている）
- インド勅許会計士協会（ICAI）が公表している会計基準（現在31ある）
- インド勅許会計士協会（ICAI）が公表している会計基準解釈（会計基準解釈は会計基準を補足する指針で，現在29の会計基準解釈が公表されている）

　さらに上場会社の場合は，上記法令および基準に加えて，上場規定にのっとった開示が必要である。

　現在，インド勅許会計士協会（ICAI）から公表されている会計基準は次のとおりである。歴史的にインドはイギリス会計基準に似た基準を発表してきたが，近年は国際財務報告基準に類似した基準を発表している。

会計基準番号	表　題	適用年度	備　考
会計基準1	会計方針の開示	1992年3月期以降	
会計基準2	棚卸資産の評価	2000年3月期以降	
会計基準3	キャッシュ・フロー計算書	2002年3月期以降	（※3）
会計基準4	偶発事象と後発事象	1996年3月期以降	（※4）

会計基準5	当期純損益，前期損益修正および会計方針の変更	1997年3月期以降	
会計基準6	減価償却計算	1996年3月期以降	
会計基準7	建設工事契約の会計	2004年3月期以降	
会計基準9	収益の認識	1992年3月期以降	
会計基準10	固定資産会計	1992年3月期以降	
会計基準11	外貨換算による影響に関する会計	1996年3月期以降	
会計基準12	政府からの補助金に関する会計	1995年3月期以降	
会計基準13	投資の会計	2003年3月期以降	
会計基準14	合併会計	1996年3月期以降	
会計基準15	退職給付会計	1996年3月期以降	(※5)
会計基準16	借入コスト	2001年3月期以降	
会計基準17	セグメント情報	2002年3月期以降	
会計基準18	関連当事者の開示	2002年3月期以降	
会計基準19	リース取引	2002年3月期以降	
会計基準20	一株当たり利益	2002年3月期以降	
会計基準21	連結財務諸表	2002年3月期以降	
会計基準22	税効果会計	2002年3月期以降	
会計基準23	連結財務諸表における関連会社投資の会計	2003年3月期以降	
会計基準24	中止事業	2005年3月期以降	
会計基準25	中間財務報告	2003年3月期以降	
会計基準26	無形資産	2004年3月期以降	
会計基準27	ジョイントベンチャー持分の財務報告	2003年3月期以降	
会計基準28	資産の減損	2005年3月期以降	
会計基準29	引当金，偶発債務および偶発資産	2005年3月期以降	
会計基準30	金融商品：認識と測定	2010年3月期以降	

| 会計基準31 | 金融商品：表示 | 2010年3月期以降 | |
| 会計基準32 | 金融商品：開示 | 2010年3月期以降 | |

(※1) 会計基準の多くは，当初の会計基準発表後に改定が行われているので，ここで適用としているのは改定後の会計基準についてである。
(※2) 会計基準8が欠番となっている（以前研究開発費の会計基準が存在したが，会計基準26適用後は廃止されている）。
(※3) レベルⅡおよびレベルⅢに分類される中小企業については本会計基準は任意適用であり，強制されない。まず，大企業であるレベルⅠは以下のどれか1つの要件に該当する企業とされている。
- 発行している株式あるいは社債がインド国内あるいはインド国外の証券取引所で上場されている。
- 取締役会の承認を経て，株式または社債が上場される予定である。
- 銀行
- 金融機関
- 保険会社
- 直近の監査済み財務諸表において売上高が5億インドルピーを超えている会社
- 当該会計期間において借入金が1億インドルピーを超えている会社
- 当該会計期間において上記のいずれかの条件を満たす会社の持株会社あるいは子会社
  レベルⅡの会社は上記のレベルⅠの要件に該当しないが，以下の要件を満たす企業と定義されている。
- 直近の監査済み財務諸表において売上高が400万インドルピーを超えるが5億インドルピー以下である会社
- 当該会計期間において借入金が1,000万インドルピーを超えているが1億インドルピー以下である会社
- 当該会計期間において上記のいずれかの条件を満たす会社の持株会社あるいは子会社
  以上のレベルⅠおよびレベルⅡのいずれにも該当しない企業がレベルⅢとして区分される。
(※4) 会計基準29適用後は減損に関する部分のみ有効となっている。
(※5) レベルⅡおよびレベルⅢに分類される中小企業については一部の適用が免除される。

(2) 日本の会計基準との主な相違点

インドの会計基準と日本の会計基準とを比較すると，主に次のような相違が挙げられる。

会計基準	日本基準	インド基準
会計基準10 （固定資産の再評価）	認められない	公正価値が信頼性を持って測ることができれば認められる
会計基準13 （有価証券の強制評価	簿価を切り下げ，時価が回復しても簿価を戻さない	引当金を計上し，時価が回復した場合，引当

減)		金を戻し入れる
会計基準14 (のれんの償却期間)	20年以内のその効果の及ぶ期間	5年以内
会計基準15 (退職給付)	過去勤務債務と数理計算上の差異を一括償却または平均残存勤務期間以内の一定年数で按分償却できる	発生時に一括損益処理
会計基準21 (子会社の会計年度)	親会社と子会社の期末日の相違は3か月まで	親会社と子会社の期末日の相違が6か月まで認められる
会計基準22 (税効果会計)	繰延税金資産・負債はその対象となる一時差異の分類に応じて流動・固定に分類する	すべて固定資産・負債に分類する
会計基準27 (比例連結)	比例連結の概念はなく，連結か持分法の適用のみ	共同支配の要件を満たせば，比例連結
会計基準28 (減損損失)	固定資産に減損損失を計上した場合，固定資産の収益性が後日回復したとしても損失を戻し入れない	収益性が回復したときに過年度の減損損失を戻し入れる

(3) **インド会計基準と国際財務報告基準との統合**

　国際財務報告基準（通称，IFRS）がEU内の多くの企業で利用され始めて以来，数多くの国が自国の会計基準の廃止およびIFRSの導入を決め，IFRSとの統合を進めてきている。日本でも100社近くの会社が日本基準からIFRSへの移行を公表し，世界的なIFRSへの潮流が見て取れる。こういった世界的な会計基準統一の流れに乗じて，インド勅許会計士協会（ICAI）もインド会計基準とIFRSとの統合を進めている。

　詳細については，「(6)　インド版IFRS（Ind AS）」を参照されたい。

(4) **日本の連結決算における留意点**

　インドに子会社を設立した場合，日本の親会社がそれにもとづき連結決算を

する際には次のとおり留意すべきである。

日本公認会計士協会監査・保証実務委員会実務指針第56号「親子会社間の会計処理の統一に関する監査上の取扱い」(以下，監査委員会報告第56号) に従い，同一の性質の取引に関しては，親会社および子会社の会計処理を統一することを原則としている。しかし，在外子会社については企業会計基準委員会実務対応報告第18号「連結財務諸表作成における在外子会社の会計処理に関する当面の取扱い」により，在外子会社の財務諸表が国際財務報告基準または米国基準に準拠している場合にはそれを利用できるとしている。すなわち，それ以外の会計基準は認められないのである。

このためインド子会社が，インド会計基準またはインド版IFRSにもとづき作成した決算書を，日本の親会社の連結決算に組み込む際，インド子会社の決算書を日本基準，国際財務報告基準または米国会計基準に修正しなければならない。更に，実務対応報告第18号に則り，インド子会社の決算書を国際財務報告基準や米国基準へ修正した場合であっても以下の4項目については日本基準への更なる修正が必要となる。

- のれんの償却
- 退職給付会計における数理計算上の差異の費用処理
- 研究開発費の支出時費用処理
- 投資不動産の時価評価および固定資産の再評価

このように，インド子会社の経理担当者がインド会計基準あるいはインド版IFRSと日本基準，国際財務報告基準あるいは米国会計基準との相違を理解していなければならなくなる。あるいは，インド会計基準あるいはインド版IFRSで作成されたインド子会社の決算書を日本の親会社で組み替える際に日本の経理部がインド会計基準あるいはインド版IFRSと日本基準，国際財務報告基準あるいは米国基準との相違を理解していなければならない。

(5) 会計監査
① 国際的な監査基準の制定の流れとインド監査基準の現状

インド勅許会計士協会（ICAI）が1949年に設立され，ICAIにより1964年に最初の監査実務報告（以下「SAP」）が公表されて以来，さまざまな監査基準が発表されている。1982年には，監査の品質をより一層高めるためにICAI内に監査実務委員会（Auditing Practical Committee，以下「APC」）が設けられ，常に既存の監査基準の見直しと新しい監査基準の検討などを行っている。1977年に国際会計士連盟（International Federation of Accountants，以下「IFAC」）が国際監査実務委員会（International Auditing Practical Committee，以下「IAPC」）を立ち上げており，ICAIもIFACのメンバーであることから，APCは可能な限りIAPCが公表する国際監査基準に準拠したSAPとなるよう修正を重ねてきた。2002年にはAPCの組織を再編し，監査および保証業務基準委員会（Auditing and Assurance Standards Board，以下「AASB」）と名称を変更した。これに伴い，SAPも監査および保証業務基準（Auditing and Assurance Standards，以下「AAS」）と名称が変更されている。その後，Auditing, Review and Other Standardsに名称が改正され，監査基準が改組されている。詳細は，インド勅許会計士協会（ICAI）のホームページで閲覧することができる。

② 進出企業への影響

インドではすべての会社，プロジェクト事務所，支店および駐在員事務所が会計監査を受けなければならず，インドの勅許会計士がAuditing, Review and Other Standardsにもとづいてこれらの会計監査を行っている。監査基準の内容自体は直接進出企業に影響を与えるものではない。しかし，会計監査人は監査基準に従って進出企業の会計監査を行うので，間接的に進出企業に影響を与える。

会計監査人は株主総会によって選任される。会社は株主総会を開催する前に会計監査人に指名する予定の勅許会計士より引き受ける旨のレターを入手する。

そして，会社は株主総会によって監査人を選任してから7日以内にその旨を会計監査人に伝えなければならない。会計監査人は選任通知を受け取ってから30日以内に，ROCに対して会計監査人の任命を受けるか拒絶するかを報告しなければならない。

会社設立初年度の会計監査人は，取締役会によって選任される。この場合，会社設立日から1か月以内に会計監査人を選任しなければならない。

会計監査人となれるのは，1949年に制定された勅許会計士法上の勅許会計士の資格を有している者だけである。

次の者も会計監査人とはなれない。

- 企業
- 会社の従業員
- 会社の共同出資者
- 会社に対して1,000インドルピー超の負債を有する者
- 第三者が会社に対して1,000インドルピー超の負債がある場合に，その負債を保証している者
- 会社に対して議決権を保有している者

会社設立後1か月以内に会計監査人の選任が取締役会によって行われるが，その際に監査報酬も取締役会によって決定される。取締役会が選任を怠った場合には中央政府が会計監査人を指名するが，その場合には監査報酬は中央政府によって決定される。

また，年間の売上高が1,000万インドルピー以上の場合は，会計監査に加えてTax Auditが必要となる。所得税法第44条ABによると，年間の売上高が1,000万インドルピー以上の"Every Person"がTax Auditを受けなければならないとなっているため，会社か否かまたは外国法人か否かを問わず，外国法人のインド支店やプロジェクト事務所もTax Auditの対象となるので注意が必要である。

(6) インド版 IFRS（Ind AS）

① Ind AS の導入

インド企業省（MCA）は2015年2月16日付の通達で，2015年インド会計規則（the Companies (Indian Accounting Standards) Rules, 2015）を公表した。これがいわゆるインド版 IFRS（Ind AS）であり，2015年4月1日以降適用されている。

2015年 Ind AS は，保険会社，銀行，ノンバンク以外の業種を対象としている。

適用対象業種の企業については，すべての会社で任意適用が可能である。なお，強制適用は上場会社（上場申請中の会社を含む）かどうか，および会社規模によって，以下のとおり適用時期が2段階に分けて定められている。また，強制適用会社のグループ会社にも強制適用される。Ind AS は，個別財務諸表および連結財務諸表に適用される。

【Ind AS の強制適用会社および適用時期】

	フェーズⅠ	フェーズⅡ	任意適用
適用年度	2016-2017年度	2017-2018年度	2015-2016年度
比較対象年度	2015-2016年度	2016-2017年度	2014-2015年度
対象企業			
(a)上場会社または上場申請中の会社	純資産が50億インドルピー以上のすべての会社	純資産が50億インドルピー未満の会社	適用対象業種のすべての会社に Ind AS の任意適用は認められている
(b)非上場会社	純資産が50億インドルピー以上の会社	純資産が25億インドルピー以上，50億インドルピー未満の会社	
(c)グループ会社	上記の(a)または(b)に該当する会社の持株会社，子会社，ジョイント・ベンチャー，関連会社（この場合保険会社，ノンバンクも対象となる）に適用される。持株会社の連結財務諸表の作成にあたり兄弟会社にも影響する可能性がある。		

（注）中小企業（SME）証券取引所上場会社，または中小企業（SME）証券取引所上場申請中の会社には Ind AS の適用は義務付けられておらず，引き続き既存の会計基準を適用することができる（任意適用は可能）。

Ind AS を任意適用した場合，その後の財務諸表はすべて Ind AS に準拠して作成する必要があり，従前の会計原則にもとづく財務諸表を別途作成する必要はない。また，従前の会計原則の再適用は認められない。

② Ind AS 導入による影響および今後の課題の概要

Ind AS 導入による主な影響および今後の課題は以下のとおりである。

(a) 財務報告制度における劇的な変化

Ind AS 導入によって，インド企業は新たなグローバル基準を初めて適用することになる。

Ind AS は，適用するインド企業が決算報告の際に用いる財務報告のフレームワークに重要な変化をもたらす。その結果，すべての適用企業によって報告される経営成績（純利益）や財政状態（純資産）が変化せざるをえない。このような変化による影響は業種や個別の企業によって異なると考えられるが，特に一部の業種や企業は大きな影響を受ける可能性がある。

(b) Ind AS 移行の恩恵

Ind AS 移行により，インド企業による財務報告の品質と透明性は大幅に向上する。またインド企業の財務諸表のグローバルベースでの比較可能性も改善し，インドの資本市場がより魅力的なものとなりうる。また資本コストの減少が期待でき，インド企業の国際的な資金調達が促進される可能性がある。全世界で事業活動を行っているインドの多国籍企業やインドで事業活動を行っている多国籍企業は，Ind AS の適用により恩恵を享受できる。

(c) 導入ロードマップの幅広い対象範囲

Ind AS は純資産基準を満たす企業のみでなく，その持株会社，子会社，関連会社，ジョイント・ベンチャーにも適用される。注意が必要なのは，ノンバンクと保険会社は Ind AS は強制適用されないが，その他の業種のグループ会

社となっているノンバンクや保険会社は Ind AS にもとづく財務書類の作成および親会社等への報告が必要となることである。

(d) IFRS の進化への対応

インドがこれまで IFRS とのコンバージェンスに取り組んできた一方で，IFRS 自体も進化し続けている。国際会計基準審議会（IASB）は収益認識と金融商品，およびリースに関する新しい基準書を公表している。収益認識基準は当初2017年に適用される予定であったが2018年に延期され，金融商品基準とリース基準はそれぞれ2018年と2019年に強制適用される予定である。

2015年 Ind AS は2014年5月に公表された IFRS の収益認識基準（IFRS 第15号）に概ねもとづいている。IFRS の収益認識基準の適用が延期されたことから，今後収益認識に関する Ind AS 第115号 Revenue from Contracts with Customers の導入が延期されない限り，インドはグローバルベースで定められた適用時期に先立って，IFRS 第15号をベースとした収益基準を先行して適用することとなる。

また，今後も予想される IFRS の新基準公表に対応するために，インドにおいて2015年 Ind AS からどのように改定が行われるかはまだ不透明である。Ind AS 適用企業においては今後の IFRS の新基準についての概要の理解とそれに対応する Ind AS 新基準への準備が必要になると考えられる。

(e) 会計以外への影響

Ind AS 移行には，会計のみならず組織レベルへの影響が伴うため，企業は事前に計画を立て対応する必要がある。Ind AS 適用による影響は，財務報告のみならずその他の幅広い分野にわたるため，企業は投資家，その他のステークホルダーやアナリスト等への影響についても評価する必要がある。また，これらの基準がタックスプランニング，財務制限条項の順守，インセンティブ・プラン，新規の買収契約，資金調達等の項目へ及ぼす影響についても検討する必要がある。また，販売・契約プロセス，IT システム，内部統制等のシステムやプロセスについても変更が必要かどうか検証する必要がある。

(f) IFRS との差異の存在

IFRS への収斂に向けたインドの努力によって，インド会計基準を近代化へと導く極めて大きな前進が見られた。しかしながら，以前公表された2011年版 Ind AS に比べると現在の Ind AS については差異は縮小しているものの，いまだ一部の基準において IFRS との差異が存在するために，2015年 Ind AS は IFRS と同等とはみなされていない。差異項目の一部は任意適用であるが，強制適用される項目もあるため，企業が「IASB の公表した IFRS にも同時に準拠している」と主張する妨げとなる可能性がある。海外の投資家や主要な海外資本市場から資金調達しているインド企業にとっては，IFRS に全面的に準拠していると明示できるかどうかは重要な意味を持つ。

(g) 税務上の課題とその対応

Ind AS 移行を円滑に行うためには，関連する税務上の課題にも対処する必要がある。この点に関して，財務省は2015年1月に12の ICDS 案を公表し，更に中央税務当局が2015年3月31日付で通知しており，企業の法定財務報告との関連性のない課税所得の計算に関する別個の枠組みが提示されている（詳細は「第4章　インドの税制　1　法人税　⒀　ICDS」の項参照）。

③ 既存のインド会計基準と Ind AS の主な差異

既存のインド会計基準と Ind AS にはいくつかの差異がある。Ind AS の適用によって，特定の会社や業界にとって，収益や純資産に大きな影響を及ぼす可能性のある主な差異は以下のとおりである。

(a) 収益認識

Ind AS 第115号「顧客との契約から生じる収益」は，顧客とのあらゆる種類の契約（財の販売，サービスの提供，工事契約，ロイヤリティ契約，ライセンス契約等）に単一の収益認識モデルを適用している。これに対して既存のインド会計基準のもとでは，契約形態によってそれぞれ個別のガイダンスがある。また，Ind AS 第115号は，履行義務が充足され，財またはサービスの支配が顧客へ移転するときに収益が認識されるというルールのもとで，収益認識時点と

収益金額の決定は5つのステップから成るモデルに拠っている。一方で既存のインド会計基準では，リスクと便益の移転により収益が認識され，履行義務を果たすタイミングによって，収益が一時点で認識されるか一定の期間にわたり認識されるかが決まる。

既存のインド会計基準と Ind AS の重要な差異には，以下のようなものがある。

- 5つのステップから成る新たな単一の収益認識モデル
- 収益認識のタイミング（返品権，出荷基準 vs 検収基準）
- インセンティブ・スキーム
- 複数要素契約（各要素の公正価値）
- 貨幣の時間価値の考慮
- 関連する取引（実態の反映）
- 総額 vs 純額表示（物品税，その他の税金）
- サービス委譲契約（異なる会計処理）

(b) 有形固定資産・無形資産

Ind AS 第16号「有形固定資産」および Ind AS 第38号「無形資産」におけるガイダンスは，大部分が既存のインド会計基準と同じ内容である。相違点としては，固定資産の取得原価に含めることが認められるまたは義務付けられるコストが異なる点などが挙げられる。

既存のインド会計基準と Ind AS の重要な差異には，以下のようなものがある。

- 適格な借入コスト（負債 vs 資本，個別 vs 連結）
- 一般管理費の資産計上
- 資産除去債務（貨幣の時間価値を考慮）
- 販売またはサービス契約に組み込まれたリースの会計処理
- 貨幣の時間価値の考慮
- 耐用年数を確定できない特定の無形資産
- 収益にもとづく償却の制限

(c) 連　　結

　既存のインド会計基準では，投資先に対する支配は，議決権の過半数を所有しているか，取締役会を構成上支配しているかどうかにもとづき判断される。これに対して Ind AS 第110号「連結財務諸表」では，新しい「支配」の定義と単一の支配モデルが導入されている。当該支配モデルのもとでは，投資企業が投資先への関与により生じる変動リターンに対するエクスポージャーまたは権利を有し，かつ投資先に対するパワーを通じて当該リターンに影響を及ぼす能力を有している場合に，投資先を支配しているとみなされる。この支配の概念は IFRS と同様である。このように支配の定義が既存のインド基準と根本的に異なるため，Ind AS 導入により連結対象範囲が変更になる可能性がある。

　既存のインド会計基準と Ind AS の重要な差異には，以下のようなものがある。

- 支配に関する新定義にもとづく連結
  - 少数株主の拒否権
  - 潜在的議決権
  - 仕組事業体
  - 事実上の支配
- ジョイント・ベンチャー（「一行連結」の可能性）
- 部分的な支配の獲得
- 持分の売却・希薄化（支配の保持 vs 喪失）
- 未分配剰余金に対する繰延税金
- 連結消去に関する繰延税金
- 統一的な会計方針の適用義務

(d) 合併・買収

　既存のインド会計基準のもとでは，企業結合の会計処理に関する包括的なガイダンスが存在しない。よって，企業結合の形態（法的合併，株式取得，事業部門の取得等）にもとづいて会計処理が行われた結果，結合形態によって異なる処理となっている。Ind AS 第103号「企業結合」のもとでは，すべての企業

結合は，被取得企業のすべての資産，負債，偶発負債の取得日における公正価値を考慮するパーチェス法で会計処理される。ただし，共通支配下の企業間の取得に関しては，この原則における限られた例外となっている。

既存のインド会計基準とInd ASの重要な差異には，以下のようなものがある。

- 支配が移転した取得日（単なる裁判所の認可日または契約上の指定日ではない）
- 会計上パーチェス法の強制適用：純資産の公正価値評価（無形資産および過去に未認識の資産を含む）
- 移転した対価の公正価値（アーン・アウト契約，繰延・条件付対価の取得日における会計処理）
- 取得日の公正価値にもとづく取得後の資産の償却
- 取引コストの損益計算書への計上
- のれんに対する年1回以上の減損テストの実施（償却の禁止）
- 特定の状況下における公正価値による会社分割
- 共通支配下の取引の持分プーリング法にもとづく会計処理

(e) 資本性・負債性金融商品

既存のインド会計基準のもとでは，資本性・負債性金融商品は概ね法的形式にもとづき，法規制上認められる会計処理が適用される（例：金融商品をプレミアムで償還する際に有価証券プレミアムを用いる等）。Ind AS第32号「金融商品：開示」は，金融商品を法的形式ではなく契約の実態にもとづき分類するよう求めている。このような変更は純資産および純利益の両方に大きな影響を及ぼす可能性がある。

既存のインド会計基準とInd ASの重要な差異には，以下のようなものがある。

- 償還可能優先株式は負債に計上され，関連する配当は支払利息として認識される。
- 転換社債は負債部分とデリバティブ要素が区分される。

- 期間費用として損益計算書に計上された，負債に関するすべてのコストは，資本剰余金勘定を通じて調整することはできない。
- 為替変動の影響は直ちに損益計算書に計上される。
- 自己株式は資本の減少項目として表示される。
- 自己株式の売却損益は認識されない。
- プット・オプション付株式のうち，発行者が現金またはその他の金融資産の引渡義務を回避できないものは負債と認識される。
- 強制転換社債は資本に分類される可能性がある。
- 可変数の株式の発行義務は負債に分類される可能性がある。

(f) その他の金融商品

既存のインド会計基準には，金融商品に強制適用される詳細なガイダンスが存在しない。Ind AS 第109号「金融商品」はそのギャップを埋めることとなる。

Ind AS 第109号のもとでは，金融資産は，金融資産の管理に関する企業の事業モデルおよび金融資産の契約上のキャッシュ・フローの特性にもとづき分類される。また，すべてのデリバティブは公正価値により貸借対照表に認識されなければならない。

既存のインド会計基準と Ind AS の重要な差異には，以下のようなものがある。

- 投資は，純損益を通じて公正価値で測定する（FVTPL）区分，その他の包括利益を通じて公正価値で測定する（FVOCI）区分，または償却原価のいずれかに分類される。
- すべての金融資産および金融負債（保証金，従業員貸付金，等）は公正価値で当初認識される。
- すべての投資（非上場株式を含む）は原則として各報告日に公正価値で測定される。
- 貸付金および前払金は実効金利法による償却原価で測定される。
- ヘッジ会計の要求事項を満たす場合を除き，すべてのデリバティブは公正価値で計上される。

- 償還請求権付で譲渡された金融資産・負債は，引き続き貸借対照表に計上される。
- 金融資産の減損（予想損失モデル）
- 金融商品から生じるさまざまなリスクに関する定性的・定量的開示
  - 信用リスク
  - 流動性リスク
  - 為替リスク（感応度分析を含む）
  - 金利リスク（感応度分析を含む）

(g) ストックオプション

Ind AS 第102号「株式にもとづく報酬」では，詳細なガイダンスが規定されている。既存のインド会計基準のもとでは，「従業員に対する株式にもとづく報酬の会計処理に関するガイダンスノート」がインド勅許会計士協会（ICAI）により公表され適用されている。

既存のインド会計基準と Ind AS の重要な差異には，以下のようなものがある。

- 公正価値の測定が強制適用されその結果従業員報酬コストが増加すること
- オプションの段階的な権利確定の加速のコスト
- 従業員への株式にもとづく報酬制度を運営している信託の連結

(h) その他

- 予定配当を認識するタイミング
- 引当金の現在価値への割引
- 関連当事者に関する追加的な開示
- セグメント情報の開示（マネジメント・アプローチ）
- 法人所得税に関する開示（税金の内訳，税率についての調整）
- 過年度の誤謬による財務諸表の修正再表示
- 生物資産の公正価値評価
- 料金規制資産および負債の認識

④ Ind AS 第101号「インド会計基準の初度適用」
　Ind AS 第101号「インド会計基準の初度適用」の目的は以下のとおりである。
- Ind AS に準拠した会計処理を始めるにあたり出発点を適切にする。
- Ind AS の初度適用の際に企業が従うべき財務諸表作成の基準となる手続を示す。
- 移行時に便益を超えないようコストを抑制する。
- 最初の Ind AS 財務諸表が，利用者にとって透明で，表示する全期間にわたって比較可能であるような高品質の情報を含むようにする。

Ind AS 第101号は，国際財務報告基準第1号「国際財務報告基準の初度適用」とは部分的に異なっている。IFRS 第1号に定められた免除規定に対して追加・変更がなされており，Ind AS を適用するインド企業にとってより実務的な内容となっている。

(a) 一般的な要求事項
- 開始貸借対照表は移行日現在で作成され，Ind AS に準拠した会計処理の出発点となる。
- 「移行日」とは Ind AS にもとづき表示された最初の比較期間の期首である。
- 開始貸借対照表とともに，Ind AS にもとづき少なくとも1年の比較情報が表示される。
- 初度適用企業は資本および利益の調整表を開示する。

(b) 会計方針の選択
- Ind AS にもとづく最初の年度の報告日において有効な Ind AS から会計方針を選択する。
- 通常これらの会計方針は開始貸借対照表の作成に遡って適用され，最初の Ind AS 貸借対照表に表示されるすべての期間に適用される。
- Ind AS 第101号では，初度適用企業を Ind AS への円滑な移行へと誘導するために，強制適用される例外措置と任意適用できる免除規定が設けられている。こうした例外措置・免除規定がなかったとすれば，Ind AS を構

成するすべての基準の遡及適用が求められ，Ind AS への移行プロセスにおける大きな課題となっていた（たとえば，必要な情報の入手可能性，遡及適用が実行不可能な要求事項がある等）。したがって，例外措置・免除規定とともに，初年度およびその後の Ind AS 財務諸表にこれらの例外措置・免除規定が及ぼす影響について慎重に検討する必要がある。

(c) 従前の会計原則から Ind AS への調整項目の認識

企業が Ind AS 開始貸借対照表に適用する会計方針は，従前の会計原則を同日適用した場合とは異なる可能性がある。その結果必要となる調整項目は，Ind AS 移行日以前の事象および取引に起因する。このため企業は，Ind AS 移行日においてこれらの調整項目を直接利益剰余金（あるいはその他の資本勘定）で認識する。

(d) 強制適用される重要な例外措置

- 見積り

  従前の会計原則にもとづく見積りとの整合性を保つためである。ただし，以下に該当する場合は例外措置は適用されない。

  - 誤謬があった場合
  - 企業が Ind AS の適用で別の会計方針を選択したことにより，従前の会計原則にもとづく見積りとその関連情報が全く無意味になった場合

- 金融商品の認識の中止

  - 認識の中止に関する要求事項は，将来に向かって適用されなければならない。
  - 過去の取引の結果として認識の中止が行われた金融資産と金融負債に Ind AS 第109号を適用するのに必要な情報が，それらの取引の当初の会計処理時に入手されている場合には，企業は，その企業の選択する日から遡及的に Ind AS 第109号の認識の中止の要求事項を適用することもできる。

- ヘッジ会計

  事後的な判断により遡求的にデリバティブおよび適格金融商品をヘッジに

指定することを防止するため。
- 金融資産の分類および測定
  移行日現在で存在する条件にもとづく評価が必要。
- 金融資産の減損
  Ind AS 第109号にもとづく減損の要求事項は，一部の例外を除いて遡及的に適用される。
- 政府融資
  Ind AS 第20号「政府補助金の会計処理および政府援助の開示」および Ind AS 第109号の要求事項は将来に向かって適用される。ただし，当初の会計処理の時点で必要な情報が入手されている場合には遡及的に適用することもできる。

(e) 任意適用の免除規定

Ind AS の会計方針の遡及適用に関する一般的な要求事項には，いくつかの免除規定が設けられている。Ind AS で任意適用が認められる重要な免除規定には，以下のようなものがある。

- 企業結合

  移行日前（もしも移行日以前の日を選択したならばその日以前）に生じたあらゆる企業結合について，免除規定を適用できる。また関連会社や共同支配企業に対する持分の取得についても免除規定を適用できる。

  初度適用企業が過去の企業結合について修正再表示しない場合，過去に行われた会計処理がそのまま維持される。ただし，なんらかの調整（無形資産とのれんの再分類等）が求められる可能性はある。

- みなし原価

  みなし原価に関する免除規定では，みなし原価にもとづいて移行日の有形固定資産の帳簿価額を測定することが認められている。この方法を選択した場合，以下のいずれかをみなし原価として使用することができる。

  － 公正価値
  － 従前の会計原則に従った再評価額が Ind AS での公正価値と概ね同等で

あった場合，その再評価額
- 従前の会計原則に従った再評価額がInd ASによる原価または償却後原価を，たとえば，一般物価指数または個別物価指数の変動を反映するように調整したものと，概ね同等であった場合，その再評価額
- 特定の事象による評価（民営化の際に資産または負債の一部または全部について，公正価値で評価され認識された場合等）

これに加えてInd AS第101号では，移行日前に取得された有形固定資産，無形資産，投資不動産につき，従前の会計原則による帳簿価額をみなし原価として使用することもできると定められている。

・長期の外貨建貨幣性項目

Ind AS第101号は，初度適用企業に対し，従前の会計原則に従い，最初のInd AS財務報告期間が開始する直前に終了した期間の財務諸表において計上された，長期の外貨建貨幣性項目の換算から生じる為替差額の会計処理に採用した方針を，継続して使用するという選択肢を認めている。

⑤ Ind AS と IFRS の重要な相違点

既述のとおり2015年Ind ASは，ほとんどがIFRSにコンバージェンスしているものの，一部差異がある。Ind ASとIFRSの重要な相違点は以下のとおりである。

会計領域	Ind ASにおける規定	IFRSにおける規定
強制適用が要求される事項		
法律が会計基準に優先する	Ind Asが法律の条項に適合していないとわかった場合には，法律が優先して適用される。	特段の定めなし。
従前の会計原則	Ind AS第101号では従前の会計原則について，Ind ASの初度適用企業が，Ind ASを採用する直前にインドの法定報告の	従前の会計原則とは，IFRSの初度適用企業がIFRSを採用する直前に使用していた会計処理の基礎である。

	要求事項を満たすために使用していた会計基準と明記されている（たとえば，新会社法第133条に準拠し作成された財務諸表は，従前の会計原則による財務諸表とみなされる）。	
投資不動産	投資不動産には公正価値モデルの適用は認められず，原価モデルが適用される。公正価値に関する詳細な開示が要求されている。	投資不動産は当初取得原価で測定計上され，認識後の測定には原価モデルと公正価値モデルの選択適用が認められる。
投資不動産に関する税効果	投資不動産に公正価値モデルは適用されないため，該当なし。	繰延税金資産または負債が，公正価値モデルで測定される投資不動産から生じている場合，当該不動産の帳簿価額が売却を通じて回収されるという反証可能な推定が置かれる。
外貨建転換社債（転換オプションの取扱い）	組込外貨建転換オプションは「資本」として認識される。	転換オプションはデリバティブとみなされ，公正価値で計上される。
従業員給付の割引率	退職後給付債務算定の際の割引率に国債の利回りの使用を義務化。ただし，海外の子会社，関連会社，共同支配企業ついては，その国の優良国債の市場利回りを参照する。	優良社債（そうした社債について厚みのある市場が存在しない国では国債）の市場利回りを参照して割引率を決定。
財務制限条項違反の借入金の分類	重要な条項について違反があった場合でも，財務諸表が承認される前に貸手が返済を要求しないことに同意した場合には，引き続き長期借入金として表示される。	流動負債に表示変更される。
財務制限条項	報告日またはそれ以前に長期借	報告日またはそれ以前に長期借

に関する後発事象	入金契約における財務制限条項違反があり，報告日時点で貸手の要請により支払義務が生じ得る場合に，財務諸表の承認前に貸手が財務制限条項を発動しないことに同意した場合は，修正を要する後発事象とみなされる。	入金契約における財務制限条項違反があり，報告日時点で貸手の要請により支払義務が生じ得る場合に，報告日後財務諸表の承認前に貸手が財務制限条項を発動しないことに同意した場合も，修正を要する後発事象とはみなされない。
リース料の認識	通常のインフレに伴いリース料を引き上げる場合には定額法は適用しない。	原則定額法での認識が要求されている。
事業取得における割安購入益	資本剰余金に計上。	損益計算書に純損益として認識。
関連会社への投資における割安購入益	被取得企業の識別可能な資産および負債の正味公正価値に対する持分が，当該持分の取得原価を超過する額については，損益計算書ではなく資本剰余金に計上。	損益計算書に純損益として認識。
任意適用事項		
為替変動	最初の Ind AS 財務報告期間が開始する直前に終了した期間の財務諸表において計上された，長期の外貨建貨幣性項目の換算から生じる為替差額の会計処理に採用した方針を，継続して使用するという選択肢が認められる。	• 長期の外貨建貨幣性項目について，免除規定なし。貨幣性項目に係る為替差損益は純損益に認識することが要求されている。
関連会社および共同支配企業の会計方針	関連会社および共同支配企業の会計方針を親会社のものと統一することが実務上困難である場合，統一しないという選択肢が認められている。	原則，会計方針の統一が要請される。

初度適用の際の選択適用	・移行日前に取得された有形固定資産，無形資産，投資不動産につき，従前の会計原則による帳簿価額をみなし原価として使用することができる。 ・リースの分類について，土地と建物の要素がいずれも含まれている場合には，初度適用企業は，Ind AS 移行日に存在している事実および状況にもとづいて，それぞれの要素がファイナンス・リースかオペレーティング・リースかの分類を検討することができる。新たにファイナンス・リースに分類された土地のリースは，移行日の公正価値で認識することができ，差額は利益剰余金に計上される。	・有形固定資産について，従前の会計原則にもとづく帳簿価額をみなし原価とする免除規定は認められていない。 ・リースの分類について免除規定なし。

第6章
インドにおける拠点設立の手続と留意点

1 概　　要

インドに拠点を設立する際に考えられる形態は5つある。①駐在員事務所，②支店，③プロジェクト事務所，④LLPおよび⑤現地法人がこれにあたる。それぞれ可能な業務範囲や課税範囲，設立時の手続，監督官庁などが異なる。
　以下にそれぞれを概説する。

2 駐在員事務所

(1) 業務内容の制限

駐在員事務所は，主にインドのビジネス環境や投資環境を理解することを目的として設置されるものであり，営業活動や売買活動を直接的，間接的に行うことは禁止されている。したがって，駐在員事務所は一般的に海外の本店とインドでの現在の顧客および潜在的な顧客との間の連絡拠点として，インド市場の情報を集め，本店の製品やサービスを宣伝する役割を担う。つまり，以下の活動のみ行うことが許可される。

- ■本社あるいはグループ企業のインドでの代表
- ■輸出入の促進

- 在インド企業と本社あるいはグループ企業との技術・資本提携の推進
- 本社とインド企業とのコミュニケーションのチャンネル

(2) 法人税の課税範囲

① 税務申告

　前述したように，駐在員事務所は営業行為を行うことができないので，いかなる所得も得ることはできないが，利息収入は得ることになるので，その利息収入については法人税が課される。

　また，支払の種類によっては源泉税の徴収が必要となるので，インドの国内法にのっとった源泉税の徴収が求められる。

　駐在員事務所は営業活動を行わないため，通常，所得はマイナスである。このため駐在員事務所は法人税申告書を提出しなくてもよいかのような誤解がある。しかし，インドの所得税法上，駐在員事務所であっても法人税申告書を提出しなければならないことが明記されている。したがって，所得がないことを記載した法人税申告書を，毎期提出しなければならない。過去，法人税申告書を提出していない駐在員事務所に対して，申告書を提出するよう通知書が発送されたことがあるので，注意が必要である。

② 税務調査

　さらに，駐在員事務所に対する税務調査が強化されているため，注意が必要である。すなわち，駐在員事務所で大人数を雇用している場合や設立から相当期間経っている場合には，税務当局が税務調査を行い，駐在員事務所でありながら営業行為をしていると疑わしき点を指摘し，みなし課税を行っている。したがって，駐在員事務所として行うことができる業務内容を事務所員全員がしっかり把握し，それ以外の行為を行わないよう留意する必要がある。税務調査では電子メールやファクシミリなど，ありとあらゆる文書がチェックされるので，書類整備にも細心の注意が必要である。

　駐在員事務所の認可は通常3年間で，3年ごとに更新する必要がある。税務

調査による課税が駐在員事務所の免許更新に直接影響を与えることはないと言われているが，免許更新時の無用なトラブルを避けるためにも，みなし課税を避けるべく普段から注意が必要である。

フォーム FNC

Annex 1

RBIへの申請はAuthorised Dealer Category-I Bankとして認められている銀行を通して行う。各銀行によって追加書類や手続が要求されることもある。

FNC
Application for Establishment of Branch/Liaison Office in India

A. **General Instructions to Applicants:**

The application form shall be completed and submitted to the **AD Category - I bank designated** by the applicant for onward transmission to the General Manager, Foreign Exchange Department, Central Office Cell, Reserve Bank of India, New Delhi Regional Office, 6, Parliament Street, New Delhi-110 001, India along with the documents mentioned in item (viii) of the Declaration. （必要書類についてはDeclaration(viii)を参照のこと）

No.	Details	Particulars
1.	Full name and address of the applicant. Date and Place of incorporation / registration Telephone Number(s) Fax Number(s) E-mail ID	
2.	Paid-up capital 　ii) Free Reserves/Retained earnings as per last audited Balance Sheet/Financial Statement 　iii) Intangible assets, if any	
3.	Brief description of the activities of the applicant.	
4.	i) Value of goods imported from and / or exported to India by the applicant during each of the last three years: a) Imports from India b) Exports to India ii) Particulars of existing arrangements if any, for representing the company in India.	

18

	iii) Particulars of the proposed Liaison/ Branch Office: a) Details of the activities/ services proposed to be undertaken/ rendered by the office. b) Place where the office will be located. c) Phone number d) E-mail ID e) Expected number of employees (with number of foreigners)	
5.	i) Name and address of the banker of the applicant in the home country ii) Telephone & Fax Number iii) E-mail ID	
6.	Any other information which the applicant company wishes to furnish in support of this application.	
7.	For Non-profit / Non-Government Organisations: (i) Details of activities carried out in the host country and other countries by the applicant organization. (ii) Expected level of funding for operations in India. (iii) Copies of the bye-laws, Articles of Association of the organisation.	

DECLARATION

We hereby declare that:

i) The particulars given above are true and correct to the best of our knowledge and belief.

ii) Our activities in India would be confined to the activities indicated in column 4(iii) (a) above.

iii) If we shift the office to another place within the city, we shall intimate the designated AD Category - I bank and the Reserve Bank. In the event of shifting the Office to any other city in India, prior approval of the Reserve Bank will be obtained.

iv) We will abide by the terms and conditions that may be stipulated by the Government of India / Reserve Bank / designated AD Category - I bank from time to time.

v) We, hereby commit that we are agreeable to a report / opinion sought from our bankers abroad by the Government of India /Reserve Bank.

vi) We understand that the approval, if granted, is from FEMA angle only. Any other approvals / clearances, statutory or otherwise, required from any other Government Authority/ Department/ Ministry will be obtained before commencement of operations in India.

vii) We have no objection to the Reserve Bank placing the details of approval in public domain.

viii) We enclose the following documents:

1. Copy of the Certificate of Incorporation / Registration attested by the Notary Public in the country of registration
 [*If the original Certificate is in a language other than in English, the same may be translated into English and notarized as above and cross verified/attested by the Indian Embassy/ Consulate in the home country*].

 > 会社の登記簿謄本および定款を英文に翻訳した上で公証人役場およびインド大使館の認証が必要となる。

2. Latest Audited Balance sheet of the applicant company.
 [*If the applicants' home country laws/regulations do not insist on auditing of accounts, an Account Statement certified by a Certified Public Accountant (CPA) or any Registered Accounts Practitioner by any name, clearly showing the net worth may be submitted*]

 > 公認会計士等の監査済みの直近の貸借対照表（純資産の額が明確なもの）。

3. Bankers' Report from the applicant's banker in the host country / country of registration showing the number of years the applicant has had banking relations with that bank. 〔本国の取引銀行が発行する取引年数を証明するレポート〕

(Signature of Authorised Official
of the Applicant Company)

Name:
Designation:

Place:
Date:

Annex 2

FORMAT OF THE LETTER OF COMFORT

The General Manager,
Foreign Exchange Department
Central Office Cell
Reserve Bank of India
New Delhi Regional Office
6, Parliament Street
New Delhi- 110 001.

Dear Sir,

Sub: **Application for establishment of Branch / Liaison Office in India by our subsidiary / group company, M/s**_____

You may kindly refer to the application made by our subsidiary / group company, M/s_____ to your office for establishing Branch / Liaison Office in India.

2. In this connection, we, _____ (the parent company) undertake to provide the necessary financial support for our subsidiary / group company's operations as a Branch / Liaison Office in India. Any liability that may arise due to the functioning of the Branch/Liaison Office in India will be met by us (the parent company), in case of inability on part of the Branch/Liaison Office to do so.

3. We are also enclosing the financial background of our company in the form of our latest Audited Balance Sheet / Account Statement certified by a Certified Public Accountant.

Yours faithfully,

(   )
Authorised Representative of the parent company

22 駐在員事務所または支店を設立する会社の親会社の代表者による署名

(3) 設立手続

駐在員事務所を設立し実際の業務を開始するには，次の5つのステップを踏む必要がある。

> ① インド準備銀行への申請
> ② デジタル署名証明書の申請
> ③ 会社登記局への登録
> ④ 警察署への届出
> ⑤ 税務当局から必要な税務番号の取得

① インド準備銀行への申請

まず，インド準備銀行（以下，RBI）に申請するには フォームFNC （駐在員事務所，支店またはプロジェクト事務所を設立する際に，RBIに提出する申請書類，196頁～199頁に掲載）という申請書を提出する。この申請書には，申請会社の概要（会社名，住所，設立日，資本金額など）や直近3年間のインドにおける商売実績，駐在員事務所で行おうとしている業務内容などを記載する。さらに添付資料として以下の書類も提出する。

ⅰ）申請会社の登記簿謄本
ⅱ）宣誓書（駐在員事務所として行える業務活動のみ行い，営業活動しないことなどの宣誓）
ⅲ）取締役会議事録（駐在員事務所設立の意志決定，設立手続を委任する者の選任などの決議）
ⅳ）委任状（設立手続の委任）
ⅴ）委任状（外部コンサルタントへの委任）
ⅵ）定款
ⅶ）直近3年間の英文財務諸表

過去に純資産が5万米ドルを下回っていた場合は，FORMAT OF THE LETTER OF COMFORT（200頁に掲載）という書類を添付し，駐在員事務所を設立する会社の親会社が適切な財務や管理のサポートをする旨の申請をする

ことができる。

　まれなケースではあるが，RBI が申請書を受け付けた後 RBI 内での協議後に申請書を関係省庁に回すこともある。この場合承認が下りるのにさらに何か月かかるか，予想はまったくできなくなる。

　申請にあたり手数料はかからない。

② デジタル署名証明書の申請

　③会社登記局（以下，ROC）への駐在員事務所の登録の前にデジタル署名証明書を申請しなければならない。デジタル署名証明書の申請は①インド準備銀行への申請より前であっても構わない。

　デジタル署名証明書の詳しい説明については222頁を参照されたい。

③ ROC への登録

　次に，ROC に対して FORM NO. FC-1 （事務所設立後30日以内に会社登記局に提出しなければならない書類のこと。設立認可の申請書ではなく，RBI によって設立が認められた後，その事実を ROC に登録するための事後登録の位置付け，204頁〜209頁に掲載）という申請書を提出する。この際，添付資料として，申請会社の登記簿謄本，取締役会議事録，委任状，定款，英文財務諸表が必要となる。また，申請時に6,000インドルピーを手数料として支払わなければならない。

④ 警察署（Director General of Police, DGP と略す）への届出

　ROC への登録後，活動を開始することができるようになってから5営業日以内に設立した州の DGP に Format of Report to DG of Police という書類（210頁〜212頁に掲載）を提出する必要がある。

⑤ 税務当局から必要な税務番号の取得

　ROC から拠点開設証明書を入手することで活動を開始することができるが，

遅滞なく必要な税務番号を取得する必要がある。Permanent Account Number（通称，PANナンバー）とTax Deduction Account Number（通称，TANナンバー）がこれにあたる。PANナンバーは税務署とのやりとりの際に必要な認識番号で，法人税の申告書などに記載されなければならないので必ず取得する。TANナンバーは源泉徴収が必要となる支払を行う際に必要となる源泉徴収番号であり，事務所の賃借料の支払や給料の支払については必ず税金を源泉徴収しなければならないので，こちらも必要となる。

FORM NO. FC-1

[Pursuant to section 380(1) (h) of the Companies Act 2013, and rule 3(3) of Companies (Registration of Foreign Companies) Rules, 2014]

Information to be filed by foreign company

Form language ● English ○ Hindi

Refer the instruction kit for filing the form.

1. *Name of the foreign company

2. (a) *ISO code of the country where the foreign company is registered
   (b) Name of Country
   (c) Registration number or GLN

3. Full address of registered or principal office of foreign company
   - *Line I
   - Line II
   - *City
   - *State
   - *Country   *Pin code
   - *Telephone number with ISD Code
   - Fax number with ISD Code
   - *email Id of the foreign company

4. (a) *Date of establishment of principal place of business in India   (DD/MM/YYYY)
   (b) *Type of Office
   (c) Address of the principal place of business in India
      - *Line I
      - Line II
      - *City
      - *State   *Pin code
      - *Telephone number
      - Fax number
      - *email id
   (d) *Main division of bussiness activity to be carried out in India
      (based on relevant sub class and description given in NIC-2004)
      Description of the main division

第6章　インドにおける拠点設立の手続と留意点　205

5. Details of other places of business in India (if any)

　Number of such other places of business in India [　　]

　　I. (i) *Date of establishment [　　　] (DD/MM/YYYY)

　　　(ii) *Type of office [　　　　　]

　　　(iii) Address

　　　　　*Line I [　　　　　　　　　　　　　　　]
　　　　　Line II [　　　　　　　　　　　　　　　]
　　　　　*City [　　　　　　　　　　　　　　　]
　　　　　*State [　　　　　　] *Pin code [　　　　]
　　　　　*Telephone number [　　　　　　　　　]
　　　　　Fax number [　　　　　　　　　]
　　　　　*email id [　　　　　　　　　]

　　　(iv) *Business activities to be carried out at such place

　　　[　　　　　　　　　　　　　　　　　　　　　]

6. Particulars of place(s) of business in India established on any earlier occasion(s) other than above (if any)

　Number of such places [　　]

　　I. (i) *Date of establishment [　　　] (DD/MM/YYYY)

　　　(ii) *Type of office [　　　　　]

　　　(iii) Address

　　　　　*Line I [　　　　　　　　　　　　　　　]
　　　　　Line II [　　　　　　　　　　　　　　　]
　　　　　*City [　　　　　　　　　　　　　　　]
　　　　　*State [　　　　　　] *Pin code [　　　　]
　　　　　*Telephone number [　　　　　　　　　]
　　　　　Fax number [　　　　　　　　　]
　　　　　*email id [　　　　　　　　　]

　　　(iv) *Business activities to be carried out at such place

　　　[　　　　　　　　　　　　　　　　　　　　　]

　　　(v) (a) *Date of closure of such place of business [　　　] (DD/MM/YYYY)

　　　　(b) *Foreign company registration number of such place [　　　　　　　]

7. Details of the one or more person(s) resident in India and authorized to accept on behalf of the foreign company service of process and any notices or other documents required to be served on the foreign company -

　*Number of persons authorised [　　　]

Particulars of the person authorised

I.
- Director Identification Number (if any) [ ] [Pre-fill]
- *Income tax permanent account number (Income-tax PAN) [ ]
- *Name of the person resident in India authorised to accept on behalf of foreign company
  [ ]
- *○ Father's Name ○ Mother's Name ○ Spouse's Name
  [ ]
- *Designation [ ]
- Membership number (In case of Secretary) [ ]
- *Nationality [ ] *Date of Birth [ ] (DD/MM/YYYY)
- If the present nationality is not the nationality of origin, then specify the nationality of origin [ ]
- Number of the passports [ ]
- Passport number [ ] Date of issue [ ] (DD/MM/YYYY)
- Issue country [ ]
- *Occupation type ○ Self Employed ○ Professional ○ Homemaker ○ Student ○ Serviceman

Permanent address
- *Line I [ ]
- Line II [ ]
- *City [ ]
- *State /Union Territory [ ] *Pin code [ ]
- *ISO Country code [ ] Country [ ]
- *Phone [ ] Fax [ ]
- *e-mail ID [ ]

*Whether present address is same as the permanent address ○ Yes ○ No

Present Address
- *Line I [ ]
- Line II [ ]
- *City [ ]
- *State/Union Territory [ ] *Pin code [ ]
- *ISO Country code [ ] Country [ ]
- *Phone [ ] Fax [ ]

*Whether the person authorised has been appointed through power of attorney or by passing the resolution
  ○ Power of attorney ○ Resolution

8. Details of the permission obtained from any Authority
   Number of authority from whom approvals taken [ ]

I. i) *Name of the Authority
ii) *Date of obtaining the approval order ____ (DD/MM/YYYY)
iii) *Order number
iv) Period of validity of such permission, if any
v) *Permission obtained for

vi) Brief particulars of terms and conditions subject to which such permission is given, if any

vii) Other details, if any

9. (i) *Whether the parent company is in operation at the time of making this application ○ Yes ○ No
(ii) *Whether there is any winding up proceedings is pending against the parent company ○ Yes ○ No

10. Details of subsidiary, holding or associate companies in India of the foreign company or of any subsidiary or holding company of such foreign company or of any firm in India in which such foreign company or its holding or subsidiary company is a partner:
*Number of such entities ____
Particulars of such entities

I. i. *CIN/FCRN/LLPIN/Other Registration Number _____ [Pre-fill]
ii. *Name of such company or firm

iii. *Whether the company is

11. Details of the persons, firms or companies in India which shall be deemed to be the `related party`, within the meaning of clause 76 of section 2 of the Act, of the foreign company or of any subsidiary or holding company of such foreign company or of any firm in India in which such foreign company or its subsidiary or holding company is a partner.
Number of related parties ____
Particulars of related parties

I. i. *DIN/PAN/CIN/FCRN/LLPIN/Other Registration Number _____ [Pre-fill]
ii. *Name of such person or company or firm

iii. *Whether the person or company or firm is

12. (a) *Whether the company is falling under section 379 of the Companies Act, 2013 ○ Yes ○ No

13. Particulars of payment of stamp duty (Refer instruction kit for details before filling the particulars)

(a) State or Union Territory in respect of which stamp duty is paid or to be paid on foreign executed power of attorney [   ] [Pre-fill]

(b)*Whether stamp duty is to be paid electronically through MCA21 system ○ Yes ○ No ○ Not applicable

   (i) Details of stamp duty to be paid

      Amount of stamp duty to be paid   (in Rs) [   ]

   (ii) Provide details of stamp duty already paid

Type of document/Particulars	Form FC-1
Total amount of stamp paid (in Rs.)	
Mode of payment of stamp duty	
Name of the office of the collector of stamps or prescribed authority for stamping in foreign executed documents as per Rule 18 of the Indian Stamp Act	
Serial number of embossing or stamps or treasury challan number	
Date of payment of stamp duty	(DD/MM/YYYY)
Place of payment of stamp duty	

Attachments   List of attachments

1. *Certified copy of the charter, statutes, or memorandum and articles of the company or other instrument constituting or defining the constitution of the company; [Attach]
2. *List of directors and secretary of the foreign company; [Attach]
3. *Power of attorney or board resolution in favor of the authorized representative(s); [Attach]
4. *Reserve bank of India approval letter [Attach]
5. Optional attachment(s), if any [Attach]

[Remove attachment]

Declaration

I, *[   ]*

the authorized representative of the company, hereby certify that I am authorized by the Board of Directors of the Company Company vide resolution number *[   ]*

dated *[   ]* (DD/MM/YYYY) dated to sign this form and declare that all the requirements of Companies Act, 2013 and the rules made thereunder in respect of the subject matter of this form and matters incidental thereto have been complied with. It is further declared and verified that:

1. Whatever is stated in this form and in the attachments thereto is true, correct and complete and no information material to the subject matter of this form has been suppressed or concealed and is as per the original records maintained by the promoters subscribing to the Memorandum of Association and Articles of Association

2. None of the directors or the authorised representative in India has ever been convicted or debarred from formation of companies and management in India or abroad

3. All the required attachments have been completely, correctly and legibly attached to this form

*To be digitally signed by [   ]

*Name of the authorised representative [   ]

*Income Tax PAN of the Authorised representative [   ]

Note: Attention is also drawn to provisions of Section 448 of the Companies Act, 2013 which provide for punishment for false statement and certification.

| Modify | Check Form | Prescrutiny | Submit |

For office use only:

Affix filing details

eForm Service request number (SRN) [   ] eForm filing date [   ] (DD/MM/YYYY)

This e-Form is hereby registered

Digital signature of the authorising officer [   ] Confirm submission

Date of signing [   ] (DD/MM/YYYY)

Format of Report to DG of Police

Format of Report to DG of Police

Annex 3

Sr No	Particulars	Details
1.	Details of the Foreign Entity a. Name b. Address c. Date and Place of Incorporation d. E-mail ID or Web address	
2.	Details of Office in India a. Type of Office- Liaison Office/ Branch Office / Project Office or for others indicate type b. Address c. Contact Number d. Date of Opening of Office	

3.	Head of Office in India
	
	a. Name
	b. Nationality
	c. Designation
	d. Address
	e. Passport Particulars
	
	   i. Passport Number
	   ii. Place of Issue
	   iii. Date of Issue
	   iv. Date of expiry
	   v. Any other relevant information
	
	f. E-mail address
	g. Land Lime Number
	h. Mobile Number	

4.	Whether all foreign nationals employed at Liaison/Branch/Project Offices are on E Visas. If not, indicate details of such foreign nationals.	
5.	Whether the foreign nationals on E visas have reported to mandatory authorities i.e Police Station etc. If not, name of such nationals / nationality along with relevant details and reasons for not complying with requirement	
6.	List of Personnel employed, including foreigners in Indian Office	

第6章 インドにおける拠点設立の手続と留意点

Sl.No.	Foreigners								
	Name	Parentage	Nationality	Age	E-mail & Mobile Particular	Passport & Visa Particulars	Desgn./ Profession	Date of Entry into India and Place of stay	

	Indians					
Sl.No	Name	Parentage	Age	E-mail & mobile particulars		Designation/ Profession.

7. List of foreigners other than employees who visited Indian Office in connection with the activities of the company, with details.

Sl.No	Name	Parentage	Nationality	Age	Purpose of visit	Designation / Profession	Date of visit / Place of stay in India

8. Projects / Contracts / Collaborations worked upon or initiated during the year alongwith details

Sl.No	Name of Project/Contract/ Collaboration	Name of Indian partner	Nature of Business Activity	Approx. value of Project / Work	Place / Area of project / Work	Period of Project / work	Approx. number of foreign work force required in India

9. List of equipment imported for business activities in India

Sl.No	Name / Technical Details	Purpose	Date of Import into India / Place of Installation in India

10. Details of suppliers or services rendered to the Government Sector

Sl.No	Name of Supplier / Service	Name of Government Organisation / Agency	Approx.Value of supplies / services

11. Details of places / states visited along with dates, accommodation used.

12.	Details of contact with Government Departments / PSUs including names of officials
13.	Details of contact with Civil Society Bodies / Trusts / Non-Government Organisation.

(4) その他の留意点

　駐在員事務所は，すべての必要経費を本店からの送金によって賄わなければならないので，インド国内で借入れをすることも禁じられている。一方，駐在員事務所閉鎖時には銀行口座に残った資金を本店に送金することが認められている。

　インドでは，駐在員事務所であっても会計監査を受けなければならない。

　駐在員事務所で進出後，様子を見て現地法人に切り替えるという計画はインド進出を検討する日系企業からよく聞かれるが，実務上は切り替えという手続を取ることはできず，駐在員事務所の閉鎖と現地法人の立ち上げという別々の手続を行うこととなる。その際，駐在員事務所の所長と現地法人の社長を兼務することや，1つの住所を駐在員事務所と現地法人が共有することは望ましくないため，計画的に手続を行う必要がある。

3 支　店

(1) 業務内容の制限

　支店は，以下のようにかなり幅広い活動を行うことができる。しかし，あくまでも限定列挙となっているので，それ以外の行為を行うことはできない。

- 本社のインドでの代表としてインドでの販売・購入代理店活動
- 輸出入業務
- プロフェッショナルサービスやコンサルタントサービスの提供
- 調査業務(本社が行っているものと同等のもの)
- 本社とインド企業との技術・資本提携の推進
- ITサービス・ソフトウェア開発
- 本社・グループ会社が提供する商品についての技術サポート
- 外国航空会社および船会社も設立可能

　以上をみると幅広い活動ができることがわかるが，製造や建設など上記に含まれていない業務は行うことができない。また，インド国内で調達した製品を

インド国内で販売することもできないと解釈されている。ただし，SEZ において設立された支店は要件を満たし，RBI からの許可のもと，製造活動やサービス活動を行うことができる。

(2) 法人税の課税範囲

支店は外国会社の一部であるため，インド国内で獲得した所得に対して法人税が課せられ，基本税率は40％である。（2016年3月期は教育目的税3％，法人税率40％に課税所得1,000万インドルピー超1億インドルピー以下の場合追加税2％，課税所得1億インドルピー超の場合追加税5％が課される）。

(3) 設立手続

支店を設立し実際の業務を開始するには次の5つのステップを踏む必要がある。

> ① インド準備銀行への申請
> ② デジタル署名証明書の申請
> ③ 会社登記局への登録
> ④ 警察署（GDP）への届出
> ⑤ 税務当局から必要な税務番号の取得

① インド準備銀行への申請

インド準備銀行（以下，RBI）への申請については，駐在員事務所のケースと同様に フォームFNC を提出する（196頁〜199頁参照）。なお，添付する英文財務諸表は直近5年間分である。

② デジタル署名証明書の申請

駐在員事務所のケースと同様にデジタル署名証明書を申請する。過去に純資産が1万米ドルを下回っていた場合は，FORMAT OF THE LETTER OF COMFORT（200頁に掲載）という書類を添付し，支店を設立する会社の親会

社が適切な財務や管理のサポートをする旨の申請をすることができる。

③　会社登記局への登録
　支店についても駐在員事務所のケースと同様，FORM NO. FC-1 を提出する（204頁～209頁に掲載）。

④　警察署への届出
　会社登記局への登録後，活動を開始することができるようになってから5営業日以内に設立した州の DGP に Format of Report to DG of Police という書類（210頁～212頁に掲載）を提出する必要がある。

⑤　税務当局から必要な税務番号の取得
　会社登記局から拠点開設証明書を入手することで活動を開始できるが，遅滞なく必要な税務番号を取得する必要がある。PAN ナンバーと TAN ナンバーは駐在員事務所と同様に必ず必要となる。また，支店は営業活動を行うので，その活動内容によっても他にいくつかの税務番号が必要となる。たとえば輸出入を行う場合には Import Export Code が，サービス税の対象となる営業行為を行う場合には Service Tax Number が，仕入・販売を行う場合には各州の VAT Number などが必要となる。

(4)　その他の留意点
　支店がインドで得た利益を本店に送金する際には，所定の書類を整備し，インドで認められた活動により得た純利益であることを証明しなければならない。しかし，支店が純利益をインドに維持し続けなければならないという制限はない。
　支店は，本店からの資金送金または支店が獲得した利益をもって必要資金を賄わなければならず，インド国内での借入は禁じられている。
　なお，支店においても会計監査は必要である。

4 プロジェクト事務所

(1) 業務内容の制限

　外国企業は，ある特定のプロジェクトを遂行するために，インド国内にプロジェクト事務所を設立することができる。したがって，そのプロジェクト以外の業務を行うことは禁止されている。支店と似ているが，支店は恒久的にインド国内で活動を行うことを前提としているのに対して，プロジェクト事務所は特定のプロジェクトを遂行するためだけに設立され，プロジェクト終了後はインドから撤退することを前提としている一時的な拠点である。したがって，一般的にターンキープロジェクトや据付プロジェクトなど，インフラ整備事業などを行う会社がプロジェクト事務所を設立することになる。

(2) 法人税の課税範囲

　プロジェクト事務所は外国会社の一部であるため，インド国内で獲得した所得に対して法人税が課せられ，基本税率は40％である（2016年3月期は教育目的税3％，法人税率40％に課税所得1,000万インドルピー超1億インドルピー以下の場合追加税2％，課税所得1億インドルピー超の場合追加税5％が課される）。

(3) 設立手続

　プロジェクト事務所を設立し実際の業務を開始するには次の6つのステップを踏む必要がある。

---

① インド準備銀行への申請
② デジタル署名証明書の申請
③ 会社登記局への登録
④ RBIへの届出
⑤ 警察署（DGP）への届出
⑥ 税務当局から必要な税務番号の取得

第6章 インドにおける拠点設立の手続と留意点　217

① インド準備銀行への申請

　プロジェクト事務所の設立にはインド準備銀行（以下，RBI）の許可が必要であり，RBIからプロジェクト事務所の設立の許可を得るには，本店がすでにインド国内でプロジェクトを行うための契約を締結済みでなければならない。さらに，以下の4つの条件のうち，いずれかを満たさなければならない。

- プロジェクトが海外からの送金でまかなわれる
- 二国間または多国間の国際金融機関によりファイナンスされる
- 当該プロジェクトが適宜のインド政府当局の承認をうけている
- 契約を受注したインドの企業等が公営金融機関，または在インドの銀行により期間付きの融資を受けている

② デジタル署名証明書の申請

　駐在員事務所のケースと同様にデジタル署名証明書を申請する。

③ 会社登記局への登録

　駐在員事務所のケースと同様，FORM NO. FC-1 を提出する（204頁～209頁に掲載）。

④ インド準備銀行への届出

　プロジェクトオフィスを設立した外国企業は，設立から2か月以内に，本店の名称および住所，プロジェクトの詳細，プロジェクトオフィスの連絡先等の情報を地域のRBIへ届出しなければならない。

⑤ 警察署（DGP）への届出

　会社登記局（以下，ROC）への登録後，活動を開始することができるようになってから5営業日以内に，設立した州のDGPに Format of Report to DG of Police という書類（210頁～212頁に掲載）を提出する必要がある。

⑥ 税務当局から必要な税務番号の取得

　ROCから拠点開設証明書を入手することで活動を開始できるが，遅滞なく必要な税務番号を取得する必要がある。PANナンバーとTANナンバーは駐在員事務所や支店と同様に必ず必要となる。また，プロジェクト事務所は営業活動を行うので，その活動内容によって他にもいくつかの税務番号が必要となる。たとえば輸出入を行う場合にはImport Export Codeが，サービス税の対象となる営業行為を行う場合にはService Tax Numberが，仕入・販売を行う場合には各州のVAT Numberなどが必要となる。

(4)　その他の留意点

　プロジェクト事務所は，単一のプロジェクトのために設けられる一時的な拠点である。したがって，そのプロジェクトの収益に対するトータルコストを正確に見積もったうえで設立を決定しなければならない。特にインドの場合は税制度が複雑であるため，これらについて事前に詳細な調査を行わずにプロジェクトに参加し，結果的にプロジェクトが赤字で終わることも十分考えられる。

　なお，プロジェクト事務所においても会計監査は必要である。

5　LLP

(1)　業務内容の制限

　LLPはLimited Liability Partnership，有限責任事業組合の略称であり，2008年LLP法にもとづいて設立される。パートナーシップ制度の柔軟さと株式会社の有限責任の特色を持ち，かつ，会社法よりも簡易なコンプライアンスが認められている。外国企業がインドにLLPを設立する際には，FDI規制に従わなければならない。自動承認ルートで100％出資が認められているセクターや活動については，外国直接投資を行うことができるが，それ以外のセクターや活動については外国直接投資は現時点では認められていない。

(2) 法人税の課税範囲

現地法人として扱われるため、全世界所得に対して法人税が課される。基本税率は30％である（2016年3月期は教育目的税3％、法人税率30％に課税所得1,000万インドルピー超の場合追加税12％が課される）。なお、最低代替税（MAT）や配当税は課税対象外である。

(3) 設立手続

LLPの設立は会社登記局の管轄であるが、外国からの出資を行う場合には政府およびFIPB（Foreign Investment Promotion Board）の事前承認が必要となる。ただし、100％外国投資が認められるセクターやアクティビティについては、自動承認ルートが認められるため、事前承認は不要である（「第3章 ① 外資規制」参照）。出資額にはインド勅許会計士等の評価証明書が必要となる。

政府およびFIPB承認が得られた後の手続は以下のとおりである。

---

① 指定社員の任命
② 指定社員の指定社員デジタル番号（DPIN）の取得
③ デジタル署名証明書の申請
④ 会社登記局への会社名の申請
⑤ 設立に関する届出および引受人の文書の提出
⑥ LLP設立登録

---

① 指定社員の任命

最低2名の自然人が指定社員として必要であり、うち1名はインド居住者でなければならない。法人も指定社員となることができる。

② 指定社員デジタル番号（DPIN）の取得

指定社員がすでに取締役識別番号（DIN：Director Identification Number）を有している場合にはDPINの代わりにDINを使うことができる。

③ デジタル署名証明書の申請

駐在員事務所のケースと同様にデジタル署名証明書を申請する。

④ 会社登記局への会社名の申請

商号申請の許可を得る Form 1 。商号には limited liability partnership または LLP を商号の末尾につけなければならない。

⑤ 設立に関する届出および引受人の文書の提出

商号が認可された後，設立に関する届出および引受人の文書 Form 2 を提出する。提出は会社登記局のeファイリングのシステムを通して行う。

⑥ LLP設立登録

⑤の提出書類が承認されるとEメールで通知が届き，LLP設立となる。その後30日以内に，eファイリングのシステムを通してLLP合意書を Form 3 とともに提出する。LLP合意書が海外で作られた場合には，公証およびインド大使館での認証（アポスティーユ）が必要となる。

(4) その他の留意点
- 指定社員の責任は出資額に限られる有限責任である（詐欺や不正行為によるものを除く）。
- 非公開会社，非上場の公開会社，パートナーシップ形態の組織からLLPへの形態変更が可能である。
- ECBローンは利用することができない。
- 外国直接投資を受ける，あるいは行うLLPは毎年7月15日にThe Return on Foreign Liabilities and Assetsという申告書をインド準備銀行（RBI）に提出する必要がある。

6 現地法人

(1) 業務内容の制限

「第3章 投資にあたってのインセンティブと規制」でも述べたが、外国企業がインドに現地法人を設立する際には、外資に開放されていない業種および外資規制を超える投資について一部制限がある。これらに該当しない限りは現地法人を設立することにより、定款の範囲内であれば業務内容に制限はない。

(2) 法人税の課税範囲および税率

現地法人については全世界所得に対して法人税が課される。税率は以下のように課税所得に応じて規定されている。

	課税所得		
	1,000万インドルピー以下	1,000万インドルピー超1億インドルピー以下	1億インドルピー超
基本税率	30%	30%	30%
追加税	—	7%	12%
教育目的税	3%	3%	3%
実効税率	30.9%	33.06%	34.61%

(3) 設立手続

「第3章 投資にあたってのインセンティブと規制」でも述べたが、現地法人の設立には、FIPBの承認が必要ない場合と必要な場合とがある。FIPBの承認が必要ないケースを自動承認ルート、必要なケースをFIPBルートと呼称する。

自動承認ルートでは、設立手続は次の4つのステップを踏むこととなる(FIPBルートでは、以下の手続に入る前にFIPBへの認可申請手続が必要となる)。

> ① デジタル署名証明書の取得
> ② 取締役識別番号の取得
> ③ 会社登記局への会社名の申請
> ④ 会社登記局への会社設立申請

① デジタル署名証明書の取得

　デジタル署名証明書（DSC：Digital Signature Certificate）とは，オンライン申請を行う際に使用される電磁的な署名証明である。

　②の取締役識別番号を申請する際にはDSCによる署名が必要となるため，設立手続を進めるためには，まずDSCを取得する必要がある。

　DSCの申請は会社登記局（以下，ROC）より委託された民間企業に申請フォームおよび添付書類を提出して行うことになる。添付書類としては，DSC申請者のパスポートサイズのカラー写真，身分証明および住所証明が必要であり，これらの証明書として以下の情報を提出することとなる。なお，これらの情報はヒンディー語または英語であることが求められる。

（身分証明）
- 運転免許証
- パスポート
- 投票カード　等

（住所証明）
- 運転免許証
- パスポート
- 電気代／電話代の請求書　等

　通常，身分証明および住所証明として英語に翻訳した運転免許証およびパスポートが用いられる。加えて，これらの添付資料は日本において公証人役場での公証およびインド大使館での認証（アポスティーユ）が必要である。

② 取締役識別番号の取得

取締役識別番号（DIN）はインド当局に登録するすべての会社の取締役が取得することを義務付けられている個別識別番号である。

DINの申請はROCが属するインド企業省（MCA：Ministry of Corporate Affairs）のウェブサイトから行われることとなり，DIN申請フォームである Form DIR-3 および添付書類を添付してオンライン申請を行うこととなる。添付書類としては，DSCと同様に，パスポートサイズのDIN申請者のカラー写真，身分証明および住所証明が必要であり，これらの証明として以下の情報を提出することとなる。なお，これらの情報はヒンディー語または英語であることが求められる。

（身分証明）
- 運転免許証
- パスポート
- PANカード
- 投票カード　等

（住所証明）
- 運転免許証
- パスポート
- 投票カード
- 電気代／電話代の請求書　等

通常，DSCと同様に，身分証明および住所証明として英語に翻訳した運転免許証およびパスポートが用いられる。加えて，これらの添付書類は日本において公証人役場での公証およびインド大使館での認証（アポスティーユ）が必要である。

③　会社登記局への会社名の申請

DSCおよびDINの取得が完了した後に，ROCへの会社名の申請を行うこととなる。会社名の承認を受けるためには，会社名取得の申請書である Form

No. INC-1 および添付書類を MCA のウェブサイトからオンライン申請する必要がある。この Form No. INC-1 の主な記載事項として，基本定款に記載する設立会社の目的，就任予定の設立会社の取締役，希望する会社名等がある。希望する会社名は最大6個まで記載ができ，会社が実施する活動内容を表す会社名である必要がある。添付資料としては，会社設立を決議したすべての株主の取締役会議事録（次頁参照），インド子会社が類似の会社名を使用することに異議がない旨を記載した No Objection Certificate（親会社等であっても必要）等が必要となり，これらの添付書類は公証人役場での公証およびインド大使館での認証（アポスティーユ）が必要である。

Form No. INC-1 の提出から概ね7日以内に，希望の名前をつけることが可能か否か ROC から回答がある。新会社法第4条では，中央政府が好ましくないと判断する会社名では登録できないと規定されており，すでに登録されている会社名あるいは他社の商標と同じである場合には好ましくないとされている。また，会社名については会社の活動内容を反映したものでなければならないと言われているが，会社名の承認は ROC 内の担当官によって取扱いが異なる。したがって，他社のケースで認められたからといって必ずしも同じパターンで認められるとは限らないので注意が必要である。

第6章　インドにおける拠点設立の手続と留意点　225

（会社のレターヘッド付きで作成する。）

(***Board Resolution on the letterhead of XXX Co., Ltd***)

（発起人となる会社名を入れる。）

CERTIFIED TRUE COPY OF THE RESOLUTION PASSED BY THE BOARD OF DIRECTORS OF XXX CO., LTD ("the Company") ON _____

（発起人は必ず2名以上必要なのでその他の発起人名を入れる。）

The Board has decided that the Company along with _____ _____ (name of other companies) (Registered number _____) whose registered office is at _____ wish to establish a separate body corporate in India. The board further suggested for usage of the word "XXX" in the proposed Indian Company's name. It was further decided that for the purpose of subscribing to the Memorandum of Association and/or Articles of Association of the proposed Indian Company, an individual is to be duly authorized.

（発起人の会社名と同じ社名を使う場合にそれを入れる。）

The Board decided to authorise persons mentioned in its resolution to subscribe to the Memorandum of Association and do all acts necessary for the incorporation of its proposed Indian Company for and on behalf of the company. In this respect, the following resolutions were unanimously passed by the Board:

（会社設立手続を発起人を代表して行う者の名前を入れる。）

"**RESOLVED** that the Company do authorize _____ son of _____ and/or _____ son of _____, to apply for the name containing the words "XXX" for the proposed Indian Company to establish/ incorporate a separate body corporate in India.

（委任される者の父親名を入れる。）

（発起人の会社名と同じ社名を使う場合にそれを入れる。）

FURTHER RESOLVED that _____ son of _____ and/or _____ son of _____, be and are severally authorised on behalf of the company to subscribe to _____ equity shares of INR _____ each aggregating to INR _____ /- and to sign the subscription clause of the Memorandum of Association and/or the Articles of Association of the said proposed Indian company and to do

（株当たり株価を入れる。）

（株式引受数を入れる。）

（払込資本金合計額を入れる。）

all other necessary acts, deeds and things to incorporate & establish the said proposed Indian Company and to give effect to the foregoing resolution

FURTHER RESOLVED that _____ son of _____ and/or _____ son of _____, be and are severally authorised to sign and execute a Power of Attorney for and on behalf to nominate and appoint _____, authorised representatives jointly and severally, to be the company's true representatives (hereinafter called "Attorney"), to do, perform and execute for the company, and on its behalf, the following acts, deeds, matters and things related to the company:-

- to represent the company in all matters before the Registrar of Companies in India in relation to incorporation of the said proposed Indian company

- generally to do all other necessary acts, deeds and things in relation to the incorporation of the said proposed Indian Company including making any correction, modification, alteration as may be necessary or expedient to the exercise of the power given in the Power of Attorney as amply and effectually to all intents and purposes, as the Board of Directors of the Company could do or have done if personally present and if these presents had not been made.

That by virtue of the aforesaid Power of Attorney, all whatsoever the Attorney shall lawfully do or caused to be done in or about the premises be and are hereby confirmed and ratified."

Certified true copy

(*for* _____)

第 6 章　インドにおける拠点設立の手続と留意点　227

④　会社登記局への会社設立申請

　会社名の承認後60日以内に会社設立申請を行う必要がある。会社設立申請のためには，以下の申請書および添付資料の提出を MCA のウェブサイトからオンラインで行う必要がある。

（申請書）
- Form No. INC-7：Application for incorporation of Company（229頁～234頁参照）
- FORM NO. INC-22：Notice of situation or change of situation of registered office（235頁～237頁参照）
- FORM DIR-12：Particulars of appointment of Directors and the key managerial personnel and the changes among them（238頁～242頁参照）

（添付資料）
- 基本定款（Memorandum of Association）
- 附属定款（Articles of Association）
- 委任状（Power of Attorney）
- Form No. INC-8
- Form No. INC-9
- Form No. INC-10　等

　Form No. INC-7 は会社法に準拠して会社設立手続を行うという宣誓書である。また，FORM NO. INC-22 は会社名や会社の住所などを記載する書類であり，FORM DIR-12 は取締役の ID 番号や住所，国籍等を記載する書類である。なお，2015年5月1日に DIN の取得，会社名の申請および会社設立申請を1つにまとめた FORM NO. INC-29（Integrated Incorporation Form）が公表されているが，現状では当該フォームの使用については任意となっており，従来のフォームを使用して申請することも可能である。

　基本定款および附属定款を ROC に提出する際に印紙税を支払う必要がある。印紙税は会社を登録する州によって異なる。また，会社登記時には登記料を支

払う必要があり，授権資本金額にもとづき決定される。会社登記料の金額は以下にもとづき算定される。

【会社登記料の計算表】

授権資本金額	会社登記料	
	固定金額	追加金額
10万インドルピーまで	5,000	N/A
10万インドルピー超～50万インドルピー以下	5,000	1万インドルピーにつき400インドルピー加算
50万インドルピー超～100万インドルピー以下	21,000	1万インドルピーにつき300インドルピー加算
100万インドルピー超～500万インドルピー以下	36,000	1万インドルピーにつき300インドルピー加算
500万インドルピー超～1,000万インドルピー以下	156,000	1万インドルピーにつき100インドルピー加算
1,000万インドルピー超	206,000	1万インドルピーにつき75インドルピー加算

　たとえば，授権資本金額が1,000万インドルピーの場合には会社登記料は20万6,000インドルピーとなり，授権資本金額が1億インドルピーの場合には会社登記料は88万1,000インドルピーとなる。

　会社登記料は授権資本金額にもとづき決定されることとなるため，授権資本金額を高く設定してしまうと多くの会社登記料を支払うこととなってしまう。中長期的に必要と思われる資本金額を考えて授権資本金額を設定することが肝要と思われる。

　ROCの審査後，ROCより設立証明書（Certification of Incorporation）が発行される。この設立証明書の入手により設立手続が完了することとなる。

Form No. INC-7

Form No. INC-7

Application for Incorporation of Company (Other than OPC)

[Pursuant to Section 7(1) of the Companies Act, 2013 and pursuant to Rule 10, 12, 14 and 15 of the Companies (Incorporation) Rules 2014]

Form language ● English ○ Hindi
Refer the instruction kit for filing the form.

1. *Service Request Number (SRN) of Form INC-1 [ ] [Pre-fill]
2. (a) Name of the company
   (b) Type of Company is   (c) Class of Company
   (d) Category   (e) Sub category
   (f) Section 8 licence number
   *(g) Company is   ○ Having share capital   ○ Not having share capital
3. (a) Name of the state/Union teritory in which the company is to be registered
   (b) Name of office of the Registrar of Companies in which the company is to be registered

   (c) *Whether the address for correspondence will be the address of Registered office of the Company
   ○ Yes   ○ No
   (d) Address for correspondence till the registered office of the company is established

   *Line I
   Line II
   *City
   *State/Union Territory
   *District   *PinCode
   ISO Country Code
   Country
   *Phone(with STD code) +91 - [   ] - [   ]
   Fax
   *email ID of the company

4. I.*Capital structure of the company
   (a) Authorized capital of the company (in Rs.)
       (i) Number of equity shares
       (ii) Number of preference shares

   (b) Subscribed capital of the company (in Rs.)
       (i)Number of equity shares
       (ii)Number of preference shares

4. II.*Details of number of members

(a) Enter the maximum number of members	
(b) Maximum number of members excluding proposed employees	
(c) Number of members	
(d) Number of members excluding proposed employee(s)	

5. *Main division of industrial activity of the company [____]
   Description of the main division

6. *(a) Whether the proposed company shall be conducting any activities which require approval from any sectoral regulator (Like RBI in case of NBFI and Banking activities) to commence such activities
   ○ Yes ○ No

7. *Enter the number of promoters (first subscribers to the Memorandum of Association (MOA)) [____]

Particulars of Promoters (first subscribers to the MOA)

I * Category [____]
   * Director Identification number(DIN) or Income - tax permanent account number (Income - tax PAN) or passport number or corporate identity number(CIN) Or foreign company registration number(FCRN) or any other registration number
   [Pre-fill] [Verify details]

   * First Name
   Middle Name
   * Surname
   Family Name

   *○ Father's name ○ Mother's name ○ Spouse's name

   * Nationality [____]   * Date of Birth [____]
   * Gender   ○ Male ○ Female ○ Transgender
   * Place of Birth (District & State)
   * Occupation Type ○ Self Employed ○ Professional ○ Homemaker ○ Student ○ Serviceman
   * Area of Occupation
   * Educational qualification
   * Name of the entity
   * Income tax permanent Account Number (PAN)
   Permanent Address/Registered address /Principal place of business

第 6 章　インドにおける拠点設立の手続と留意点　231

* Line I		
Line II		
* City		
* State/Union Territory		* Pin code
* ISO Country code		
* Country		
* Phone(With STD/ISD code)	-	Fax
Mobile		
* email id		

* Whether present address is same as the permanent address　　○ Yes　　○ No
Present Address

* Line I		
Line II		
* City		
* State/Union Territory		* Pin code
* ISO Country code		
Country		
* Phone(With STD/ISD code)	-	
Mobile		
Fax		

* Duration of stay at present address　　　Years　　Months
If Duration of stay at present address is less than one year then address of previous residence

* Proof of Identity　　　　　　　　* Residential Proof

If already a director or promoter of a company(s), specify details of such company(s) (In case director or promoter in more than three companies, attach seperate sheet as an optional attachment)

Director　☐　Promoter　☐　　CIN
Name of the company

Director　☐　Promoter　☐　　CIN
Name of the company

Director　☐　Promoter　☐　　CIN　　　　　　　　[Pre-fill all]
Name of the company

* Number of shares subscribed　　　　* Total amount of shares subscribed(in Rs.)
* Particulars of authorised person
(a) Name of the authorised person
(b) ○ Father's name　○ Mother's name　○ Spouse's name

(c) Gender　○ Male ○ Female ○ Transgender
(d) Nationality　　　　　　　(e) Date of Birth
(f) Phone (With STD/ISD code)　　-
(g) email ID

8. *(a) Whether the Articles are entrenched or not ◯ Yes ◯ No
   (If yes, entrenched Articles should be annexed thereto)
   (b) Number of Articles to which provisions of entrenchment shall be applicable
   Details of Articles to which provisions of entrenchment shall be applicable

Sr. No.	Article Number	Content

9. **Particulars of payment of stamp duty**
   (a) State or Union territory in respect of which stamp duty is paid or to be paid   [Pre-fill]
   (b) *Whether stamp duty is to be paid electronically through MCA21 system   ◯ Yes ◯ No ◯ Not applicable
   (i) Details of stamp duty to be paid

Type of document/ Particulars	Form INC-7	Memorandum of association	Articles of association
Amount of stamp duty to be paid (in Rs.)			

(ii) Provide details of stamp duty already paid

Type of document/ Particulars	Form INC-7	Memorandum of association	Articles of association	Others
Total amount of stamp duty paid (in Rs.)				
Mode of payment of stamp duty				
Name of vendor or Treasury or Authority or any other competent agency authorised to collect stamp duty or to sell stamp papers or to emboss the documents or to dispense stamp vouchers on behalf of the Government				
Serial number of embossing or stamps or stamp paper or treasury challan number				
Registration number of vendor				
Date of purchase of stamps or stamp paper or payment of stamp duty (DD/MM/YYYY)				
Place of purchase of stamps or stamp paper or payment of stamp duty				

10. **Additional Information for applying Permanent Account Number (PAN) and Tax Deduction Account Number (TAN)****

    Information specific to PAN

Area code	AO type	Range code	AO No.

    Information specific to TAN

Area code	AO type	Range code	AO No.

    Source of Income
    ☐ Income from Business/profession ☐ Capital Gains ☐ Income from house property
    ☐ Income from other source ☐ No Income

    Business/Profession code [ ]

11. **Additional Information for Employer registration under Employee State Insurance Corporation (ESIC)**

    Type of Unit ○ Factory ○ Establishment

    Exact nature of Work/Business carried on   Work Sub category

    [   ]   [   ]

** This information is mandatorily required to be filled in case of applicants desirous of applying for PAN and or TAN at the time of incorporation of a company. This facility is available at the e-Biz portal only as per separate procedure prescribed by e-Biz portal.

Attachments

		List of attachments
1)*Memorandum of association	Attach	
2)*Articles of association	Attach	
3)*Declaration in Form No. INC-8	Attach	
4)*Affidavit from each of the subscriber to the memorandum in Form No.INC-9	Attach	
5)*Proof of residential address	Attach	
		Remove attachment
6)*Specimen signature in Form No. INC-10	Attach	
10) NOC in case there is change in the promoters (first subscribers to Memorandum of Association)	Attach	
15) Optional attachment, if any	Attach	

Declaration

I *[   ]

a person named in the articles as a *[   ] declare that all the requirements of The Companies Act, 2013 and the rules made thereunder in respect to the registration of the company and matters precedent or incidental thereto have been complied with. I am authorized by other promoters subscribing to the Memorandum of Association and Articles of Association and the first directors to give this declaration and to sign and submit this Form. It is further declared and verified that:

1. Whatever is stated in this form and in the attachments thereto is true, correct and complete and no information material to the subject matter of this form has been suppressed or concealed and is as per the original records maintained by the promoters subscribing to the Memorandum of Association and Articles of Association.

2. I have opened all the attachments to this Form and have verified these to be as per requirements, complete and legible;

3.* [_____], a/an* [_____]

having Membership number * [_____] and/or certificate of practice number [_____]

has been engaged to give declaration under section 7(1) (b) and such declaration is attached.

4. I [_____], the applicant, in the capacity of [_____]

do hereby declare that what is stated above is true to the best of my information and belief.

To be digitally signed by

* Designation [_____] [_____]

DIN of the director; or DIN or Income tax PAN of
the manager or Membership number of the company secretary [_____]

Note: Attention is drawn to provisions of section 7(5) and 7(6) which, *inter-alia*, provides that furnishing of any false or incorrect particulars of any information or suppression of any material information shall attract punishment for fraud under section 447. Attention is also drawn to provisions of section 448 and 449 which provide for punishment for false statement and punishment for false evidence respectively.

[Modify]   [Check Form]   [Prescrutiny]   [Submit]

For office use only:

[Affix eStamp and filing details]

eForm Service request number (SRN) [_____]   eForm filing date [_____] (DD/MM/YYYY)

This e-Form is hereby registered

Digital signature of the authorising officer [_____]   [Confirm submission]

Date of signing [_____] (DD/MM/YYYY)

第 6 章　インドにおける拠点設立の手続と留意点　235

FORM NO. INC-22

FORM NO. INC-22
[Pursuant to section 12(2) & (4) of The Companies Act, 2013 and Rule 25 and 27 of The Companies (Incorporation) Rules 2014]

Notice of situation or change of situation of registered office

Form Language　◉ English　○ Hindi

Refer the instruction kit for filling the form.

1. * This form is for　○ New company　○ Existing company
2. *(a) Corporate identity number (CIN) of company or SRN of Form No. INC-1　[　　　　] [Pre-fill]
   (b) Global location number (GLN) of company　[　　　　]
3. (a) Name of the company　[　　　　]
   (b) Address of the registered office of the company
   [　　　　]
   (c) Name of the office of existing Registrar of Companies (RoC)
   [　　　　]
   (d)* Purpose of the form
   ○ Change within local limits of city, town or village
   ○ Change outside local limits of city, town or village,within the same RoC and state
   ○ Change in RoC within the same state
   ○ Change in state within the jurisdiction of same RoC
   ○ Change in state outside the jurisdiction of existing RoC
4. Notice is hereby given that
   * (a) The address of the registered office of the company with effect from
   ○　[　　] (DD/MM/YYYY) is
   ○　The date of incorporation of company is

   *Address　Line I　[　　　　]
   　　　　　Line II　[　　　　]
   * City　[　　　　]
   * District　[　　　　]
   * State/Union Territory　[　　　　]
   Country　[　　　　]
   * Pin code　[　　　　]
   * Phone (with STD Code) +91 -　[　　][　　　　]
   * email ID　[　　　　]
   (b) * Registered Office is
   ○ Owned by Company　　○ Owned by director(Not taken on lease by company)
   ○ Taken on lease by company　○ Owned by any other entity/Person (Not taken on lease by company)
   (c) *Name of office of proposed RoC or new RoC
   [　　　　]
   (d) Full address of the police station under whose jurisdiction the registered office is situated
   * Name　[　　　　]
   * Address Line I　[　　　　]
   　　Address Line II　[　　　　]
   *City　[　　　　]
   State/Union Territory　[　　　　]
   * Pin code　[　　　　]
   (e) * Particulars of the Utility Services Bill depicting the address of the registered office
   (not older than two months)　[　　　　]

Page 1 of 3

Attachments

(1)* Proof of Registered Office address (Conveyance/Lease deed/Rent Agreement along with the rent receipts) etc.; [Attach]

(2)* Copies of the utility bills as mentioned above (not older than two months); [Attach]

(3)* A proof that the Company is permitted to use the address as the registered office of the Company if the same is owned by any other entity/ Person (not taken on lease by company); [Attach]

(4)* Copy of order of competent authority; [Attach]

(5) List of all the companies (specifying their CIN) having the same registered office address, if any; [Attach]

(6) Optional attachment, if any [Attach]

List of attachments

[Remove attachment]

Declaration

I * _____

○ A person named in the articles as a _____ of the company

○ have been authorized by the Board of Directors of the company vide resolution number _____ dated _____ to sign this form and declare that

☐ * all the requirements of The Companies Act, 2013 and the rules made thereunder in respect of the subject matter of this form and matters incidental thereto have been complied with.

☐ * I also declare that all the information given herein above is true, correct and complete including the attachments to this form and nothing material has been suppressed.

☐ It is hereby further certified that _____ , a _____ having Membership Number _____ and certificate of practice number _____ certifying this form has been duly engaged for this purpose.

* To be digitally signed by _____

* Designation _____

* Director Identification Number of the director ; or DIN or PAN of the manager or CEO or CFO; or Membership number of the Company secretary _____

Certificate by practicing professional

I declare that I have been duly engaged for the purpose of certification of this form. It is hereby certified that I have gone through the provisions of The Companies Act, 2013 and rules thereunder for the subject matter of this form and matters incidental thereto and I have verified the above particulars (including attachment(s)) from the original records maintained by the company which is subject matter of this form and found them to be true, correct and complete and no information material to this form has been suppressed. I further certify that :

1. The said records have been properly prepared, signed by the required officers of the company and maintained as per the relevant provisions of The Companies Act, 2013 and were found to be in order;

2. I have opened all the attachments to this Form and have verified these to be as per requirements, complete and legible;

3. I further declare that I have personally visited the registered office given in the form at the address mentioned herein above and verified that the said registered office of the company is functioning for the business purposes of the company.

* To be digitally signed by _____

○ Chartered accountant (in whole-time practice) or   ○ Cost accountant (in whole-time practice) or
○ Company secretary (in whole-time practice)

* Whether associate or fellow   ○ Associate   ○ Fellow
* Membership Number _____
* Certificate of practice number _____

Note: Attention is drawn to provisions of Section 448 and 449 which provide for punishment for false statement/cerficate and punishment for false evidence respectively.

[Modify]   [Check Form]   [Prescrutiny]   [Submit]

For office use only:				
		Affix filing details		
eForm Service request number (SRN)		eForm filing date		(DD/MM/YYYY)

Digital signature of the authorising officer

This e-Form is hereby registered [　　] Confirm submission

Date of signing [　　　　] (DD/MM/YYYY)

OR

This eForm has been taken on file maintained by the registrar of companies through electronic mode and on the basis of statement of correctness given by the filing company.

FORM DIR-12

FORM DIR-12

[Pursuant to sections 7(1)(c), 168 & 170 (2) of The Companies Act, 2013 and rule 17 of the Companies (Incorporation) Rules 2014 and 8, 15 & 18 of the Companies (Appointment and Qualification of Directors) Rules, 2014]

Particulars of appointment of Directors and the key managerial personnel and the changes among them

Form Language ● English ○ हिंदी

Refer the instruction kit for filing the form.

1. *This form is for ○ New company ○ Existing company
2. (a) *Form INC-1 reference number (Service request number (SRN) of Form INC-1) or Corporate identity number (CIN) of company
   (b) Global location number (GLN) of company   [Pre-fill]
3. (a) Name of the company
   (b) Address of the registered office of the company
   (c) e-mail ID of the company
4. Number of Managing director or director(s) for which the form is being filed
5. Details of the Managing Director, directors of the company
   Details of the Managing Director or director of the company

Director identification number (DIN)			Pre-fill
Name			
Father's name			
Present residential address			

Nationality		Date of birth		Gender	

○ Appointment ○ Cessation ○ Change in designation   Date of appointment or change in designation _____ (DD/MM/YYYY)

Designation _____

Category _____

Whether Chairman, Executive director, Non-executive director

☐ Chairman ☐ Executive director ☐ Non-executive director

DIN of the director to whom the appointee is alternate _____ [Pre-fill]

Name of the director to whom the appointee is alternate _____

Name of the company or institution whose nominee the appointee is _____

e-mail ID of director _____

In case of cessation

Hereby confirmed that the above mentioned ○ Director ○ Managing Director is not associated with the company with effect from _____ (DD/MM/YYYY) due to _____

Interest in other entities

Number of such entities ____

CIN/LLPIN/FCRN/Registration number _____ [Pre-fill]

Name _____

Address _____

Nature of interest

* Designation _____

Percentage of Shareholding ____ Amount _____

Others (specify) _____

6. Number of manager(s), secretary(s), Chief Financial Officer, Chief Executive Officer for which the form is being filed

7. Details of manager(s), secretary(s), Chief Financial Officer, Chief Executive Officer of the company

| Details of manager(s), secretary(s), Chief Financial Officer, Chief Executive Officer of the company

Director identification Number (DIN), if any   ○ Appointment ○ Cessation

Income-Tax permanent account number (PAN)   Pre-fill

Membership number of the secretary   Verify Details

First Name

Middle Name

Last Name

Father's name

First Name

Middle Name

Last Name

Present residential address   Line I

                               Line II

City

State   Pin Code

ISO Country Code

Country

Phone   Fax

Date of birth   (DD/MM/YYYY)

Designation

Date of Appointment or cessation   (DD/MM/YYYY)

e-mail ID

Attachments

		List of attachments
(1) Letter of Appointment;	[Attach]	
(2) Declaration by the first director	[Attach]	
(3) Declaration of the appointee Director, in Form DIR-2;	[Attach]	
(4) Notice of resignation;	[Attach]	
(5) Evidence of Cessation;	[Attach]	
(6) Interest in other entities:	[Attach]	
(7) Optional attachment(s), if any	[Attach]	[Remove attachment]

Declaration

I * _____

☐ A person named in the articles as a _____ of the company.

☐ authorized by the Board of Directors of the Company vide resolution number _____

    dated _____ (DD/MM/YYYY)

* Designation _____ _____

* DIN of the director; or DIN or PAN of the manager _____
or CEO or CFO; or Membership number of the secretary

Certificate by practicing professional

I declare that I have been duly engaged for the purpose of certification of this form. It is hereby certified that I have gone through the provisions of the Companies Act, 2013 and Rules thereunder for the subject matter of this form and matters incidental thereto and I have verified the above particulars (including attachment(s)) from the original/certified records maintained by the Company/applicant which is subject matter of this form and found them to be true, correct and complete and no information material to this form has been suppressed. I further certify that:

i. The said records have been properly prepared, signed by the required officers of the Company and maintained as per the relevant provisions of the Companies Act, 2013 and were found to be in order ;

ii. All the required attachments have been completely and legibly attached to this form;

* **To be digitally signed by** _____

○ Chartered accountant (in whole-time practice) or ○ Cost accountant (in whole-time practice) or
○ Company secretary (in whole-time practice)

*Whether associate or fellow ○ Associate ○ Fellow

*Membership number _____

*Certificate of Practice Number _____

[Modify]　　　[Check Form]　　　[Prescrutiny]　　　[Submit]

This eForm has been taken on file maintained by the registrar of companies through electronic mode and on the basis of statement of correctness given by the filing company.

For office use only:			
		Affix filing details	
eForm Service request number (SRN)		eForm filing date	(DD/MM/YYYY)
This e-Form is hereby registered			
Digital signature of the authorising officer		Confirm Submission	
Date of signing		(DD/MM/YYYY)	

第6章 インドにおける拠点設立の手続と留意点 243

(4) 現地法人設立後の手続
現地法人設立後，主に以下の手続を行う必要がある。

① 第1回取締役会の開催
現地法人設立後30日以内に，第1回取締役会を開催する必要がある。この取締役会では，会計監査人の選任，株式の発行および銀行口座の開設等について決議事項に含める必要がある。開催後30日以内に，取締役会議事録を添付して，Form MGT-14 をROCへ提出しなければならない。

② 銀行口座の開設
各株主からの資本金の受領のために，設立した現地法人名義の銀行口座を開設する必要がある。銀行口座開設のための必要書類は各銀行により異なるため，事前に確認が必要である。

③ インド準備銀行への報告
ROCから設立証明書を入手した後，各株主から資本金の振込みが行われるが，資本金の受領後30日以内にインド準備銀行（以下，RBI）へ報告しなければならない。また，資本金の受領後6か月以内に株券を発行する必要がある。株券の発行後30日以内に Form FC-GPR をRBIへ提出しなければならない。

④ 税務番号および源泉徴収番号の取得
法人税等の申告時に必要となる税務番号（PAN：Permanent Account Number）および源泉徴収時に必要となる源泉番号（Tax Deduction Account Number）を税務当局へ申請する必要がある。

⑤ その他の税務等に関連して必要となる登録
設立した現地法人の活動内容に応じて，主に以下の税務登録等を行う必要がある。

- 物品税（Excise Duty）
- サービス税（Service Tax）
- 州付加価値税（Value Added Tax）
- 中央販売税（Central Sales Tax）
- 輸出入コード（Import/Export Code）
- Professional Tax
- Shops & Establishment License

(5) その他の留意点
① 公開会社と非公開会社

　現地法人を設立するにあたっては，非公開会社（Private Company）と公開会社（Public Company）の2つの形態が考えられる。公開会社として設立すると，会社法上，非公開会社よりも多くのコンプライアンスに従わなければならなくなるため，非公開会社として設立するのが一般的である。公開と聞くと株式公開がイメージされるがここでいう公開とは株式公開のことではない。したがって，当然，非上場会社もこれに含まれる。

　非公開会社とは，附属定款において次の要件を満たす会社をいう。なお，非公開会社は，最低2名以上の株主が必要となる。

> ■ 株式の譲渡を制限する
> ■ 株主数を200名までとする（ただし，一人会社を除く）
> ■ 株式や社債を含むすべての証券の一般公募を禁止する

　公開会社とは，非公開会社に該当しない会社（以下のみなし公開会社を含む）をいい，最低7名以上の株主が必要となる。

　旧会社法のもとでは，非公開会社と公開会社に加えて，「公開会社の子会社」という概念があり，非公開会社であっても「公開会社の子会社」とみなされる場合には公開会社に準じたコンプライアンスに準拠しなけばならないという，いわゆる「みなし公開会社」の論点があり，現地法人の設立に際しては留意が

必要であった。一方，新会社法のもとでも，公開会社の定義の中にみなし公開会社の記載があり，非公開会社でない会社の子会社である会社（a company which is a subsidiary of a company, not being a private company）は公開会社とみなされると規定されている（第2条71項）。ただし，この"会社"とは，会社法または過去の会社法にもとづいて設立された会社（company means a company incorporated under this Act or under any previous company law）と定義されており（第2条20項），日系企業を含む外国法人はこの会社の定義には含まれないと解される。したがって，外国法人の子会社として現地法人を設立する際には，みなし公開会社の定義には該当しないと考えられるが，解釈が分かれることもあるので最終的には専門家に相談されたい。

② 居住取締役

会社設立に際して，たとえば非公開会社の場合には，最低2名の取締役を任命する必要がある。会社法においては，最低1名は居住取締役であることが求められているため，会社設立時において任命する取締役のうち，少なくとも1名は居住取締役である必要がある。したがって，会社設立前に任命予定の取締役のインドでの居住性について確認しておく必要がある。

③ 進出形態の比較

駐在員事務所，支店，プロジェクト事務所および現地法人の比較を，わかりやすく図表化すると次のようになる。

進出形態	駐在員事務所	支店	プロジェクト事務所	現地法人
可能な業務	営業活動以外の本社とインド企業とのコミュニケーション，インド市場調査等	本社のインドでの販売・購入代理，輸出入，インド市場調査，技術	特定のプロジェクトの遂行	制限なし

		サポート等		
取締役	取締役は不要だが，代表者1名設置	取締役は不要だが，代表者1名設置	取締役は不要だが，代表者1名設置	非公開会社：2名以上　公開会社：3名以上
法人税の基本税率	—	40%	40%	30%
承認機関	RBI	RBI	外資の出資制限がある分野（自動承認ルート以外）についてはRBI	ROC/FIPB
資金	すべて本店からの送金で賄い，インド国内での借入れは禁止。事務所閉鎖時の本店への資金送金は認められている	本店からの送金あるいは支店が獲得した利益で賄い，インド国内での借入れは禁止。本店への利益送金時には書類提出必要	プロジェクトとして資金契約締結済かつ厳密な制限あり	余剰資金は配当にできるが，配当税がかかる（20.357%）

第7章

事業の再編

　最近の日系企業のインドでの動きとして，従来のような新会社設立だけではなく，インド企業を買収したり，インドにある複数の子会社を統合したり，あるいは一部の営業を売却したりなど事業の再編も行われている。

　そこで，本章では事業の再編に関する留意点について説明したい。事業再編については，以下の5つのパターンが主に考えられるため，これらの税金面，手続面での比較検討を行う。

1　個別資産売却（Itemized sale）

(1)　概　　要

　営業に寄与していない資産を売却したり，あるいは他社から購入したりすることを考える場合には個別資産の売却・購入が考えられる。対価は現金でも株式でもかまわない。また，個別資産の売却・購入であるので，個別資産ごとの対価を把握しなければならない。

(2)　直 接 税

　個別資産の売却を行った場合のキャピタルゲインに対する課税は，資産の種類によって次のように異なる。

① 減価償却資産

インドでは税務上，減価償却資産を売却した際に売却損益を認識しない。減価償却資産を建物や機械装置，建物附属設備，無形固定資産など減価償却率が同じグループごとに減価償却資産簿価を把握するだけであり，資産ごとの税務上の簿価は把握されない。したがって，減価償却資産を売却した場合，その売却価額をそれぞれの減価償却資産グループの簿価から差し引く形となる。すなわち，売却時点では売却損益は認識されず，キャピタルゲインに対する課税がない。その分，将来の減価償却費が減少することにより課税されている結果となる。ただし，稀なケースではあるが，ある減価償却資産グループの簿価総額を上回る売却額がついた場合には，その減価償却資産簿価がマイナスとなるため，その分のキャピタルゲインに法人税が課されることとなる。税率は法人税率の30.9％～34.61％（内国法人の場合。「第4章　インドの税制　[1]　法人税」参照）が適用される。

② 非減価償却資産

非減価償却資産の場合は，原則どおり個別資産ごとに原価を上回る売却益に対して課税され，その資産が36か月超利用されてきた場合には20.6％，22.042％または23.072％（所得に応じて追加税率が異なるため，税率が3種類ある。「第4章　インドの税制　[1]　法人税　(2)　税率」参照）。それ以下の利用の場合には通常の法人税率が課せられる（30.9％～34.61％）。

③ 繰越欠損金

個別資産の売却・購入であり組織法上の再編ではないため，売却側から購入側に対する税務上の繰越欠損金の移転は当然ながらできない。

(3)　間 接 税

資産の売却であるため，州をまたいで売却が行われる場合には中央販売税が課せられ，州をまたがない場合には州VATが課せられる。

(4) 手　続

　個別資産の売却については通常，取締役会や株主総会の決議は必要ない。ただし，企業存続に影響があると思われるような重要な資産の売却については取締役会決議が必要となる。

　公開会社あるいは公開会社の子会社の場合は，取締役会の決議だけでは，ある1つの事業や事業の重要な部分を売却・廃止できないため注意を要する。株主総会の決議が必要となる。

② 営業譲渡（Slump sale）

(1) 概　要

　個別資産の売却・購入だけではなく，それに付随した営業そのもの（販売網や従業員など）も移転することを考えることがある。これがいわゆる営業譲渡である。この場合の対価も，現金でも株式でもかまわない。営業譲渡の場合は個別資産を含む営業そのものを移転する。

(2) 直接税

　売却側にとっては，資産の対価総額が売却する資産の簿価総額を上回る場合にはその差額に対して法人税が課せられる。また，購入側にとっては，個別資産の簿価は資産評価の専門家の鑑定を取って評価することになる。対価が個別資産の簿価総額を上回る部分をのれん（Goodwill）として認識することとなる。しかし，「第4章　インドの税制」でも述べたが，のれんの償却は法人税上，損金として認められない可能性があるため注意が必要である。

　営業譲渡も個別資産の売却・購入と同様に，売却側から購入側に対して税務上の繰越欠損金の移転はできない。

(3) 間接税

　営業譲渡は個別資産の譲渡ではないため中央販売税や州VATを回避できる

可能性が高い。というのも，中央販売税や州VATは対価を得て物品を売買する場合にその販売に対して課せられる間接税であり，営業譲渡はビジネスの移転であり，個別の物品の売買ではないからである。さらに，ほとんどすべての州において営業譲渡をはじめとするビジネスの移転は，州VATの対象外とするよう州VAT法に定められている。ただし，負債の移転条件や，さまざまなコンプライアンスの要求，特定の情報の提供など，州によって種々の条件が付されていることがあるので注意が必要である。

(4) 手　　続

会社法においては，「営業譲渡」の手続については明文化されていない。しかし，所得税法において営業譲渡の定義が示され，個々の資産や負債の評価をせずに1つあるいは複数の事業を，対価を得て売却することとなっている。一方，会社法においては，1つまたは複数の事業の全部あるいはほとんど全部を売却したりするには株主総会により株主の同意を得なければならないとなっているので，実質的に取締役会の決議を経たうえで株主総会の承認が必要ということになる。

3 会社分割

(1) 概　　要

事業を移転する場合に会社分割の方法をとることがある。たとえばA社がX事業とY事業を行っており，このY事業だけをB社に売却する場合，A社がAx社とAy社に会社を分割し，Ay社をB社とくっつけてB社を存続会社として残すといった方法である。A社がAx社とAy社に分離することを会社分割という。分割後のAx社およびAy社株式はA社の既存の株主に割り当て（いわゆる人的分割），従前のA社株式を回収することとなる。

(2) 直接税

　Y事業に帰属する資産がA社からB社に結果的に移動することとなるが，一定の要件を満たせば「①　個別資産売却」や「②　営業譲渡」のようなキャピタルゲイン課税はなされない（一定の要件については「④　合併」を参照のこと）。すなわち税務上の簿価でA社からB社へ移転することができる。

　A社に税務上の繰越欠損金があった場合，これはAx社とAy社に分割したうえでB社に移転することが可能である。ただし，A社がX事業およびY事業を始めた事業年度から継続して事業ごとに分割した財務諸表を作成し，それぞれの税務上の繰越欠損金が明らかな場合に限られる。

(3) 間接税

　結果的に，Y事業に関連する資産がA社からB社へと移転するが，会社分割は資産の売却・購入でないため中央販売税や州VATは回避できる可能性が高い。

(4) 手　続

　会社分割を行うにあたってはまず株主および債権者の同意が必要である。そのうえで，高等裁判所の許可も必要であるため会社分割には通常5～6か月かかる。

④　合　併

(1) 概　要

　複数の会社が1つの会社になることを合併という。「③　会社分割」で説明したAy社とB社がくっつくケースである。

(2) 直接税

　「③　会社分割」で，合併の場合，一定の要件を満たせばキャピタルゲイン

課税を回避できると説明したが，その要件とは次のとおりである。
　ⅰ）合併後の存続会社がインド企業である
　ⅱ）合併により被合併会社のすべての資産が存続会社に引き継がれる
　ⅲ）合併により被合併会社のすべての負債が存続会社に引き継がれる
　ⅳ）合併により被合併会社の株主の4分の3超が存続会社の株主となる

　Ay社が税務上の繰越欠損金を有していた場合，一定の要件を満たせばこれをB社に移転したうえで，合併後にB社で発生する税務上の利益と相殺することで将来の法人税額を低くすることができる。その条件とは以下のとおりである。
　ⅰ）被合併会社が繰越欠損金を生み出した事業を合併前3年以上行っている
　ⅱ）被合併会社は，合併前2年間は合併時に保有する固定資産の75%を保有していなければならない
　ⅲ）合併会社は，合併後少なくとも5年間は被合併会社の固定資産の75%を引き続き保有する
　ⅳ）合併会社は，合併後少なくとも5年間は被合併会社の事業を継続する
　ⅴ）合併会社，被合併会社ともに商社あるいはサービス業ではない

(3) 手　　続

　合併を行うにはまず株主および債権者の同意が必要である。そのうえで高等裁判所の認可が必要であるため合併には通常4～6か月かかる。

5 買　収

(1) 概　　要

　日系企業がインドに進出するにあたって，既存のインド企業に資本参加することもオプションとして考えられる。この場合，既存のインド人あるいはインド企業が株主で，その株主から株式を購入する場合にはCCIガイドラインというルールが適用されるため，このガイドラインで定められた価格設定方法で

算出した価格を下回る価格では購入できない。インド企業が新たに株式を発行し，それを引き受ける場合にも CCI ガイドラインが適用される。一方，外国企業が他の外国企業や外国人からインド企業株式を購入する場合にはこのガイドラインは適用されない。

(2) **直 接 税**

　株式を売却する場合，売却側については，その株式の簿価を売却価格が超える場合にはその超えた額について法人税が課せられる。株式の売却にかかる税金については「第4章　インドの税制　1　法人税　⒂　キャピタルゲイン課税」を参照されたい。

第8章
撤退の手続と留意点

本章では，インドに進出した企業が撤退する際に必要な手続と留意すべき点について，駐在員事務所，支店，プロジェクト事務所，現地法人ごとに説明する。

1 駐在員事務所

駐在員事務所を閉鎖するにあたっては，次のステップを踏む必要がある。

```
(1) 資産の売却と負債の完済
(2) 従業員の解雇
(3) 所得税法に則った手続
(4) 会計監査
(5) 会社法に則った手続
```

(1) 資産の売却と負債の完済

駐在員事務所は事務所閉鎖日として指定した日より前にすべての資産を売却し，負債を完済しなければならない。これにより駐在員事務所は事務所閉鎖日において帳簿を締めることができる。

資産売却にあたっては，定率法により減価償却した後の残存簿価以下の金額で売却するのが望ましい。なぜなら，残存簿価を超える金額で売却するには

RBIの事前承認が必要となるからである。

(2) 従業員の解雇
　事務所閉鎖日より前に従業員との雇用契約を解除しなければならない。また，従業員との貸借関係も整理しなければならない。たとえば，従業員に対する貸付金がある場合には，事務所閉鎖日までに返済してもらわなければならないし，従業員に対する退職金の支払も終えなければならない。

(3) 所得税法に則った手続
　駐在員事務所は所得税法に則って次の手続を行わなければならない。
- 従業員に対して源泉徴収証明書を発行する
- 工事請負人や家主，専門家など源泉徴収したうえで支払った相手先に対して源泉徴収証明書を発行する
- 源泉徴収税申告書を提出する
- 事務所閉鎖を税務署に通知する
- 税務署あるいは勅許会計士からNOCと呼ばれる証明書を入手する。この証明書には当該駐在員事務所には未払いの税金がないことが記載される

(4) 会計監査
　期首から事務所閉鎖日までの財務諸表について勅許会計士の会計監査を受けなければならない。

(5) 会社法に則った手続
　会社法に則って次の手続を行う。
- 事務所閉鎖後遅滞なく FORM 52 を提出し，5,000インドルピーを支払う
- FORM 52 （257頁～261頁）とともに監査済みの最終の決算書のコピーを提出する
- FORM 52 とともに本国の直近の連結財務諸表を3部提出する

FORM 52

FORM 52

[Pursuant to sections 593(d) or (e), 594(1), 594(3), 597(3) of the Companies Act, 1956]

Notice of (A) alteration in names and addresses of persons resident in India authorised to accept service on behalf of a foreign company (B) alteration in the address of principal place of business in India of a foreign company (C) annual accounts and list of places of business established by a foreign company (D) cessation to have a place of business in India

Note - All fields marked in * are to be mandatorily filled.

1. *Foreign company registration number [_____] [Pre-Fill]

2(a). Name of the company [_____]

(b). Address of the principal place of business in India of the company [_____]

3. *Type of Notice
   - ☐ Part A : Alteration in particulars of company representative
   - ☐ Part B : Alteration in principal office address
   - ☐ Part C : Annual accounts and list of places of business established in India
   - ☐ Part D : Cessation to have a place of business in India

こちらをチェックする

PART A
Notice of alteration in the names and addresses of persons resident in India authorised to accept service on behalf of a foreign company [pursuant to section 593 (d)]

4. Number of representatives [_____]

(i) (a). Type of alteration
   - ○ Addition of a person authorised to accept service
   - ○ Modification to particulars of a person already authorised to accept service
   - ○ Deletion of a person authorised to accept service

(b). Name and address of person resident in India authorised to accept service on behalf of the company

Field	Value
Income-tax permanent account number (PAN)	[_____] [Pre-Fill]
Name	[_____]
Surname	[_____]
Usual residential address Line I	[_____]
Line II	[_____]
City	[_____]
State	[_____]
Country	[_____] Pin code [_____]
Nationality	[_____]
Occupation	[_____]
Date of alteration	[_____] (DD/MM/YYYY)

(ii) (a). Type of alteration ○ Addition of a person authorised to accept service
○ Modification to particulars of a person already authorised to accept service
○ Deletion of a person authorised to accept service

(b). Name and address of person resident in India authorised to accept service on behalf of the company

Field	
Income-tax PAN	[Pre-Fill]
Name	
Surname	
Usual residential address Line I	
Line II	
City	
State	
Country	Pin code
Nationality	
Occupation	
Date of alteration	(DD/MM/YYYY)

(iii) (a). Type of alteration ○ Addition of a person authorised to accept service
○ Modification to particulars of a person already authorised to accept service
○ Deletion of a person authorised to accept service

(b). Name and address of person resident in India authorised to accept service on behalf of the company

Field	
Income-tax PAN	[Pre-Fill]
Name	
Surname	
Usual residential address Line I	
Line II	
City	
State	
Country	Pin code
Nationality	
Occupation	
Date of alteration	(DD/MM/YYYY)

(iv) (a). Type of alteration ○ Addition of a person authorised to accept service
　　　　　　　　　　　　　○ Modification to particulars of a person already authorised to accept service
　　　　　　　　　　　　　○ Deletion of a person authorised to accept service

(b). Name and address of person resident in India authorised to accept service on behalf of the company

Income-tax PAN		Pre-Fill

Name

Surname

Usual residential address　Line I

　　　　　　　　　　　　　Line II

City

State

Country　　　　　　　　　　　　　　　　　　Pin code

Nationality

Occupation

Date of alteration　　　　　　(DD/MM/YYYY)

(v) (a). Type of alteration ○ Addition of a person authorised to accept service
　　　　　　　　　　　　　○ Modification to particulars of a person already authorised to accept service
　　　　　　　　　　　　　○ Deletion of a person authorised to accept service

(b). Name and address of person resident in India authorised to accept service on behalf of the company

Income-tax PAN		Pre-Fill

Name

Surname

Usual residential address　Line I

　　　　　　　　　　　　　Line II

City

State

Country　　　　　　　　　　　　　　　　　　Pin code

Nationality

Occupation

Date of alteration　　　　　　(DD/MM/YYYY)

PART B
Notice of alteration in address of principal place of business in India of a foreign company [pursuant to section 593 (e)]

5. New principal place of business in India Line I [ ]
                                              Line II [ ]
   City [ ]
   District [ ]
   State [ ]
   Country [ ]
   Pin code [ ]
6. Date of alteration [ ] (DD/MM/YYYY)

PART C
Annual accounts and list of places of business established by a foreign company in India [pursuant to section 594(1) and section 594(3)]

7. Date of establishment [ ] (DD/MM/YYYY)
8. Address Line I [ ]
            Line II [ ]
   City [ ]
   State [ ]
   Country [ ]
   Pin code [ ]
9. Date of balance sheet [ ] (DD/MM/YYYY)
   (Financial year end date)

PART D
Cessation to have a place of business in India [pursuant to section 597(3)]

10. Address Line I [ ]
             Line II [ ]
    City [ ]
    State [ ]
    Country [ ]
    Pin code [ ]
11. Date of cessation [ ] (DD/MM/YYYY)
12. Whether the company is still maintaining any place of business in India ○ Yes ○ No

Attachments
1. List of places of business established by a foreign company in India [Attach]
2. List of addresses of places of business in India which have ceased to be places of business in India [Attach]
3. Balance sheet and profit and loss account (in case part C is applicable) [Attach]
4. Copy of general meeting resolution [Attach]

List of attachments

[Remove attachment]

第 8 章　撤退の手続と留意点　261

5. Translated version of copy of general meeting resolution (in case resolution is not in english)　[Attach]

6. Optional attachment(s) - if any　[Attach]

Declaration
To the best of my knowledge and belief, the information given in this form and its attachments is correct and complete.
I am authorised by the board of directors to sign and submit this form.

To be digitally signed by

Authorised representative of the foreign company　[　　]

[Modify]　　[Check Form]　　[Prescrutiny]　　[Submit]

For office use only:

This e-Form is hereby registered

Digital signature of the authorising officer [　　]　[Submit to BO]

(6) 関係当局への通知

駐在員事務所がその他の関係当局へ登録されている場合には，その関係当局へも事務所閉鎖の通知をする。

(7) RBIへの申請

駐在員事務所が存在する州にあるRBIの出張所に事務所閉鎖の申請書を提出するとともに，以下の書類も提出しなければならない。

① 駐在員事務所が用意する書類
- 外貨入金証明書（FIRCs）の原本（前回の申告以降事務所閉鎖までに入手した分）
- 駐在員事務所の活動レポート
- 駐在員事務所が訴訟などを抱えていないことの宣誓書（263頁）
- 駐在員事務所が従業員に対するものを含めすべての債務などを完済したことの宣誓書
- 駐在員事務所が活動を終了し，事務所を閉鎖したい旨の宣誓書

Letter by LO for legal proceedings, liabilities and cessation of activities

<*On the letter head of the LO*>

The General Manager
Exchange Control Department
Reserve Bank of India
New Delhi

Date: _____

Dear Sir,

We confirm the following:

1. That no legal proceedings in Indian Courts are pending against our Indian Liaison Office (LO) situated at _____ (*address*), as on date.

2. That all the liabilities, including employee related arrears, have been fully met or provided for.

3. That the LO has ceased its activities in India and wishes to close its office.

for _____

_____
Authorised Signatory

② 会計監査人が用意する書類
- 期首から事務所閉鎖日までの財務諸表に関する監査報告書
- 所得がないことの証明書（265頁）
- 駐在員事務所が従業員に対するものも含めすべての債務を完済したことの宣誓書
- ケースバイケースであるが，RBIより要求される証明書がある場合にはその証明書

Format of auditor's certificate

\<On the letter head of the Auditor\>

TO WHOM IT MAY CONCERN

This is to confirm that the undersigned are the statutory auditors of _____ . - India Liaison Office (LO) for the financial year _____ .

We confirm the following:

1 That for the period _____ to _____ (*date of closure*), the LO did not earn any income whatsoever.

2 That all the liabilities, including employee related arrears, have been fully met or provided for.

for _____ (**name of Auditor**)

_____
Authorised Signatory

③ 本店が用意する書類
- 駐在員事務所を閉鎖することの許可を求めるため，および駐在員事務所の銀行口座にある資金を本国に送金するための申請書（267頁～268頁）
- 余剰資金を本国に送金する際の税金の源泉徴収を保証するレター（269頁～270頁）

Letter to RBI for closure of LO

(on the letter head of the Head Office)

The Manager,
Exchange Control Department,
Reserve Bank of India,
Parliament Street,
New Delhi.

_____ 2003

Sir,

_____ .– **India Liaison Office**

_____ had been granted permission under Section _____ of the Foreign Exchange Regulation Act, 1973/Foreign Exchange Management Act, 1999, to open a liaison office in India, by the Reserve Bank of India, vide letter dated _____ , Ref. No. _____ (copy enclosed for your ready reference).

We, _____ propose to close our liaison office in India (LO) with effect from _____ .

We therefore request you to kindly grant us permission to:

- close our liaison office
- repatriate funds held in the Corporate QA 22 Account / Bank Account No. _____ maintained with _____ , New Delhi.

In this regard, we attach the following documents:

- Original FIRCs from the date of last filing till the closure of the LO
- Activity report of the LO
- Confirmation that there are no legal proceedings pending against the

LO.
- Confirmation that all liabilities, including employee related arrears, have been fully met or provided for.
- Confirmation that LO has ceased its activities in India and wants to close its office.
- Audited accounts upto the date of closure
- No-income certificate from auditors
- Auditors certificate that all liabilities have been fully met or provided for in the accounts
- Application from the Head Office (HO) seeking approval for closure of LO and repatriation of funds to the account of the HO.
- Certificate from the bankers confirming the balance in the bank account, which is sought to be remitted by the LO to its Head office.

Thanking You,

Regards,

_____

(Authorised Signatory)

For and on behalf of:

_____

Undertaking for tax deduction on remittable surplus

(*on the letter head of the Head Office*)

Undertaking

To,

_____

(*Designation of the Assessing Officer*)

_____

_____

1. I/we _____ Permanent Account Number: _____, propose to make a remittance of Rs. _____ being the net remittable surplus lying in the corporate account to _____. bank account with _____ after deducting a sum of Rs. Nil being the tax @ Nil, which is the appropriate rate of tax deductible at source on the said amount of remittance.

2. A certificate from the accountant as defined in Explanation below Section 288 of the Income-tax Act certifying the nature and amount of income, amount of tax payable and the amount actually paid, is also annexed.

3. In case it is found that the tax actually payable on the amount of remittance made has either not been paid or has not been paid in full. I/we undertake to pay the said amount of tax along with interest found due in accordance with the provision of the Income-tax Act.

4. I/We will also be subject to the provisions of penalty and prosecution for the said default as per the Income-tax Act.

5. I/We also undertake to submit the requisite documents etc. for enabling the income tax department to determine the nature and amount of income and tax, interest, penalty etc. payable thereon.

_____

(Authorised Signatory)

For and on behalf of:

_____,

Date:
Place:

④ 銀行が用意する書類
- 駐在員事務所から本国へ送金されようとしている銀行口座残高を証明する証明書

(8) **銀行口座の閉鎖**

駐在員事務所を閉鎖する際には銀行口座も閉鎖しなければならない。このために次の手続を踏む。
- 銀行口座を閉鎖するための銀行への依頼書を作成する（272頁）
- FORM A2 を作成する（273頁～276頁）
- 駐在員事務所を閉鎖し，余剰資金を本国へ送金することに対するRBIの許可証を銀行に提示する
- 銀行口座を閉鎖することに関する本国の取締役会議事録を銀行に提示する（277頁）
- 未使用の小切手を銀行に返還する

Format of letter to Bank for account closing

(*on the letterhead of the LO*)

Branch Manager
⟨Name and address of the bank⟩ .

⟨Date⟩

Dear _____ ,

You are requested to kindly close the QA 22 / bank account no. _____ of _____ , India Liaison office, (LO) with your bank. We are enclosing herewith the following documents required for closure of the account:

1) Board resolution for account closure.
2) RBI approval for closure of the LO and permission to remit the funds in its bank account to its Head Office (HO).

We request you to kindly remit the funds to our HO's bank account no. _____ with _____ bank in _____ through wire transfer.

We hope the above meets your requirements.

Best regards,

_____
Authorised Signatory

Format of FORM A2

FORM A2

(For payments other than imports and remittance covering intermediary trade)

Application for Remittance Abroad

AD Code No......................
Form No............................
(To be filled by the Authorised dealer)
Serial No........................
(For use of Reserve Bank of India)
Currency ....
Amount ....
Equivalent to Rs...............
(To be completed by authorised dealer)

I/ We wish to purchase_____(Name of currency and amount in words) through _____(Name and address of the Authorised dealer) for payment to _____(Name and address of the beneficiary) be remitting the amount/by credit to the account of _____(Full title of the account & country of non-resident bank and name of AD with whom account is maintained) for the purpose indicated bellow :

(Remitter should put a tick (3) against an appropriate purpose code. In case of doubt/difficulty, consult your bankder.)

Code	Purpose	Code	Purpose
Capital Account Transactions		Insurance	
S001	Investment in shares abroad by residents	S501	Life Insurance premium
S002	Investment in Debt Securities abroad by residents	S502	General Insurance premium
S003	Investment in branches/subsidiaries abroad by residents	S503	Reinsurance premium
S004	Investment in real estate abroad by residents	S504	Insurance Commission
S005	Repatriation of foreign investment in shares	S510	Other Insurance payments
S006	Repatriation of foreign Investment in Debt Securities	**Other Services**	
S007	Repatriation of foreign investment in subsidiaries/branches	S601	Postal/Telecom Services
S008	Repatriation of foreign investment in real estate	S602	Project abroad
S009	Loans to non-residents	S603	Bank charges/commission
S010	Repayment to LT/MT loans	S604	Soft/Hardware consultancy, services
S011	Repatriation of NR deposits	S605	Subscription of periodicals, Correspondence courses
S012	Repayment of ST (6m. to 1 Yr.) Loans	S606	Computer and IT services
S013	Repayment of loans/ODs by banks	S607	Royalty, License fees
S013	Repayment of loans/ODs by banks	S608	Professional service, Technical fees
S014	National sale for credit to NRI deposits	S609	Refunds and rebates on trade
S015	Other capital account payments	S610	Other remittances

Other import pay Form A1	Payments not covered by	Government	Not included elsewhere
S103	Imports by diplomatic mission	S701	Maintenance of Indian Embassies
S104	Imports under intermediary trade	S702	Remittance by Foreign Embassies
Travel		**Transfers**	
S301	Business travel	**S801**	Foreigner's family maintenance
S302	Travel for Medical purpose	S 802	Private gift/donation
S303	Travel for education	S 803	Grants donations of charity by Govt.
S305	Travel for pilgrimage	S 804	Contribution by Govt. to international institutions
S310	Other travel payments (including credit card)	S 810	Other transfers
Transportation		**Income**	
S401	Shipping transport- Remittance by fgn. cos.	S901	Interest on NRI deposits
S402	Air trasnport-Remittance by fgn. cos.	S 902	Interest on loans
S403	Shipping trasnport- Remittance by Indian cos.	S903	Dividends, profits
S404	Air transport- Remittance by Indian cos.	S904	Interest on debentures /bonds
S405	Freight on imports	S905	Interest on Ods in Nastro A-cs.
S406	Freight on exports	S 906	Salary of Non-residents
S407	Charter hire charges (Airline cos.)	S 910	Other income
S408	Charter hire charges (Shipping cos.)		
S409	Booking of passage in foreign countries		
S410	Other transportation (e.g. demurrage etc.)		

....

I/We hereby declare that the statements made by me/us on this form are true and that I/we have not applied for an authorisation through any other bank.

I/Se declare and under stand that the foreign exchange to be acquired/payment to be made by me/us pursuant to this application shall be used/made be me/us only for the purpose for which it is acquired/to be made and that the conditions subject to which the exchange/permission is granted will be complied with.

I/We desire to travel to-------------------------via-----------------------------for the purpose of----------
---------Passage has been booked through--
(Name of airline/shipping co. or passage agent)

--The date of departure is-------------------------------The exchange
is required in the form of

	Currency	Amount
Notes & Coins	--------------	--------------
Tr. Cheques	--------------	--------------
Drafts	--------------	----------------
Letter or Credit	--------------	----------------
Total	-------------	--------------

Name of Applicant(s)----------------------------------Nationality of Applicant(s)----------------------
Address of applicant(s)--

Date---------------------------- Signature of Applicant(s)/ Authorised Official

(Space for comments of the Authorised Dealers)

While forwarding the application to Reserve Bank of India for approval, reference to EXM paragraph/AD circular in terms of which the reference is made should invariably be cited.)

Approval for similar remittances was obtained from the Reserve Bank of India vide Permit No.-------------------------------dated-----------------------.

(Stamp and Signature of Authorised Official)

Name & Designation _____

Name & Address of Authorised Dealer_____

Certificate to be furnished by Authorised Dealers
(Applicant's Banker)

We hereby certify that

A.   the remittance has been made

It terms of authority delegated to authorised dealers vide paragraph ------------------------- -------of the Exchange Control Manual and/or A.D. Circular No.--------------dated------------------

OR

In terms of Reserve Bank Permit No. --------------------dated-------------------

B. all the Exchange Control Regulations applicable to the remittance have been complied with.

C. documentary evidence in support of the payment has been verified.

D. payment to the beneficiary has been/will be made through---------------------

(Name and address of the designated bank in ACU member country)

_____
(Stamp and Signature of Authorised Official)

Name & Designation_____
Name & Address of
Authorised Dealer _____

Date:---------------------

Format of Board Resolution - Account closing

(*on the letterhead of the HO*)

"IT WAS RESOLVED that the bank account no. _____ with the _____ (name of the bank) be closed w.e.f _____ .

RESOLVED FURTHER that Mr. _____ , Chief representative of the LO of the company in India, be and is hereby authorized to do all such acts, deeds and things as may be necessary to close the bank account."

_____
Authorised Signatory

以上の(1)から(8)までのステップを踏むことにより，駐在員事務所の閉鎖およびそれに伴う余剰資金の送金が完了する。

　以上の手続を行うに際して，駐在員事務所を代表して関係当局と交渉を行う者に権限を委譲することとなる。その際の委任状を（279頁〜281頁）に掲載する。

Format of Power of Attorney to appoint a representative from the LO

(*Note: to be notarised and counsularised at the Indian Embassy in the foreign country in which the head office is situated*)

POWER OF ATTORNEY

KNOW ALL MEN BY THESE PRESENTS that we, _____, having our office at _____ do hereby make, constitute and appoint **Mr.** _____, son of _____, resident of _____, to represent us in all proceedings before the Reserve Bank of India (RBI), Registrar of Companies (ROC), Income-tax Authorities and other Government authorities in connection with the closing of our India Liaison Office (LO) and to do any of the following acts or things hereinafter mentioned:

a) To act, appear and plead in all proceedings pertaining to the said proposed opening of the LO, and to make submissions before RBI, ROC, Income-tax authorities and other Government authorities in writing or otherwise and to produce or cause to be produced documents, accounts, evidence, etc., as and when necessary and to apply for, receive and retain copies of orders passed by them;

b) To act, appear and plead before the RBI, ROC, Income-tax authorities and other Government authorities as and when necessary to make submissions and to produce or cause to be produced documents, accounts, evidence, etc. in respect of proceedings before the RBI, ROC, Income-tax authorities and other Government authorities;

c) To sign necessary applications, receipts, discharges and other documents required for this purpose before the RBI, ROC,

Income-tax authorities and other government authorities;

d) To apply for inspection and to receive, retain, copies of documents, orders and other papers which the above authorities may require;

e) To sign various forms, documents prescribed by the RBI, ROC, Income-tax authorities and other government authorities, any law in India, as may be required.

f) To engage, appoint, and nominate any lawyer, attorney or counsel or any other representative and execute power of attorney/vakalatnama in their favour to act on their behalf to appear in any of the said proceedings under the Income-tax Act, 1961, Companies Act, 2013, Foreign Exchange Management Act, 1999, and any other statutory laws, before any authority, referred to in above, on our behalf;

g) To do all such acts generally that would be needful in respect of any proceeding under law which may be required.

We, hereby undertake to confirm, approve, ratify, adopt and abide by all acts and statements made by Mr. _____ and of such other lawyers/counsels engaged (on our behalf) in connection with the aforesaid proceedings and their explanations and statements will be binding on us.

That this authority shall also hold good for all proceedings and for doing everything that Mr. _____ may be required to do in respect of all details stated above and will apply to all matters for the earlier years, for the current year and for the future years also and will remain in force until it is duly terminated.

Given on this

Place:

for

Signed
Authorised Signatory

Name :
Designation:

I, _____ son of _____ , do hereby declare that I will represent _____ in India in connection with above said matters and accordingly accept the authority.

Signed

Date:
Place:

2 支店

支店を閉鎖するにあたっては，次のステップを踏む必要がある。

(1) 資産の売却および現金化
- 支店は保有するすべての資産を売却しなければならない。
- 資産は簿価以下で売却しなければならず，簿価を計算する際には減価償却費を適切に計算しなければならない。
- 支店が保有する資産の中に支店の資金を用いて購入していない物があり，それを売却して受け取った小切手を銀行に取立てに出す場合には，事前にRBIの承認を受けなければならない（資産購入時に本店の資金で直接購入した場合など）。この場合勅許会計士から売却資産の詳細（原価，減価償却費，簿価，売却価格）についての証明書を入手する。

(2) 事務所の賃貸借契約の譲渡あるいは終了
- 賃貸借契約書における賃借人の地位を第三者に引き継ぎ，敷金を当該第三者に移転する場合，支店，賃貸人および新しい賃借人の三者間で契約書を結ばなければならない。
- 本店が直接敷金を家主に支払っている場合，支店の銀行口座に敷金分が振り込まれるようにするためには事前にRBIの承認が必要である。
- 賃貸借契約を譲渡する代わりに契約を終了し，敷金や前払賃料を返還してもらうこともできる。

(3) 負債の完済
支店の閉鎖日までにすべての負債を完済しなければならない。

(4) 従業員の解雇
支店の従業員は辞任届けを支店に提出する。また，支店は退職金など従業員

に対する支払をすべて完了しなければならない。

(5) 支店閉鎖日の決定
支店閉鎖日を決定し，支店閉鎖日時点での財務諸表を作成する。支店閉鎖日以降はいかなる取引も帳簿には記載されない。

(6) 監査，税務
支店閉鎖日時点の監査済み財務諸表および源泉徴収申告書を準備しなければならない。源泉徴収申告書は税務当局に提出する。

(7) RBIへの申請
支店閉鎖日の承認を受けるとともに，余剰資金を国外の本店に送金するための承認を受けるためRBIへ申請書を提出する。この申請書は本店のレターヘッド付きで作成されなければならず，以下の添付資料も提出されなければならない。
- 支店を開設した際のRBIからの許可証のコピー
- 支店の名前で保有している不動産は存在しないことの保証書（本店のレターヘッド付きで）
- 支店の銀行口座から送金を予定している金額の宣誓書
- 未払いの税金がないことを証明した税務当局からのレター
- 訴訟や行政執行当局からの質問状などが存在しないことの宣誓書
- 以下の事項を記載した会計監査人からの証明書
  - 本店に送金される金額（資産および負債の明細や売却する資産をいつ誰にどういった方法で売却するかなどの情報を携えて）
  - 従業員の退職金などの負債はすべて完済されていることの証明書
  - インド国外で発生した所得や輸出から生じた所得などについて，すべて国外から入金済みで未入金の債権はないことの証明書
  - 支店はRBIより認可を受けた範囲内でのみ活動を行ってきたことの証

明書

(8) 送　金

RBIからの認可を受けると，支店は銀行口座に残っている余剰資金を送金し，その後銀行口座を閉鎖する。

(9) ROC への通知

FORM 52 （257頁～261頁を参照），支店の監査済み財務諸表3部および本店の財務諸表のコピーをROCに提出する。

③ プロジェクト事務所

(1) 閉鎖のステップ

プロジェクト事務所を閉鎖するには以下のステップを踏むこととなる。

> ① プロジェクト事務所の閉鎖日を決定し，閉鎖日時点での財務諸表を作成し，会計監査人の監査を受ける。
> ② プロジェクト事務所閉鎖日までに従業員との契約を終了し，すべての法的債務を精算する。
> ③ 法人税やその他の税金を支払済みであることを示す証憑，または未払の税金を支払えるだけの十分な資金があることを示す勅許会計士の証明書を税務当局に示して，プロジェクト事務所の閉鎖に異議がない旨のレターを入手する。
> ④ FORM 52 （257頁～261頁を参照）および監査済みの財務諸表3部をROCに提出する。これによりROCはプロジェクト事務所閉鎖の事実を記録する。
> ⑤ プロジェクト事務所が業務を行うにあたり登録した関係当局に事務所閉鎖の認可を申請する。

(2) 閉鎖する際の留意点

プロジェクト事務所を閉鎖する際の留意点は次のとおりである。
① 現行制度ではプロジェクト事務所の開設および閉鎖ともにRBIの事前認可は不要となっている。しかし，RBIの認可が必要な時代に開設したプロ

ジェクト事務所については閉鎖時に再び認可が必要か否か判断に迷うところである。非公式にRBI担当官に確認したところでは，このようなケースであっても閉鎖時にRBI認可は不要であるとの回答をもらった。

② プロジェクト事務所を閉鎖する場合には事務所閉鎖時の余剰資金を送金するための手続を完了させるだけでよい。しかし，これらの手続において送金を担う銀行からさまざまな追加資料を要求されることがあるので，事前にどのような資料が要求されるか銀行に確認することが望まれる。

③ プロジェクト事務所を閉鎖して余剰資金を送金するための申請を行う際には，送金する銀行に一定の書類を提出することとなるが，送金の申請を行えるのは，すべての債権が回収され，負債が完済された後となる。

④ プロジェクト事務所を閉鎖し，必要な税金を支払った後に余剰資金を本国に送金する場合，送金を指示する銀行に以下の書類を提出しなければならない。

- 最終の監査済み財務諸表のコピー
- 送金する余剰資金額を計算する際の計算についての勅許会計士の証明書（資産および負債の明細や売却する資産をいつ誰にどういった方法で売却するかなど）
- 法人税やその他の税金の支払証書や税務調査関係書類，またはすべての未払税金を支払うだけの資金があることを証明する勅許会計士の証明書
- プロジェクト事務所が抱える未解決の法律上の債務がないことを証明する会計監査人の証明書
- プロジェクト事務所を登録する際に関わった関係当局からの事務所閉鎖許可

4 現地法人

現地法人を清算するには会社法上2通りの方法が考えられる。1つが裁判所を通して行う会社清算で，もう1つの方法が自主清算である。

(1) **裁判所を通す会社清算**

次のいずれかの状態となった場合に会社は裁判所を通して会社清算をすることとなる。

- 会社が負債を返済できない場合
- 株主総会の特別決議により裁判所を通して会社清算を行うことを決議した場合
- 会社がインドの主権や規範，州の安全，外国との信頼関係，公の規律，体裁，モラルに反して行動した場合
- 会社が Sick Company と認定され，裁判所が解散すべきと判断した場合
- 登記内容等に虚偽があったり，不正等の目的で会社が設立された場合，創立者や経営者が不法行為をした等，解散することが適当な場合
- 5年間連続で貸借対照表および損益計算書または年次報告書を ROC へ提出することを怠った場合
- 会社を清算するのが相当と裁判所が判断した場合

(2) **自主清算**

以下のような場合に会社は自主清算を行うことができる。

- 附属定款に規定された会社の存続期間を経過し，もしくは，附属定款に規定された解散自由が発生し，株主総会で清算の普通決議を経る場合
- 株主総会で，清算の特別決議を経る場合

第9章 税金に関するケーススタディ

インドでは，取引の流れを変えると課せられる税金が大きく変わることがある。この章では日本企業がインドに進出しようとする際によく考えられるビジネスモデルをケーススタディとして挙げ，ケースごとの対比を行うこととする。なお，以下のケーススタディは現行の税制をベースにしているが，GSTが導入された場合にはケーススタディの前提が大きく変わる（GSTについては，「第4章 インドの税制 15 GST」を参照）。

ケース1 メーカーがインド国内に製造会社を設立し，インド国外から部品を輸入し，完成品にしてインド国内市場に販売するケース

前提条件

部品代10,000。製造に直接関連するサービス料5,000。完成品代20,000。

基本関税率10％，CVD税率12.5％，ACD税率4％，物品税率12.5％，サービス税率14％とし，教育目的税およびクリーン・インディア税は僅少につき考えない。中央販売税および州VATも考慮しない。

税金を考慮する前の資金の流れ

この場合，税金を考慮する前の資金の流れは次のとおりとなる。

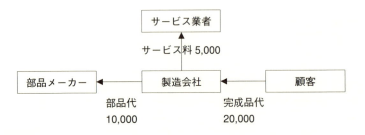

税金の流れ

一方,税金の流れは下記のとおりとなる。

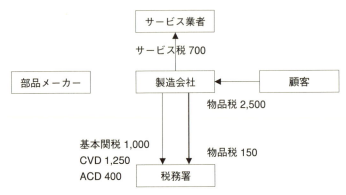

ここで,製造会社が税務署に支払う物品税が150となっているが,これは以下の計算式で求められる。

顧客からの受取物品税	2,500
支払サービス税	△700
CVD	△1,250
ACD	△400
差引	150

結論

以上から製造会社の収支を計算すると次のとおりとなる。

収入

完成品代	20,000
物品税	2,500
合計	22,500

<u>支出</u>

部品代	10,000
サービス料	5,000
基本関税	1,000
CVD	1,250
ACD	400
サービス税	700
物品税	150
合計	18,500

以上より利益は4,000（＝22,500－18,500）であることがわかる。4,000は以下の計算式からも求められる。

完成品代	20,000
部品代	△10,000
サービス料	△5,000
基本関税	△1,000
差引	4,000

すなわち，CVD，ACDおよびサービス税については一旦支払うことになるが，その後，顧客から受け取る物品税を税務署に支払う際に控除できるので，これらは製造会社にとってコストとはなっていないことがわかる。税金の中で基本関税1,000のみがコストとなっているのである。

ケース2　メーカーがインド国内に製造会社を設立し、インド国外から商社経由で部品を輸入し、完成品にしてインド国内市場に販売するケース

前提条件

部品メーカーの部品販売代はケース1と同じ10,000である。

商社が部品代を13,000で製造会社に販売する。製造に直接関連するサービス料5,000。完成品代20,000。

基本関税率10%，CVD税率12.5%，ACD税率4%，物品税率12.5%，サービス税率14%とし、教育目的税およびクリーン・インディア税は僅少につき考えない。中央販売税および州VATも考慮しない。

税金を考慮する前の資金の流れ

この場合，税金を考慮する前の資金の流れは下記のとおりとなる。

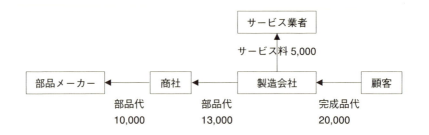

税金の流れ

一方，税金の流れは次のとおりとなる。

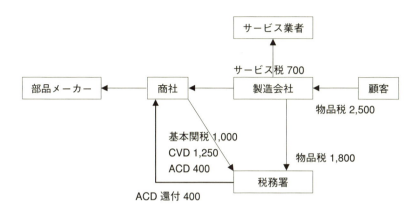

　ここで，製造会社が税務署に支払う物品税が1,800となっているが，これは以下の計算式で求められる。

顧客からの受取物品税	2,500
支払サービス税	△700
差引	1,800

結　論

以上から製造会社の収支を計算すると下記のとおりとなる。

収入
完成品代	20,000
物品税	2,500
合計	22,500

支出
部品代	13,000
サービス料	5,000
サービス税	700
物品税	1,800
合計	20,500

以上より利益は2,000（＝22,500－20,500）であることがわかる。2,000は次

の計算式からも求められる。

完成品代	20,000
部品代	△13,000
サービス料	△5,000
差引	2,000

すなわち，サービス税については一旦支払うことになるが，その後，顧客から受け取る物品税を税務署に支払う際に控除できるので，これは製造会社にとってコストとはなっていないことがわかる。

● ケース1とケース2との比較

ケース1と比べ，製造会社のマージンは4,000から2,000へと2,000減っている。これはケース1の場合，部品代を実質11,000（部品代10,000＋基本関税1,000）で仕入れていたが，ケース2では商社から13,000で仕入れており，仕入価格が2,000高くなっているからである。一方，商社がその分2,000のマージンを取っているかというとそうはなっていない。商社のマージンは以下のとおり750しかない。

部品売上高	13,000
部品仕入高	△10,000
基本関税	△1,000
CVD	△1,250
ACD	△400
ACD還付	＋400（ただし一定の要件を満たす必要がある。111～112頁参照）
差引	750

以上のとおり，ケース1で製造会社にとって4,000あったマージンが，ケース2では製造会社では2,000となり，商社が750という結果となり，残りの1,250はインド政府の税収となってしまっている。これは，CVD1,250をケース1では製造会社が税額控除できていたのに対し，ケース2では商社が税額控

除できないからである。商社は製造を行わないので顧客（この場合，製造会社）から物品税を徴収しない。このため CVD を税額控除すべき税金がないため，CVD は商社にとってコストとなるのである。

製造会社にとって商社のマージン分だけ仕入コストが上昇し，その分だけ製造会社のマージンが減る分には受け入れ可能だが，ケース2では商社のマージン750分だけ製造会社のマージンが減っているわけではなく，CVD1,250をも含めた2,000もマージンが減ることになる。よくインドでは商社が商売をしにくいといわれる所以である。

> **ケース3** ケース2と基本的に同じであるが，商社がファースト・ステージ・ディーラー登録をするケース（メーカーがインド国内に製造会社を設立し，インド国外からファースト・ステージ・ディーラー登録をした商社経由で部品を輸入し，完成品にしてインド国内市場に販売するケース）

前提条件

部品メーカーの部品販売代はケース１，２と同じ10,000である。

商社が部品代を13,000で製造会社に販売する。製造に直接関連するサービス料5,000。完成品代20,000。

基本関税率10％，CVD 税率12.5％，ACD 税率４％，物品税率12.5％，サービス税率14％とし，教育目的税およびクリーン・インディア税は僅少につき考えない。中央販売税および州 VAT も考慮しない。

税金を考慮する前の資金の流れ

この場合，税金を考慮する前の資金の流れは次のとおりとなる。

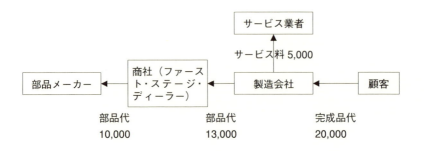

税金の流れ

一方，税金の流れは下記のとおりとなる。

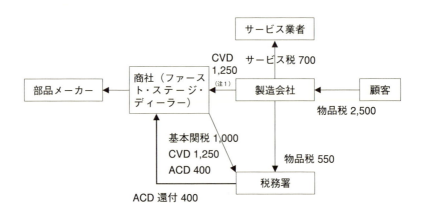

ここで製造会社が税務署に支払う物品税が550となっているが，これは以下の計算式で求められる。

顧客からの受取物品税	2,500
支払サービス税	△700
CVD	△1,250
差引	550

(注1) 商社がファースト・ステージ・ディーラー登録をすると，CVDを顧客にパスすることができる。

結　論

以上から製造会社の収支を計算すると次のとおりとなる。

収入
完成品代	20,000
物品税	2,500
合計	22,500

支出
部品代	13,000
サービス料	5,000
サービス税	700
CVD	1,250
物品税	550
合計	20,500

以上より利益は2,000（＝22,500－20,500）であることがわかる。2,000は以下の計算式からも求められる。

完成品代	20,000
部品代	△13,000
サービス料	△5,000
差引	2,000

すなわち，製造会社はサービス税およびCVDを一旦支払うが，その後，顧客から受け取る物品税を税務署に支払う際に控除できるため，これらは製造会社にとってコストとはなっていないことがわかる。

一方，商社の収支は下記のとおりとなる。

部品売上高	13,000
CVD	＋1,250
部品仕入高	△10,000
基本関税	△1,000

CVD	△1,250
ACD	△400
ACD還付	+400
差引	2,000

● ケース1とケース3との比較

ケース1では製造会社のマージンが4,000であり、ケース3では製造会社のマージンが2,000で商社のマージンも2,000となっている。本来4,000あるマージンをケース3では製造会社と商社とで分け合った形となっている。ケース1ではサービス税、CVDおよびACDをすべて製造会社で税額控除しているのに対して、ケース3ではサービス税およびCVDは製造会社で税額控除し、ACDは商社が還付を受けている。税額控除や還付の受益者は異なるが、全体として考えればこれらの税金の控除をどこかの段階で受けているという点では、ケース1とケース3は同じなのでケース1とケース3ではマージンの総額が同じとなるのである。

● ケース2とケース3との比較

ケース2では製造会社のマージンが2,000であり、商社のマージンが750で、マージン合計は2,750である。一方、ケース3では製造会社のマージンが2,000であり、商社のマージンも2,000で、合計4,000となっている。ケース3では商社が一旦支払ったCVD1,250を製造会社にパスすることによって、製造会社は顧客から受け取った物品税を税務署に支払う際に税額控除して支払うことができる。商社がファースト・ステージ・ディーラー登録をするとこういったCVDの顧客へのパスができるのである。このCVDの税額控除分だけ商社のマージンが増えているのである。

ケース2では製造業者にとって部品の仕入コストが2,000（商社のマージン750＋CVD1,250）だけ増えていたが、このようにファースト・ステージ・ディーラー登録制度を利用すれば、ケース3のように商社のマージン分だけが

製造業者にとってコスト増となる。したがって，ケース3においては，ケース2と同じように商社のマージンを750だけとすれば，それだけ製造業者にとっての仕入価格を抑えられるということである。これにより，ケース1からケース2に変更した時のような商社を絡ませることによる税務上の不利益がケース3では解消できることになる。

しかし問題が1つある。ケース3ではファースト・ステージ・ディーラー登録をした商社のマージンが製造会社に知れてしまうことである。ケース3をもう一度ご覧いただきたい。製造会社がファースト・ステージ・ディーラー登録をした商社にCVDを1,250支払うことになるが，この金額は商社の部品の輸入代金10,000にCVD税率12.5％をかけた金額である。CVD税率がわかれば逆算で商社の輸入金額を製造会社が知り得るのである。

ケース4　ケース1と基本的に同じだが，インドとFTAを結んでいる国から輸入するため基本関税が1％とかなり低くなっているケース

前提条件

ケース1と同様に，部品代が10,000，製造に直接関連するサービス料が5,000，完成品代が20,000，CVD税率が12.5％，ACD税率が4％，物品税率が12.5％，サービス税率が14％，州VAT税率12.5％であるとする。

教育目的税およびクリーン・インディア税は僅少につき考慮しない。

製造業者と顧客とは同じ州内に存在するものとする。

税金を考慮する前の資金の流れ

この場合，税金を考慮する前の資金の流れはケース1と同様，次のとおりとなる。

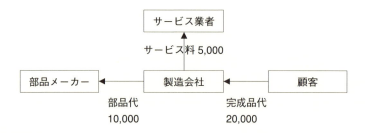

税金の流れ

一方，税金の流れは下記のとおりとなる。

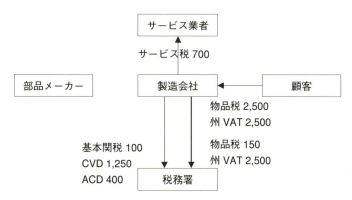

インドが他国と FTA を結んでいて輸入関税率が通常よりも低くなっていたとしても，それは基本関税に関してのみ適用され，CVD および ACD は通常どおり課税される。したがって，CVD1,250およびACD400はケース1と同様に製造会社が部品を輸入する際に課せられる。一方，基本関税はケース1では1,000だったものが，本ケースでは100となる。

結論

以上から製造会社の収支を計算すると下記のとおりとなる。

収入

完成品代	20,000
物品税	2,500

州VAT	2,500
合計	25,000

支出

部品代	10,000
サービス料	5,000
基本関税	100
CVD	1,250
ACD	400
サービス税	700
物品税	150
州VAT	2,500
合計	20,100

以上より利益は4,900（＝25,000－20,100）であることがわかる。4,900は以下の計算式からも求められる。

完成品代	20,000
部品代	△10,000
サービス料	△5,000
基本関税	△100
差引	4,900

ケース1に比べて利益が900増えているが，これは当然，基本関税が1,000から100へと900減ったことに起因している。

ケース5　メーカーがインド国内に製造会社を設立するが，部品をインド国内の他の州から調達し，完成品にしてインド国内の同じ州内の顧客に販売するケース

前提条件

部品代10,000。製造に直接関連するサービス料5,000。完成品代20,000。

中央販売税率2%，物品税率12.5%，サービス税率14%，州VAT税率12.5%とし，教育目的税およびクリーン・インディア税は僅少につき考えない。

税金を考慮する前の資金の流れ

この場合，税金を考慮する前の資金の流れは下記のとおりとなる。

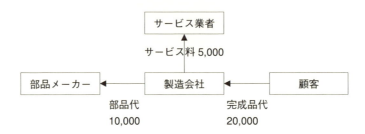

税金の流れ

一方，税金の流れは下記のとおりとなる。

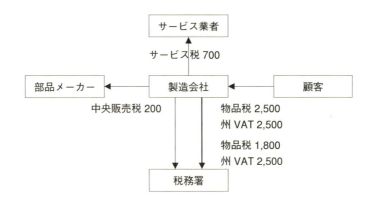

結論

以上から製造会社の収支を計算すると下記のとおりとなる。

収入

完成品代　　　　　　　　20,000

物品税	2,500
州VAT	2,500
合計	25,000

支出

部品代	10,000
サービス料	5,000
サービス税	700
物品税	1,800
州VAT	2,500
中央販売税	200
合計	20,200

以上より利益は4,800（＝25,000－20,200）であることがわかる。4,800は以下の計算式からも求められる。

完成品代	20,000
部品代	△10,000
サービス料	△5,000
中央販売税	△200
差引	4,800

ケース4に比べて，本ケースでは製造会社の利益が4,900から4,800へと100減っている。ケース4では他国から仕入れた際の基本関税が100なのに比べて，本ケースでは中央販売税が200と，基本関税率より高いため，ケース4と本ケースを比較するとインド国内で部品を調達するよりも他国から輸入した方がコスト安となっていることがわかる。ケース4の関税は基本関税にCVDおよびACDを加えると合計で1,750となり，ケース5の中央販売税200より見た目は高額となっているが，CVDおよびACDは税額控除可能なため，結果として中央販売税と基本関税だけを比較してより税額が低い方がコスト安となることがわかる。

ケース6　メーカーがインド国内に製造会社を設立するが，部品をインド国内の同じ州から調達し，完成品にしてインド国内の同じ州内の顧客に販売するケース

前提条件

部品代10,000。製造に直接関連するサービス料5,000。完成品代20,000。

物品税率12.5％，サービス税率14％，州VAT税率12.5％とし，教育目的税およびクリーン・インディア税は僅少につき考えない。

税金を考慮する前の資金の流れ

この場合，税金を考慮する前の資金の流れは下記のとおりとなる。

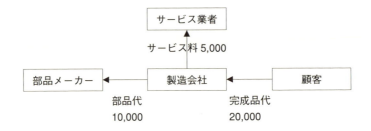

税金の流れ

一方，税金の流れは下記のとおりとなる。

第9章 税金に関するケーススタディ 303

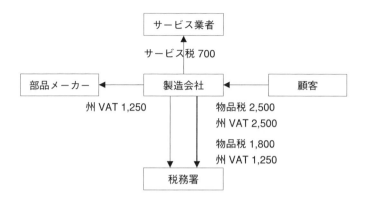

結 論

前記から製造会社の収支を計算すると下記のとおりとなる。

収入
完成品代	20,000
物品税	2,500
州 VAT	2,500
合計	25,000

支出
部品代	10,000	
サービス料	5,000	
サービス税	700	
物品税	1,800	
州 VAT	1,250	(対部品メーカー)
州 VAT	1,250	(対税務署)
合計	20,000	

以上より利益は5,000（＝25,000－20,000）であることがわかる。5,000は以下の計算式からも求められる。

完成品代	20,000
部品代	△10,000

サービス料	△5,000
差引	5,000

　ケース5に比べて，本ケースでは製造会社のマージンが4,800から5,000へと200増えている。これはケース5では中央販売税200分だけ製造会社にとってコストとなっているのに対し，本ケースでは州VAT1,250を一旦部品メーカーに支払うが，顧客から受け取る州VATを税務署に支払う際にこの1,250を税額控除できるため，この分がコストとなっていない点に起因している。他州から仕入れると中央販売税率が2％となり，州内で仕入れる際の州VAT税率12.5％より低いため他州から仕入れた方が税金は安くなると誤解しがちであるが，単純に税率の比較だけではどちらが有利か判断できないので注意が必要である。支払った税金が仕入税額控除可能な税金か否かの方がより重要である。

ケース7－1　ケースメーカーがインド国内に製造会社を設立するが，一部半製品の製造をインド企業に委託するケース
　製造委託先がJobWorkerと分類されるケース（品質面のみならず，日々の工場運営までメーカー側が管理監督する場合，当該製造委託先はJobWorkerと分類される）

前提条件

　製造委託先に加工賃10,000を支払う。その他の原料を5,000でインド国内の同じ州から調達する。製造会社は完成品に仕上げ，20,000を同じ州内の顧客から受け取る。
　州VAT税率12.5％，物品税率12.5％とし，教育目的税およびクリーン・インディア税は僅少につき考えない。
　原料メーカーは中小企業につき原料メーカーからの仕入については物品税非課税とする。

第 9 章 税金に関するケーススタディ 305

- 税金を考慮する前の資金の流れ

この場合，税金を考慮する前の資金の流れは下記のとおりとなる。

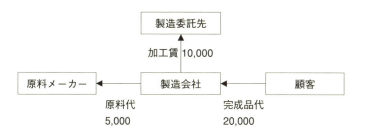

- 税金の流れ

一方，税金の流れは下記のとおりとなる。

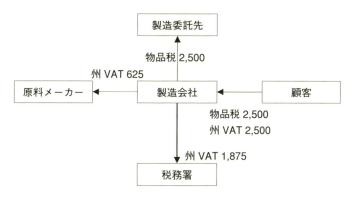

製造委託先が JobWorker と分類される場合，製造委託先が受け取る物品税は加工賃10,000を元に計算されるのではなく，製造委託元である製造会社が顧客から受領する物品税額となる。したがって，この場合，製造会社は製造委託先に対して物品税を2,500支払うこととなる。

- 結 論

以上から製造会社の収支を計算すると下記のとおりとなる。

収入

完成品代	20,000
物品税	2,500
州VAT	2,500
合計	25,000

支出

加工賃	10,000	
原料代	5,000	
物品税	2,500	
州VAT	625	（対原料メーカー）
州VAT	1,875	（対税務署）
合計	20,000	

以上より利益は5,000（＝25,000－20,000）であることがわかる。5,000は以下の計算式からも求められる。

完成品代	20,000
加工賃	△10,000
原料代	△5,000
差引	5,000

以上のとおり，支払った物品税や州VATは製造会社にとってコストとはなっていない。ただし，ここで問題となりうるのは製造会社の顧客に対する製品の販売価格が製造委託先に知れてしまうことである。上記で述べたように製造委託先に支払う物品税は製造会社にとっての顧客に対する販売価格を前提に計算される。このため製造委託先が物品税率を知っていれば販売価格を逆算できることになる。

第9章 税金に関するケーススタディ

> **ケース7-2** メーカーがインド国内に製造会社を設立するが，一部半製品の製造をインド企業に委託するケース
>
> 　製造委託先が ContractManufacturer と分類されるケース（日々の工場運営などは製造委託先が自ら管理監督する場合，当該製造委託先は Contract-Manufacturer と分類される）

前提条件

　製造委託先に加工賃10,000を支払う。その他の原料を5,000でインド国内の同じ州から調達する。製造会社は完成品に仕上げ，20,000を同じ州内の顧客から受け取る。

　州VAT税率12.5％，物品税率12.5％とし，教育目的税およびクリーン・インディア税は僅少につき考えない。

　原料メーカーは中小企業につき，原料メーカーからの仕入については物品税非課税とする。

税金を考慮する前の資金の流れ

　この場合，税金を考慮する前の資金の流れはケース7-1と同様に下記のとおりとなる。

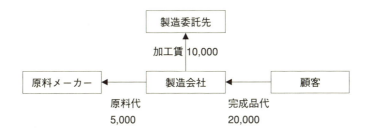

税金の流れ

　一方，税金の流れは下記のとおりとなる。

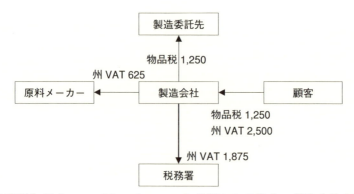

　製造委託先がContractManufacturerと分類される場合，製造会社が顧客から徴収する物品税は顧客への販売価格を元に計算されるのではなく，製造委託先に支払った物品税額となる。したがって，この場合，製造会社は顧客から物品税を1,250徴収することになる。

結　論

以上から製造会社の収支を計算すると下記のとおりとなる。

収入
完成品代	20,000
物品税	1,250
州VAT	2,500
合計	23,750

支出
加工賃	10,000
原料代	5,000
物品税	1,250
州VAT	625（対原料メーカー）
州VAT	1,875（対税務署）
合計	18,750

以上より利益は5,000（＝23,750－18,750）であることがわかる。5,000は以

下の計算式からも求められる。

完成品代	20,000
加工賃	△10,000
原料代	△5,000
差引	5,000

以上のとおり，ケース7－2においてもケース7－1と同様に，支払った物品税や州VATは製造会社にとってコストとはなっていない。ただし，ここで問題となりうるのは製造委託先に対する加工賃が顧客に知れてしまうことである。上記で述べたように顧客から徴収する物品税は製造委託先に対する物品税額となる。このため顧客が物品税率を知っていれば製造委託先に支払う加工賃を逆算できることになる。

第10章
インド進出に関するQ&A

インドでビジネスを始めるとさまざまなトラブルに巻き込まれる。本章では，頻繁に陥るトラブルや間違えやすい項目をQ&A形式として以下に挙げる。

Q-1 経理業務を親会社で行う場合の注意点

今度，当社のシンガポールにあるアジア地域統括現地法人が出資して，インドに新たに現地法人を設立することになりました。設立当初は会社の規模も小さく，経理担当者を採用するほどの規模でもないので，経理はすべてシンガポールの現地法人の経理担当者が兼務することにしています。何か留意することはありますか。

A-1

まず，シンガポールの経理担当者がインド会計基準を熟知しているかどうかを確認してください。インドでは現在，インド会計基準またはインド版IFRS以外の会計基準による決算書の作成は認められません。経理担当者がインド会計基準またはインド版IFRSを熟知されていない場合，代わりにインドにある会計事務所に経理業務を外注することも考えられますが，その場合には慎重に会計事務所を選ぶ必要があります。

次に税務も意識しなければなりません。支払う項目や支払先によって源泉徴収すべき源泉徴収税率が異なります。支払時に適切な源泉税を徴収しなければ法人税上，当該費用は損金として認められませんので，源泉徴収に関する正しい知識を有していることも重要です。

また，インドでは帳簿や会計証憑はインド国内で保存されなければなりません。会計データや領収書等の証憑をシンガポールの経理担当者が手元に保管せず，これらについては常にインド国内の現地法人が保管するようお願いします。

Q-2 資本金の送金とその記録

インドに会社を設立した際，日本から送金する資本金を日本円や米ドルなど外貨で決めることはできますか。

A-2

できません。資本金は必ずインドルピー建てで決定しなければなりません。したがって，送金時にインドルピー建てで決定している資本金額を米ドルなど外貨に換算して当該インドルピー額に見合った外貨を日本からインドに送金することとなります。

Q-3 株式の券面額の決定方法

会社を設立する際に1株当たりの券面額を決めなければなりませんが，いくらが適当ですか。

A-3

1株当たりの券面額は1インドルピー以上であればいくらでもかまいません。

たとえば資本金を100万インドルピーと決めた場合，1株を1インドルピーとすれば発行株式数は100万株となりますし，1株を10万インドルピーと決めた場合，10株発行することとなります。インドでは株主は2名（2社）必要ですので，後者の場合1社が必ず1株（＝10万インドルピー）分引き受けることになります。実質的に1社でインドに会社を設立する場合に，名義上もう1社株主が必要な場合に，なるべくその1社の資金提供を少なくする場合には1株当たりの額面金額を小さくすればよいことになります（たとえば1株1インドルピー）。

（注）　新会社法では株主1名で会社を設立できるが，日本企業の活用は困難である（詳細は，「第5章　インドの会社法と会計制度　$\boxed{1}$　会社法　(8)　会社の種類」参照）。

Q-4　資本金の本国への償還方法

当社は今度，インドに現地法人を設立することになりました。中期計画によると当初5年間ほどで必要資金は5億インドルピーですが，その後，資金的に余裕が出て3億インドルピーほど資金が余剰となるので3億インドルピーは償還できるよう，2億インドルピーを資本金で投入し，3億インドルピーは親子ローンとすることを考えていました。ところが親子ローンはECB規制を受けるので設備投資にしか使えないとか，借入期間や利率の制限など使い勝手が悪いことが判明しました。そこで償還可能な優先株式の発行なども視野に入れていますが，インドではそのような特殊な株式の発行は認められますか。

A-4

償還可能な優先株式の発行は認められます。ただし，これもECB規制の対象となりますので，ECB規制上は借入金と何ら変わりません。ちなみに，普

通株式へ転換する優先株式にはECB規制はありません。また，ECB規制が改正され，設備投資にしか使えないということはなくなりました。最新のECB規制をご確認ください。

Q-5 インド子会社からのロイヤリティ等の送金にかかる源泉税(1)

当社はインドに子会社を有していますが，今度インド子会社からロイヤリティを徴収予定にしています。インド子会社の経理担当者からインドでの源泉税率は約20％だと連絡を受けました。日本とインドの間で日印租税条約が結ばれていますので源泉税率は10％と理解していましたが違いますでしょうか。

A-5

ご理解のとおり日印租税条約において軽減税率が定められており，10％となっております。しかし，日印租税条約における軽減税率を適用するためには送金を受け取る側がインドにおける税務番号を取得することが条件となっています。軽減税率を適用するため，税務番号の取得についてご検討ください。

(注) 2016年2月29日発表の新年度予算案（2016-17年度）によると，今後税務番号を取得しなくても一定の文書を提出すれば軽減税率を適用することが提案されている。今後発表される通達等に留意されたい。

Q-6 インド子会社からのロイヤリティ等の送金にかかる源泉税(2)

当社はインドに子会社を有しており，今後インド子会社からロイヤリティを受け取る予定にしています。インドにおける軽減税率を適用するためには当社がインドにおける税務番号を取得しなければならないと理解し

ています。しかし，金額もそれほど大きくなく，手続に不慣れなことから税務番号を取得せず，インドで20％超の源泉税率が適用されてもいいと考えています。インドでの源泉税額が高くなってもその分日本側で外国税額控除を受けられれば実害はないと理解していますが，それでよろしいでしょうか。

A－6

まず，インドの法律上では，インドに源泉のある所得を有している者はインドで税務番号を取得しなければならないと定められています。したがって，軽減税率を適用するしないにかかわらず，インド子会社からロイヤリティを受け取る限りにおいては税務番号の取得は必須です。また，インドの税務番号を取らずにインドで20％超の源泉税額を徴収された場合ですが，日本の税務においては日印租税条約に定める10％とインド国内税率20％超との差額については外国税額控除が認められない可能性が高いと考えられます。インドの税務番号を取得すれば適用できるはずの軽減税率を自主的に放棄したとみなされ，自主的に放棄した権利を日本の税務が補てんするということは考えにくいからです。

Q－7　インドのコンサルタントに支払うコンサルタント料金の源泉税

　当社は最近税務調査を受けて，日本の税務署よりインドのコンサルタントへ支払ったコンサルタント料に対する源泉税が徴収されていないという指摘を受けました。当社はその他の国のコンサルタントとも取引があり，このような指摘は初めてであり納得しておりませんが，源泉徴収すべきだったのでしょうか。

A－7

　日本と多くの国においては二国間の租税条約が結ばれており，多くの場合，コンサルタントなどの専門家報酬については税金の源泉は不要と規定されています。しかし，日印租税条約においては源泉が必要とされております。このため，インドのコンサルタントに支払うコンサルタント料については源泉税の徴収が必要だったと考えられます。また，インド国内の実務として請求書を作成する側が相手側に対して適用される源泉税額を明示するということがそもそも行われておりませんので，請求書を送る側にも徴収の要否について意識がありません。インド側からの請求に対して源泉税の徴収が必要か否かについては，日本でお使いの税務専門家に確認されてから送金されるのがよろしいかと思います。

Q－8　日本人駐在員の給与負担

　当社はインドに販売子会社を設立する予定です。インドでの営業活動を推進するため日本人の営業スタッフを子会社に駐在させる予定にしております。給料については現地のスタッフと同水準までは現地法人負担とし，それを超える部分については日本の親会社負担とする予定です。このようなコスト負担について何か留意すべき点はありますでしょうか。

A－8

　日本人をインドの子会社に駐在させるにあたってその給料の一部を日本の親会社が負担する実務は多くの企業に見られます。しかし，インドでの税務上のリスクがあることを十分承知したうえで企業としてそのコスト負担を判断してください。日本人駐在員がインド子会社に常駐しそこで働くということはその子会社のために働くのであり，その結果そのコストはすべてインド子会社が負担することが原則です。コストの一部を日本の親会社が負担した場合，インド

の税務当局はコストを一部親会社が負担するということはこの駐在員は日本の親会社のために働いているとみなす傾向があります。すなわち，当該駐在員はインドにおける恒久的施設（PE）とみなされ，日本の親会社自身がインドで法人税を課せられるというリスクが生じます。PEではないが，日本の親会社がそのコストを負担せざるをえない合理的な理由をインド税務当局に説明することは困難であるため，コストはなるべくインド子会社が負担できるようにしなければなりません。

第11章
南アジアのその他の国の諸規制

1 パキスタン

(1) 社会，経済

 パキスタン・イスラム共和国（以下，パキスタン）は，インドの北西部に位置し，ラジャスターン州，グジャラート州などと国境を接している。国土面積は，79.6万平方キロメートル（日本の約2倍）である。首都はイスラマバード，最大の都市はカラチであり，イギリス連邦加盟国である。

 パキスタンは，2％の人口伸び率で1.8億人以上の推定人口で，世界で6番目に人口の多い国である。パキスタン国民の年齢の中央値は22歳であり，パキスタンが先進国と比べ若い国であることを意味している。

 この国民のほとんどがインダス川流域を中心とした農村部に住んでいるが，近年では，多くの農村住民がより良い賃金の仕事を求めて都市に移行してきた。都市化の現在のパターンが続けば，パキスタンの都市人口は2030年までに1.22億人を超え，総人口の50％となる見込みである。

 パキスタンの通貨は，パキスタン・ルピー（Pakistani rupee。単位記号はRs。ISOコードの略称はPKR），また補助単位としてパイサ（Paisa，略称はp）があり，1Rs＝100pである。紙幣は1,000Rs，500Rs，100Rs，50Rs，10Rs，5Rs，2Rs，1Rsがあり，硬貨は1Rs，50p，25p，10p，5pがあり，パキスタン国立銀行（State Bank of Pakistan）が発行する。為替レートは2015年10月27日

現在，1Rs＝1.147円である。

　民族は，パンジャブ人，シンド人，パシュトゥーン人，バローチ人で，国語のウルドゥー語と英語が公用語として用いられている。

　パキスタンでは，国教であるイスラム教が97％を占め，残りはヒンドゥー教，キリスト教，ゾロアスター教である。

　パキスタンの政治体制は連邦共和制であり，議会は，元老院（Senate，上院）と国民議会（National Assembly，下院）の二院制である。

　2013年3月16日，国民議会が任期満了のため解散し，パキスタン憲政史上初めて文民政権が任期を全うした。5月11日の総選挙の結果，ムスリム連盟ナワズ派（PML-N）が勝利し，6月5日，PML-N党首のミアン・ムハンマド・ナワズ・シャリフが首相に就任した。

　パキスタンの経済は，世界の他の地域と，密接に関連している。それは，その戦略的な地理的要因と，資源ポテンシャルによる高い対外エクスポージャーのためである。

　パキスタンの経済は，2007年以降，多くの国内および外的ショックに直面し続けており，壊滅的な洪水，テロおよび宗教間紛争による治安の悪化およびエネルギー危機の影響を大きく受けた。

　IMFの統計によると，2013年のパキスタンのGDPは2,387億米ドル。1人当たりのGDPは1,307米ドルであり，世界平均のおよそ10％の水準である。2011年にアジア開発銀行が公表した資料によると，1日2米ドル未満で暮らす貧困層は9,710万人と推定されており，国民の半数を超えている。

　主要産業は，農業や綿工業である。特にパンジャーブ地方で小麦の生産が盛んで世界生産量第4位である。輸出品としては米がトップで輸出の11.2％を占め，ついで綿布，ニット，ベッドウェア，綿糸，既製服といった繊維製品が続いている。

　2011年に，政府はインドとの交易関係を正常化し，インドへの貿易上の「最恵国待遇」付与を目指す方針を明らかにした。インドは1996年にパキスタンに同待遇を付与している。またインドが含まれるBRICsの次に経済の急成長が

期待できるNEXT11のうちの1つでもあり，国民の中には食糧問題を抱える者もいるが，人口増加率が高いため若年層も多く，今後経済的に期待できる国といえる。

(2) ビジネス環境

パキスタンの外資投資政策は，インドと比べても自由化が進んでいる。

ほぼすべてのビジネスセクターは，外国直接投資に開放されているが，以下の産業は，パキスタン政府による認可を必要としている。また，特定の認可・許可を必要とする産業は，パキスタン国内企業同様，政府関係機関による認可・許可が必要である。

1．兵器および弾薬
2．高性能爆薬
3．放射性物質
4．有価証券印刷，通貨および貨幣

各進出形態では，認められている活動範囲に大きな違いがある。駐在員事務所は事業収益を上げる活動を一切認められていない。また，支店は特定の契約に記載された内容のみ活動を認められているが，その中でも商業／貿易活動への従事は認められていない。一方，現地法人は，パキスタンの地場企業と同等の活動が認められている。この活動範囲の違いをベースにその他の規制内容が定められている。たとえば，駐在員事務所は事業収益を上げることが認められていないため，法人税は設定されておらず，また利益の送金も認められていない。

次頁表にて，駐在員事務所，支店，現地法人の活動範囲を比較するとともに，設立許可機関，税務上の取扱い等，主な特徴をまとめる。

【進出形態の比較】

	駐在員事務所	支店	現地法人
活動範囲	・事業収益を上げることは認められておらず，販促・貿易促進活動等限定的業務のみ可能 ・商業活動，貿易活動は不可	・パブリックセクター／民間企業との契約にもとづく活動のみ可能 ・ただし，契約にもとづく活動であっても商業活動，貿易活動は不可	・外資規制の範囲内で，パキスタン国内会社と同等の活動範囲が認められている ・商業活動，貿易活動を含む全領域で活動可能
設立許可機関	投資庁：BOI（the Board of Investment）	BOI	パキスタン証券取引委員会（SECP）
税務申告	必要	必要	必要
法人税率	なし	32%（2015年7月〜）	32%（2015年7月〜）
資金調達	国外からの送金のみ	国外からの送金，事業収益により資金調達が可能	国外からの送金，事業収益および借入により資金調達が可能
利益の送金	利益を上げることが認められていないため不可	可能	可能

　パキスタンの会社機関体系と日本のそれとの主な相違点として，会社の法人形態により上場会社には常勤，一人会社には非常勤の会社秘書役の設置を義務付けている点がある。会社秘書役は，インド等南西アジアによく見られ，会社発行の外部向け資料に対して信頼性を付与することを目的とする機関である。また，会計監査人の設置が，すべての会社に要求されている点も日本の会社法とは異なるため注意が必要である。

【パキスタンにおける株式会社の機関体系概要】

	公開会社		非公開会社	一人会社
	非上場	上場		
株主	3名以上	3名以上	2〜50名	1名
取締役会	3名以上	7名以上	2名以上	1名
会計監査人	必須	必須	必須	必須
会社秘書役	任意	必須（常勤）	任意	必須（非常勤）

○会計監査人の制度概要

パキスタンと日本の会計監査人に関する制度について，特に違いが見られるのは，会社法上で規定される設置義務である。日本では，上場会社や会社法上の大会社のみに会計監査人の設置義務があるが，パキスタンでは，パキスタンにおいて事業を行うすべての会社に対して，会計監査人の設置義務が課せられている。その他，下表にてパキスタンと日本の会計監査人の制度をまとめる。

【会計監査人に関する制度比較】

	パキスタン	日本
設置義務	すべての会社	上場会社または会社法上の大会社
資格者	勅許会計士：CA（Chartered Accountant）	公認会計士
選任方法	株主総会	株主総会
任期	1年	1年
報酬の決定	取締役会またはSECPによって任命された監査人については取締役会またはSECPによって決定。それ以外の場合には通常の株主総会決議または株主総会決議により決められた方法によって決定。	取締役会

■ 設置義務

パキスタンで事業を行うすべての会社は会計監査人を置かなければならない。会社の設立に際して，設立後60日以内に会計監査人の選任を行う必要があり，設立後120日以内に選任されない場合は，SECPにより選任された会計監査人を会社に置く義務がある。

また，公開会社の子会社である非公開会社，資本金300万パキスタン・ルピー以上の非公開会社は，勅許公認会計士協会のメンバーを会計監査人に任命しなければならない。その他，保証有限責任会社，非営利団体についても会計監査人を設置する必要がある。

■ 監査人の要件

会計監査人は，日本の公認会計士に相当する勅許会計士でなければならない。日本と違い，会計監査人は会社の株主でも問題ないとされているが，以下の条件に該当する者を会計監査人に任命することはできないため，監査人選任の際に留意する必要がある。

- 現在または過去において取締役だった者
- 直近3年間以内に勤務した従業員
- 取締役の配偶者
- 会社との間に利害を有する者　他

また，上記以外に，金融上場会社は5年ごとに会計監査人全員を交代しなければならないことが規定されている。

■ 会計監査人の選任・解任

会計監査人の選任は株主総会普通決議によって行われる。選任後14日以内に，監査人の書面による同意とともに，登記局に報告する必要がある。また，任期前に会計監査人を解任する場合は，特別決議による議決が必要となる。監査人の退任および解任があった場合は14日以内にその旨を登記局に通知する必要がある。

■ 労働法制

パキスタンの労働法は，関連法規制が多く，業態や施設の規模により規定が

細分化されていることから,一般的に難解といわれている。また,労働者保護の側面が強いという特徴を持ち,従業員の不正等,企業側にとって正当な理由がない限り,一般労働者の解雇は困難である一方で,正当な理由があれば普通に解雇は可能である。

現在,パキスタンには70を超える労働関連の法律・法令があり,連邦政府はその統合と体系化を進めている。その一方で,パキスタンの労働行政は2011年7月より,連邦政府から州政府に権限移譲されており,労働法の規定内容が州ごとに異なる場合があるため,パキスタンに事業進出する際は,進出地域に応じた規制内容の把握が重要となる。

(3) 税　　制
■法人所得税

パキスタンにおける法人所得税は2001年所得税条例（Income Tax Ordinance, 2001）が根拠法となっており,その細則は2002年所得税規則（Income Tax Rules, 2002）に定められている。

法人所得税の納税義務者には以下の会社等が含まれる。
- 1984年会社法（Companies Ordinance, 1984）にもとづき設立された会社
- パキスタンで施行される法律にもとづき設立した法人
- パキスタン国外で設立された法人（非居住企業）(注1)
- 法律にもとづき組成された信託,団体等
- 連邦税収入局 FBR（Federal Board of Revenue）が会社であると指定した外国の団体

通常の課税年度は7月1日から6月30日である。事業年度が通常の課税年度と異なる場合や,内国歳入局長（Commissioner of Inland Revenue）の許可を

(注1) 非居住企業とは,以下のいずれにも該当しない企業を指し,パキスタン国内を源泉とする所得のみが課税対象となる。
- パキスタンの法律にもとづいて設立された法人
- 経営がすべてパキスタン国内で行われている法人
- 州政府,または地方局

得た場合は，通常の課税年度（7月1日～6月30日）以外の12か月間を課税年度とすることができる。

パキスタンは申告納税制度を採用している。1月1日～6月30日に課税年度末が到来する法人はその年の12月31日が申告期限となり，7月1日～12月31日に課税年度末が到来する法人は翌9月30日が申告期限となる。したがって，通常の課税年度（7月1日～6月30日）を選択した場合の申告期限は12月31日となる。

パキスタン法にもとづき設立された法人や，課税年度中にパキスタンで管理支配が行われた法人は，内国法人とされ，それ以外の法人は外国法人とされる。内国法人は全世界所得に課税され，外国法人はパキスタン源泉所得のみ課税される。

法人所得は，不動産所得（所得税条例第15条），事業所得（所得税条例第18条），キャピタルゲイン（所得税条例第37条）およびその他の所得（所得税条例第39条）に分類され，それぞれのカテゴリーごとに所得金額を計算する。

- 不動産所得

不動産所得には，不動産の使用または占有の対価として，土地または建物の所有者が受ける不動産賃料が含まれる。ただし，所得税条例で非課税とされているものは除かれる。

- 事業所得

事業所得の課税方法には，通常課税方式（NTR, Normal Tax Regime）および最終課税方式（FTR, Final Tax Regime（Presumptive Tax Regime））の2つの方法がある。

―通常課税方式は，損金算入項目を控除した後の課税所得に対して課税される。

―最終課税方式は，他の所得とは分離して，収入額に一定の税率を課すことにより，課税関係が終了する。

- キャピタルゲイン

資本資産（Capital asset）の売却により生じた所得は，所得税条例により

非課税となるものを除き，キャピタルゲインとして課税される。資本資産には各種含まれるが，商品，消耗品，原材料等の棚卸資産や，償却資産は含まれない。ただし，不動産，上場株式等を除き，保有期間が1年超のものは，キャピタルゲインの25％が免税となる。

・その他所得

上記のいずれのカテゴリーにも含まれない所得は，その他所得として課税される。その他所得には，配当金，ロイヤリティ等が含まれる。

法人所得税率は2012年度で35％であったが，パキスタン政府は2013年度より毎年1％ずつ30％まで減税を行う方針であり，2014年度は33％，2015年度は32％に軽減された。小規模会社には25％の税率が適用される。次の要件をすべて満たした場合，小規模会社とされる。

① 資本金および利益剰余金の合計が2,500万PKR以下であること
② その年の何れの時点においても，従業員数が25人以下であること
③ 既存の法人の分割や再編により設立されたものではないこと

事業の遂行を目的として，課税年度中に生じた費用は，損金算入を認めないとする特段の定めがあるものを除き，事業所得の計算に際して損金の額に算入することができる。

・損金不算入項目

交際費，銀行決済を通さない50,000PKRを超える費目，銀行振込または小切手によらない月額15,000PKRを超える給与等は損金算入できない。

上記のほかに，最終課税方式（FTR），過小資本税制，繰越欠損金，外国税額控除，グループリリーフ，連結納税制度等についての各種規制がある。

2016年度より，公開会社で，一定期間配当を実施しておらず，また配当後の払込資本以上の内部留保がある会社の内部留保に対する10％の課税（Tax on Undistributed Reserves）が導入されている。パキスタン政府等が過半数を保有する会社，税引後利益の40％以上を配当している会社等は適用外となる。

■個人所得税

課税年度は7月1日から6月30日であり，9月30日までに申告書を提出しな

ければならない。ただし，給与所得以外の所得がなく，雇用主が源泉徴収票を提出している場合は，申告書を提出する必要はない（給与所得が50万パキスタン・ルピーを超える者を除く）。

課税年度中のパキスタン滞在日数の合計が183日以上の場合，居住者として取り扱われる。

居住者は全世界所得に課税され，非居住者はパキスタン源泉所得のみ課税される。個人の所得は，給与所得，不動産所得，事業所得，キャピタルゲインおよびその他の所得に分類され，それぞれのカテゴリーごとに所得金額を計算する。

雇用のためにパキスタンに滞在する個人は，滞在期間が3年間を超えない場合，非居住者と同様にパキスタン源泉所得のみ課税される。また，パキスタン居住者の国外源泉所得は，居住者となった年およびその翌年の2年間は課税されない。さらに，居住者が国外源泉地で所得税を支払っている給与所得は，パキスタンでは課税されない。

課税所得に占める給与所得の割合が50％を超える者は給与所得納税者とされ，それ以外の者とは適用される所得税率が異なる。所得税の計算には超過累進課税方式が採用されており，2016年度の所得税率は以下のとおりである。

【個人所得税　税率表（給与所得納税者）】

課税所得（単位：PKR）	税率
0 - 400,000	0％
400,001 - 750,000	5％
750,001 - 1,400,000	10％
1,400,001 - 1,500,000	12.5％
1,500,001 - 1,800,000	15％
1,800,001 - 2,500,000	17.5％
2,500,001 - 3,000,000	20％
3,000,001 - 3,500,000	22.5％

3,500,001 - 4,000,000	25%
4,000,001 - 7,000,000	27.5%
7,000,001以上	30%

【個人所得税　税率表（給与所得納税者以外）】

課税所得（単位：PKR）	税率
0 - 400,000	0%
400,001 - 750,000	10%
750,001 - 1,500,000	15%
1,500,001 - 2,500,000	20%
2,500,001 - 4,000,000	25%
4,000,001 - 6,000,000	30%
6,000,001以上	35%

　給与所得を除いた所得の合計が50万パキスタン・ルピー以上ある個人は，四半期ごとに予定納税をしなければならない。

　パキスタンにおいて源泉徴収の対象となる主な所得と税率は以下のとおりである。

　内国法人・居住者への支払に係る源泉税率は，配当金，利子の源泉税10%のほか，賞金等の15〜20%，不動産賃料15%を除くと，1.5%〜10%の範囲である。外国法人・非居住者への支払に係る源泉税率は，航空運輸事業3%，ロイヤリティ，テクニカルサービスフィー15%等法定の項目は3〜15%とされているのに対し，法定外の項目は20%とされている。ただし，日パ租税条約により，配当，利子，ロイヤリティ，テクニカルサービスフィーについては制限税率が設定されていることから軽減されることとなる。

■その他の税金

　下記に概要を記載した税法のほか，政策的な優遇税制として，直接税についての税額控除，免税制度，手続の緩和や，源泉税率の軽減，また間接税の優遇税制が定められている。

2016年度は，国内避難民と治安強化のため，5億ルピー以上の所得のある超富裕層の納税者（企業・個人）に対して，金利，配当，キャピタルゲイン，手数料，事業所得等の3％（銀行は4％）のスーパータックス（Super Tax）が導入されている。

売上税は付加価値税と類似した税金であり，1990年売上税法（Sales Tax Act, 1990）に規定されている。2015年10月末時点の税率は（一律ではないものの）原則として17％であり，パキスタン国内における課税対象の物品の販売および輸入に対して課される。また，サービスに対する売上税は州の売上税法に規定されており，標準税率16％で課される。

2005年連邦物品税法（Federal Excise Act, 2005）にもとづき，特定の輸入品，国内で製造された製品および国内で提供されたサービス（国外で開始したサービスも含む）に対して，連邦物品税が課される。連邦物品税は，原則として価格に応じて課税されるが，重量を基準に課税されるものもある。輸出品や，一定の物品には0％の税率が適用される。

また，関税や印紙税も課税される。

(4) 会計，監査

中小規模企業以外の企業の財務諸表は，パキスタンで適切なものとして認められた会計基準に従って，作成されなければならない。

パキスタンにおいて適用される会計基準は，1984年会社法による規定および通達において，IASB（国際会計基準審議会）が発行したIFRSを含む形で公表されている。1984年会社法とIFRSが異なる部分については，1984年会社法の規定および通達が優先される。

中小規模企業の財務諸表は，上記に掲げたパキスタンにおいて適用される会計基準に従うか，あるいはパキスタン会計士協会で定められた中規模および小規模企業用会計基準，1984年会社法の規定および通達に従う。異なる部分については，1984年会社法の規定および通達が優先される。

中規模企業とは，

a) 上場会社でない，または上場会社の子会社でない会社
b) いかなる種類の株式や社債をも公開市場で，SECP，その他の規制機関に上場申請をしていない，または上場申請中でない会社
c) 大きなグループの外部者（たとえば，銀行，保険会社，証券ブローカー・証券業者，年金基金，投資ファンドまたは投資銀行）のために，受託者としていかなる資産も持っていない会社
d) 主要な公共サービスを提供する公共事業体や類似の事業体ではない
e) 経済的に重要な会社(注2)ではない
f) 小規模企業(注3)でない会社

中小企業については，IFRSについて適用されない項目および例外規定が存在する。パキスタン会計基準では，IAS第16号「有形固定資産」と異なる部分があり，1984年会社法に要求されている再評価および事後調整に従った特定の開示項目がある。さらに，償還可能な資本項目は，負債性商品としての区分を要求しているIAS第32号「金融商品：開示」と異なり，資本の一項目として開示する。

IFRSはパキスタン勅許会計士協会（ICAP, Institute of Chartered Accountants of Pakistan）およびSECPによる承認がされた後に公表することになる。適用は公表日または公表日以降開始の事業年度となるため，パキスタンではIFRSの適用が遅れることがある。

パキスタンにおける会計基準はIFRSを含む形で公表されているが，一部は

(注2) 経済的に重要な会社の定義
① その他収入を除く，売上高が10億パキスタン・ルピー超
② 従業員数が750名超
③ 借入金が5億パキスタン・ルピー超
上記①～③の要件のうち2要件を満たす会社は経済的に重要な会社として扱われる。基準となるのは，前年の監査済み財務諸表である。会社は，前述の要件を2期連続で満たさない場合には，重要会社ではなくなる。
(注3) 小規模企業の定義
① 払込資本金と未処分利益（その年のすべての利益分配を考慮した総資本）が2,500万パキスタン・ルピー以下
② その他収入を除く，年間の売上高が2億パキスタン・ルピー以下

適用除外となるため注意が必要である。

日本の親会社がパキスタン子会社を連結決算で取り込む場合には，パキスタン基準で作成された子会社財務諸表はそのまま連結することはできず，日本会計基準，米国会計基準またはIFRSに修正したうえで，日本の親会社にて連結手続を行わなければならない。

- 会計制度：原則として，当年4月1日から翌年3月31日までを会計年度としている（第2条41項）。現在，新会社法が定める会計年度とは異なる会計年度を設定している会社については，本規定の施行から2年以内に会計年度を変更することが必要となる。

1984年会社法によると，すべての会社の取締役は，会社設立後18か月以内に，株主総会を開いて貸借対照表および損益計算書（非営利企業の場合は収支計算書）を提示しなければならない（その後は暦年に少なくとも一度）。しかし，上場会社の場合はSECP，上場会社以外の場合は登記局が，特別な理由により1か月を超えない範囲で期間の延長をすることがある。カラチ証券取引所，ラホール証券取引所，イスラマバード証券取引所に指定された上場規制当局および1984年会社法に含まれる規定によると，すべての上場会社は，第1四半期末，第2四半期末，第3四半期末の1か月以内に四半期財務情報を株主に提出および登記局に登録する。上場会社は法定監査人により四半期財務情報のレビューを受ける必要がある。さらに，上場会社はそれぞれの証券取引所に，年次，および四半期の財務諸表を提出する必要がある。

1984年会社法によると，規模や上場／非上場によらずすべての会社は監査人を選任し，監査を受けることが義務付けられている。パキスタンにおける監査基準は国際監査基準（ISA，International Standards on Auditing）が適用されている。

7.5百万PKR超の払込資本がある非公開会社は監査済みの財務諸表をSECPに提出する必要がある。上記以外では，すべての上場会社および上場会社の子会社は資本規模にかかわらず，SECPへ監査済み財務諸表を提出する必要がある。

2 バングラデシュ

(1) 経済環境

- バングラデシュは，過去10年間に平均6％以上の経済成長を達成しているが，経済活動は，縫製産業に著しく依存している。縫製産業における年間輸出は240億米ドルを超え，縫製産業の直接雇用者は400万人近くおり，バングラデシュは中国に次いで世界第2位のアパレル輸出国である。
- RMG（既製服）業界は，火災や建物崩壊などの広く知られているいくつかの事故が続いたために大打撃を受けた。このことで，世界的なブランドのいくつかは，バングラデシュからの供給を再検討することになった。このことや，最近米国により一般特恵関税制度（GSP）を停止されたことにもかかわらず，この業界の成長は持続するであろうと見込まれている。
- さらに，造船，医薬品，皮革製品および消費財製造は，重要な新興産業であり，一方で，ITに関してもバングラデシュは主要なアウトソーシング先の1つとなることを目指している。
- 600万人以上のバングラデシュの海外出稼ぎ労働者は，国内総生産（GDP）の約10％もの外貨を国内に送金している。こうした海外出稼ぎ労働者の20％は，サウジアラビアで働いている。最近，サウジ政府は，ここ数年間設けられていた，バングラデシュからの出稼ぎ労働者がサウジアラビアで働くことに対する制限を解除した。これにより，出稼ぎ労働者からの送金は飛躍的に増加すると予想される。

(2) 政治環境

- 2014年1月の総選挙前に，バングラデシュは，社会的な混乱と動乱を数多く経験し，度重なるゼネストにより人や物の流通は激しく混乱し，至る所で経済活動が停滞した。
- 野党連合は総選挙をボイコットしたが，ゼネスト等の大きな混乱は2015年第1四半期までには収まった。

- 2015年4月の主要3都市の選挙および2015年12月の全国規模の234地方自治体の選挙が混乱なく終了した後、政治状況は落ち着きを取り戻している。
- 最先端のシンクタンクである Centre for Policy Dialogue（CPD）の最近の調査によれば、2015年初頭の全国的な機能停止により、特に輸送、縫製、農業および観光産業を中心として、GDPを0.37％引き下げる影響が出た。

(3) 外国投資に関する規制（奨励措置、外国為替法令を含む）

- 事業の準備
  - バングラデシュは、民間セクターに投資を誘致するために、規制や承認手続を大幅に撤廃してきた。外国人投資家は、会社の株式資本の100％を所有することが可能であり、またほとんどのセクターで共同支配企業を設立することが可能である。配当金の国外送金には全く規制がない。また、外貨借入を除いた自己資本比率を規制する法令等も存在しない。
  - 現地の熟練労働力は低コストで調達可能であり、幾つかの要件が満たされることを条件に、海外駐在員の業務に関してほとんど規制はない。産業政策として、現地投資と外国投資は同等に扱われることが保証されている。
  - 外国民間投資（促進および保護）法（The Foreign Private Investment (Promotion & Protection) Act）は、バングラデシュでの外国投資を国有化・没収等のリスクから保全するとともにその権利を確保するための法的保護を与えている。
  - バングラデシュでは、すべての町や都市を結ぶ道路が敷設されている。バングラデシュは、2つの港を有し、道路、鉄道および定期航空路で結ばれている。
  - 過去数年間のGDP成長率は6％を超えており、2014～2015年度は6.51％であった。
- 通常利用される事業形態

  ビジネスを行う主な形態（個人事業として事業を行う個人を除く）は以下のとおり。

- 現地法人（Locally Incorporated Company）
- 支店（Branch Office）
- 駐在員事務所（連絡事務所）（Liaison Office）
- パートナーシップ（Partnership）

■ 会社設立に関する主な法律上の手続，ならびに支店／駐在員事務所（連絡事務所）またはパートナーシップの登記

- 現地法人（Locally Incorporated Company）

さまざまな法人形態があり，現在はすべての法人が1994年バングラデシュ会社法にもとづき登記により設立される。最も一般的な法人形態は，公開有限責任会社（Public Limited Company）と非公開有限責任会社（Private Limited Company）である。

- 公開有限責任会社（Public Limited Company）

公開有限責任会社の構成員数（株主構成）は7名以上であり，上限は基本定款（Memorandum of Association）に記載されている，払込資本のすべてを全構成員へ割り当てなければならないことにより制限される。構成員の責任は，構成員の払込資本金額までに限定される。

公開有限責任会社を選択する特別な意義は，当該会社が株式および証券を一般に公開することが許可されていることである。当該会社の株式は，制限なく譲渡することができる。

- 公開有限責任会社はバングラデシュ証券取引委員会の監督下に置かれる。
- 非公開有限責任会社（Private Limited Company）

非公開有限責任会社の構成員数は制限されており，2名から50名までで構成されなければならない（従業員を除く）。当該会社は，株式または債券を募集する際に，一般公募をすることができない。構成員の責任は，構成員の払込資本金額までに限定される。

非公開有限責任会社および公開有限責任会社は，基本定款および付属定款（Article of Association）が許容している限りにおいて，バングラデシュのいかなる場所においても，法的に許容可能なビジネスを展開することができ

る。

　通常，商業省所管の商業登記所（Registrar of Joint Stock Company and firms：RJSC）において，1994年バングラデシュ会社法に従った法人組織にするには，約2週間から4週間ほどかかる。

　会社は，1994年バングラデシュ会社法の諸規制を遵守しなければならない。主要な遵守事項は，年次報告書（annual return）の提出，監査済みの年次会計報告（annual audited accounts）の提出などがある。会社は，監査済みの会計報告とともに，年次所得税申告書（annual tax return）を，税務当局に提出しなければならない。

- 支店（BO）／連絡事務所（LO）

　バングラデシュにBO/LOを開設するためには，投資庁（Board of Investment: BOI）から許可を受けなければならない。BO/LOは，BOIによる支店開設許可証（BOI permission letter）に記載されている要求事項を順守しなければならない。その他の主要な順守事項には，本店からの被仕向送金および現地での費用に関する四半期ごとの会計報告（quarterly statements of accounts）の，BOI，当該支店の認定仲介者（Authorised Dealer；通常は当該支店の銀行）および税務当局への提出などがある。通常は，税務当局へは監査済みのBO/LOの会計報告の提出が要求されている。

　BO/LOの事業活動および所在地は，BOIによる支店開設許可証により許可された範囲に限定される。すべての新規の所在地／事業活動に関しては，BOIに対して新たな申請を提出しなければならない。しかし，BOIによる支店開設許可証取得時に，広範囲な所在地および事業活動を申請することができる。

　BO/LOの開設許可は，一般的に2年間から3年間に限られており，有効期限到来時に更新することができる。通常，BOIからの許可を取得するのには，約5週間から6週間かかる。

　BO/LOは1999年会社法第379条の規定にもとづき登記が要請され，RJSCに年次報告をすることが義務付けられている。

- パートナーシップ（Partnership）

ジェネラル・パートナーシップは，バングラデシュ人または登録事業体とともに成立させることができる。パートナーは，パートナーシップの債務に対して自らの資産全額まで連帯責任を負う。

1932年パートナーシップ法（The Partnership Act, 1932）が根拠法となる。パートナーシップの成立は，会社の設立より容易である。パートナーシップはまた法人（legal entity）ではなく，登記は強制されず，パートナー間の契約関係が存在する。

パートナーの最低人数は，通常の場合は2名で上限は20名であり，金融業の場合には上限は10名である。パートナーシップのメンバーの責任は無限責任である。

パートナーシップの利益は，利益分配率に応じて分配される。

■通貨／貨幣制限

被仕向送金に制約はない。しかし，ある特定の状況では，仕向送金に関してはバングラデシュ中央銀行と同時にBOIからの事前の許可が必要となる。

■金融サービスに関する法的要求事項

銀行などの金融機関はすべて，バングラデシュ中央銀行（the Central Bank of Bangladesh; "Bangladesh Bank"）と1991年銀行会社法（the Bank Companies Act, 1991）により規制されている。

2010年保険法（the Insurance Act, 2010）にもとづくバングラデシュ保険開発規制機構（Insurance Development & Regulatory Authority Bangladesh; IDRA）が保険会社を規制している。

(4) 税　　制

■法人所得税

■承認要件

事業体は，国家歳入庁（National Board of Revenue; NBR）からの承認を必要としない。

すべての会社は，課税識別番号（Taxpayer's Identification Number; TIN）を取得し，該当する場合には付加価値税（VAT）の事業者登録をNBRに対して行う必要がある。

■ 税率，優遇措置，遵守事項等

・税率

区　分	税　率
株式公開会社，すなわち銀行，保険およびその他の金融機関を除くバングラデシュの証券取引所に上場している会社	25% （10%配当決議なされなかった場合は35%）
支店も含めた非上場会社（銀行，保険およびその他の金融機関を除く）	35%
上場している銀行，保険およびその他の金融機関	40%
非上場の銀行，保険およびその他の金融機関（2013年に政府承認を取得している場合を除く）	42.5%
マーチャント・バンク	37.5%
携帯電話会社	45%
証券取引所にて株式の10%以上（そのうち最大5%をプレIPOでも可）を公募して株式公開会社となった携帯電話会社	40%
繊維会社，研究機関および特定の教育機関	15%

・投資優遇措置
　—輸出加工区（Export Processing Zone; EPZ）内の産業は，ダッカおよびチッタゴン地区においては5年間，その他のEPZ地区では7年間，免税措置が受けられる。
　—民間電力会社（石炭火力発電を除く）は，2014年12月31日以前に商業運転を開始していることを条件に，特定のその他の優遇措置に加えて，15年間にわたり法人税の免税を受けることができる。
　—民間電力会社（石炭火力発電を除く）は，2016年6月30日以前に商業運

転を開始していることを条件に，10年間にわたり法人税の免税を受けることができる。
― 民間電力会社（石炭火力発電）は，2020年6月30日以前に契約を締結し2023年6月30日以前に商業生産を開始することを条件に，特定のその他の優遇措置に加えて，15年間にわたる法人税の免税を受けることができる。
― 会社の総売上に対して最低0.30％の税率が適用されることがある。会社に加えて，500万バングラデシュ・タカ以上の総売上を獲得しているすべてのファームは，ファームの総売上に対して最低で0.30％の税を納める義務がある。ただし，事業開始から3年間は0.1％の軽減税率が適用される。

- 順守事項等

― 会社は，会計期間末／年度末から6か月以内，または7月15日のいずれか遅い日までに確定申告書を提出しなければならない。当該提出期限は，税務当局への申請により延長することが可能である。
― 会社／支店／連絡事務所の利益に関しては，監査済み会計報告（audited statement of accounts），所得税計算（computation of total income）に付属明細書（supporting schedules）を添付しなければならない。
― 不当な扱いを受けたと感じた会社は，税務県行政長官（Deputy Commissioner of Taxes）の決定に対しては，税務ジョイント・コミッショナー／コミッショナー（抗告）（Joint Commissioner/Commissioner of Taxes（Appeal））に，税務ジョイント・コミッショナー／コミッショナー（抗告）の決定に対しては，税務裁判所（Taxes Appellate Tribunal）に抗告をすることができる。抗告者は，税務裁判所の決定に対して，最高裁判所（Supreme Court-High Court Division）に抗告，さらに上訴部（Appellate Division）に抗告することができる。

■ 前払法人税（Advance tax）

- 40万バングラデシュ・タカ以上の課税所得がある会社は，前期の確定法人税額または当期見積法人税額（the estimated tax）の75％にもとづいて，前払法人税を支払うことが要求される。この75％という率は，新規納税者または当期見積法人税額が前期の確定法人税額を下回る場合にのみ適用される。
- 前払法人税は，9月15日開始会計年度から4半期に分割して支払うことが可能である。税金の未払残高がある場合には，税務申告書提出前に支払う義務がある。

■ 個人所得税

- 税率

課税所得	税率
250,000バングラデシュ・タカまで＊	0％
400,000バングラデシュ・タカまで	10％
500,000バングラデシュ・タカまで	15％
600,000バングラデシュ・タカまで	20％
3,000,000バングラデシュ・タカまで	25％
3,000,000バングラデシュ・タカ以上	30％

＊女性および65歳以上の男性の最初の最低課税所得は，300,000バングラデシュ・タカであり，障害者のそれは，375,000バングラデシュ・タカであり，官報で告示された戦争負傷者であるフリーダム・ファイターは425,000バングラデシュ・タカである。

バングラデシュにおける非居住者には，前記の累進課税は適用されず，その課税所得に対して常に最高税率30％が適用される。

最低税額は，納税者の居住地に応じて以下のとおり。

居住地	最低税額
ダッカおよびチッタゴン市内	5,000バングラデシュ・タカ
ダッカ，チッタゴン以外の都市エリア	4,000バングラデシュ・タカ
その他の地域	3,000バングラデシュ・タカ

- 遵守事項
  - ——一般に，1984年所得税条例（Income Tax Ordinance, 1984）で規定する居住者は，全世界所得が課税対象となる。
  - ——課税所得250,000バングラデシュ・タカ以上の個人は，税務申告書を提出する必要がある。税務申告は，6月30日までに終了する課税年度に係る税務申告書を9月30日（2か月から4か月の延長可能）までに提出しなければならない。
  - ——不当な扱いを受けたと感じた個人は，税務県行政長官（Deputy Commissioner of Taxes）の決定に対しては，税務ジョイント・コミッショナー／コミッショナー（抗告）（Joint Commissioner／Commissioner of Taxes（Appeal））に，税務ジョイント・コミッショナー／コミッショナー（抗告）の決定に対しては，税務裁判所（Taxes Appellate Tribunal）に抗告をすることができる。抗告者は，税務裁判所の決定に対して，最高裁判所（Supreme Court-High Court Division）に抗告，さらに上訴部（Appellate Division）に抗告することができる。

■ その他の税金（間接税，関税等）
- キャピタルゲイン課税
  上場企業の株式売却以外のキャピタルゲイン課税
- 会社の場合，キャピタルゲインによる所得は，総所得とは別に，取得日からの当該資産の保有期間にかかわらず，当該キャピタルゲインに対して15％の納税義務が発生する。
- 会社以外の納税者の場合，当該資産が取得日から5年が経過する前に譲渡された場合には，キャピタルゲインを含む納税者の課税所得に対して適用される通常税率で課税される。当該資産が取得日から5年経過後に譲渡された場合には，納税者のキャピタルゲインを含む課税所得に対して適用される所得税率と15％のどちらか低い税率をもとに計算された税額を納税する。

■ 付加価値税（VAT）

- VATの標準税率は15％である。
- VATが非課税となる特定の物品およびサービス等が存在する。
- サービスのほとんど，およびいくつかの輸入品に関しては，VATの端数切捨システムとして広く知られているVATの軽減税率が存在する。この制度により，購入者は支払時にVATを控除し，販売者／役務提供者は，仮払VATの仕入税額控除（input VAT credit）は認められない。
- 輸出産業に対してはVATの税率はゼロである。
- 農産物および家畜に対しては，VATは課税されない。

■ 売上税（Turnover Tax）
- 年間売上高が800万バングラデシュ・タカ未満であり，強制的なVAT登録に該当しない組織は，VATの代わりに3％の売上税を支払うことになる。

■ 一般関税（Customs Duty）
- 関税は，バングラデシュに輸入される物品に対して賦課される。税率は，輸入品目の種類に応じてさまざまである。輸出志向産業が輸入するプラント資材および機械設備に対しては，関税は賦課されない。免税措置はまた，その他の産業における資本機械設備の輸入に対しても適用される。電力会社は，関税を支払うことなしに，プラント資材，器具備品（equipment）および予備品（spares）を輸入することが許可されている。
- 関税率は主に5％から25％までである。ただし，タバコ，アルコールおよび火器（銃器）には，より高い税率が適用される。

■ 補足税（Supplementary Duty/Tax）
- これは，バングラデシュに輸入される奢侈品，バングラデシュ内で生産および供給される非生活必需品および社会的に望ましくない物品（たとえば，タバコ，アルコールなど），ならびに高級ホテルが提供するサービスに対して賦課される。
- 税率は10％から500％までである。

■ 物品税（Excise Duty）

- バングラデシュの銀行と航空会社に対する物品税が存在する。

■ 印紙税（Stamp Duty）
- 印紙税は，法的文書に対して賦課され，税率は，文書の種類に応じてさまざまである。
- 非上場株式の譲渡に関しては，印紙税は，譲渡価格に対して1.5％の税率で賦課される。
- 不動産の譲渡に関しては，3％で賦課される。
- その他のすべての文書に関しては，印紙税は，1バングラデシュ・タカから始まりさまざまである。

■ 資産税（Property Taxes）
- これは公有地管理局（land office）および税務署（revenue office）により徴収され，税率は所在地に応じてさまざまである。ただし，税額は僅少である。

■ 給与に課せられる税（Payroll Tax）
- 雇用者は，被雇用者の給与に適合した平均税率（税金を「給与＋企業負担分」で除したもの）を適用して，給与支給時に給与から給与税（企業負担分も含む社会保険料や源泉所得税）を差し引かなければならない。
- 適用税率は，上記にも述べたように個々人に適合した平均税率である。非居住者に関しては，最大で30％の税率が適用される。

■ 贈与税（Gift Tax）

以下の者が行った贈与については，贈与税は課せられない。
- バングラデシュ国外に在る財産を持つ者
- 政府または地方自治体へ贈与を行った者
- 特定の慈善施設に対して贈与を行った者
- 結婚に際して，扶養親族に対して最大2万バングラデシュ・タカまでの贈与を行った者
- 保険証券または年金保険の支払手段として扶養者に対して（妻を除く）最大2万バングラデシュ・タカまでの支援および扶助を目的に贈与を行った

者
- 遺贈を行った者
- 死因贈与を行った者
- 息子，娘，父親，母親，配偶者，兄弟姉妹に対して贈与を行った者

上記の免税措置に加えて，事業年度中に2万バングラデシュ・タカを限度に行った贈与は贈与税が免除される。政府は，届出によって，いかなる種類の贈与，またはいかなる階層の者に対しても，贈与税を免除することができる。

■ 源泉徴収税と付加価値税（Withholding Tax and VAT）
- バングラデシュは，源泉徴収制度を採用している。
- 非上場会社，支店，連絡事務所，銀行およびその他の金融機関等を含むすべての会社は，仕入先／サービス提供会社への支払時に，適切な税率で，源泉徴収税およびVAT（該当する場合）を徴収／源泉徴収することが要求されている。
- 控除される源泉徴収税とVATは，規定期間内に政府公庫（government exchequer）に預け入れなければならない（規定期間とは，VATに関しては15営業日以内であり，源泉徴収税については，当該控除／徴収が行われた月末から2週間以内である）。

(5) 会計処理（会計基準，法定監査の要求事項等）

■ 財務諸表（Financial statements）
- 会社の財務諸表は，IFRSを採用しているバングラデシュ財務報告基準（BFRS）に準拠して作成することが要求されている。
- 監査済み財務諸表は，納税申告書（the return of income）とともに，商業登記所（RJSC）への強制的な提出と併せて，税務当局にも提出しなければならない。

■ 外部監査の要請（Audit requirements）

バングラデシュ勅許会計士協会（Institute of Chartered Accountants of Bangladesh）により認められた独立外部監査人が，年次で財務諸表を監査し

なければならない。
- ■ 会計年度／会計報告上の通貨（Book year/accounting currency）
  - バングラデシュ政府は，7月開始6月終了の会計年度に従う。このため，2015年金融法の改訂により，税務年度の定義が2016年7月1日より変更され，銀行，金融および保険業界以外の会社は，6月末を税務年度末とすることが強制される。
  - 下記がその適用方法（12月決算のケース）である。
    2015年12月31日に終了する税務年度の税務申告期間は2016年7月15日となり，当該申告の賦課年度は2016-17年になる。次いで，2016年1月〜6月末の税務申告を2016年12月31日までに行う必要がある。なお同申告の賦課年度も2016-17年になる。
  - バングラデシュの機能通貨は，BDT（バングラデシュ・タカ）である。
- ■ 書式（Format）
  会社は，BFRSに準拠して財務諸表を作成し，BFRSまたは1994年会社法（ならびにその両方）で要求される開示事項を提供することが要求されている。

3 スリランカ

(1) 概　要

スリランカ民主社会主義共和国（以下，スリランカ）は，インドの南東部に位置する。国土面積は，約6.6万平方キロメートル（北海道の約0.8倍）である。首都はスリ・ジャヤワルダナプラ・コッテ，最大都市はコロンボであり，南アジア地域協力連合（SAARC）の加盟国である。

人口は約2,000万人であり，人口伸び率は1％である。最大都市であるコロンボの人口は約232万人である。

スリランカの通貨は，スリランカ・ルピー（Sri Rankan Rupee。単位記号はRs。ISOコードの略称はLKR）また補助単位としてセントがあり，1Rs＝100セントである。為替レートは2015年12月31日現在，1Rs＝0.84円である。

民族は，シンハラ人，タミル人，ムーア人，バーガー人であり，最も多いシンハラ人が70％超を占める。言語はシンハラ語，タミル語および英語が用いられている。公用語はシンハラ語およびタミル語であるが，英語は教育言語として使用されている。

宗教は，仏教，ヒンドゥー教，キリスト教およびイスラム教である。

政治体制は大統領を国家元首とする共和制である。議会は一院制で定数は225名である。

2015年1月に大統領選挙が実施され，マイトリーパーラ・シリセーナ大統領が就任した。

スリランカの経済は，2010年から2013年のGDP成長率が6.3％から8.2％と安定しており，2013年のGDPは672億米ドル，1人当たりGDPは3,280米ドルである。

2013年は，幅広い産業分野での成長，サービス部門の回復，下半期の農業部門の復活により経済が成長した。2012年に実行された安定化政策が継続して実施されたことが上期の経済活動によい影響を与えた。インフラ整備，良好な気象および先進国経済の回復が2013年下期の経済成長を支えた。

産業分野（鉱業，製造業，電気ガス水道業および建設業）の成長率が9.9％となり，GDPの31.1％を占めている。

主要産業は，農業，旅行業，アパレル，通信，IT，建設等である。

GDPの58％を占めるサービス部門では，運輸および通信分野の成長率が9.4％と過去最高を記録し，GDPの成長をけん引している。金融サービスの拡大もサービス部門の成長に貢献している。産業部門は製造業の過去最高の成長率に支えられている。

外国人投資家はスリランカへの投資を自由に行うことができない。

以下の産業は株式の取得を認めていない。

1．貸金業

2．質屋業

3．資本金100万米ドル以下の小売業

4．沿岸漁業
5．セキュリティ・サービスの提供

上記以外の業種であっても，一部の業種については，政府または各所管政府機関の承認が必要である。

スリランカへの進出形態は，子会社のほか，駐在員事務所，連絡事務所および支店等が認められている。なお，他国と同様に，駐在員事務所として商業活動を遂行することはできない。会社に関する法律は，Company Act, No. 7 of 2007である。

会社は会計監査人の設置義務がある。

会計監査人となりうるのは，スリランカの勅許会計士または登録監査人である。

(2) 税制・会計

■法人所得税

スリランカにおける税法は，Inland Revenue Actにより定められている。
法人所得税の納税義務者には以下の会社等が含まれる。
- スリランカ国内に設立された会社
- スリランカ国外で設立された法人

課税年度は4月1日から3月31日である。

3月31日までの期間の法人所得税の申告は11月30日が期限となる。

スリランカに設立された法人は内国法人とされ，それ以外の法人は外国法人とされる。内国法人は全世界所得に課税され，外国法人はスリランカ源泉所得のみ課税される。

法人所得税率は主に28％であったが，2016年4月1日から，以下のとおり変更されている。
- 銀行，保険，商社……………………28％
- 酒，タバコ，宝くじ，ゲーム……40％
- その他…………………………………17.5％

■個人所得税

課税年度は4月1日から3月31日であり，11月30日までに申告書を提出しなければならない。

課税年度中のスリランカ滞在日数の合計が183日以上の場合，居住者として取り扱われる。

居住者は全世界所得に課税され，非居住者はスリランカ源泉所得のみ課税される。

個人所得税の税率は4％から24％であったが，2016年4月1日から以下のとおり変更されている。

- 給与所得……………………………………最大16％
- 金融やトレーディングによる所得…………最大24％
- 酒，タバコ，宝くじ，ゲームによる所得……最大40％
- 賃料等……………………………………最大24％
- その他……………………………………最大17.5％

なお，居住者および非居住者のスリランカ人には，50万スリランカ・ルピーの非課税枠が設定されている。

また，関税や印紙税も課税される。

■付加価値税

付加価値税は，以下の取引に課せられる。なお，金融サービスについては，特有の付加価値税が規定されている。

- スリランカ国内において登録者が行った課税対象取引となる物品の販売またはサービスの提供
- 商品の輸入

課税対象取引を四半期に300万スリランカ・ルピーまたは年間で1,200万スリランカ・ルピー以上行う場合は登録が必要である。

物品の販売は8％，サービスの提供は12.5％が課せられる。

なお，2016年5月2日からは税率が15％に引き上げられる予定である。

■経済サービス税

四半期の売上が5,000万スリランカ・ルピー以上で，所得がゼロとなる個人またはパートナーシップに対して，経済サービス税が課せられていたが，2016年4月1日からはすべての人およびパートナーシップに課されている。

　上限は1億2,000万ルピーであったが，2016年4月1日から撤廃された。税率は0.25％であったが，0.5％へ引上げられた。

■国内建物税

　以下の事業から四半期で300万スリランカ・ルピー以上の売上がある場合，国内建物税が課せられる。

- 製品の製造
- サービスの提供
- 小売業
- 金融サービス
- 商品の輸入

　税率は2％である。

■税務インセンティブ

- ハブサービス……保税倉庫取引や物流サービス等はハブサービスとされ，いくつもの税金の減免および規制の緩和が行われている。
- 大規模プロジェクト……国が戦略的に重要と判断したプロジェクトは，25年間の税金の減免または他のインセンティブが適用される。
- 研究開発…社内の研究開発活動に対して200％の損金算入が認められている。さらに，第三者機関による研究開発または高価値農業製品に係る研究開発については300％を上限に損金算入が認められる。

　なお，2016年4月1日からの改定については財務省からの通達は出ているが，法案の可決はまだである（2016年5月24日時点）。

○会　計

　スリランカの会計基準はSRFRSであり，IFRSと同等である。

〈総監修，監修者，執筆者紹介〉

〔総監修〕

三浦　洋
公認会計士，有限責任 あずさ監査法人　専務理事・パートナー
KPMG ジャパン GJP 統括パートナー兼インド事業室長

公認会計士，大阪大学大学院経営学修士。1985年に旧英和監査法人（現あずさ監査法人）入所。1992年から1995年まで同法人ニューヨーク事務所に勤務。また，2009年から2013年まで KPMG ロンドン事務所に駐在し，日系企業支援部門であるグローバル・ジャパニーズ・プラクティスの欧州統括責任者を務める。2013年にあずさ監査法人に帰任し，グローバル企業の監査を担当するとともに，グローバル・ジャパニーズ・プラクティスの統括責任者およびインド事業室長を務めている。

〔監修者〕

笠間　智樹
公認会計士，有限責任 あずさ監査法人　GJP（Global Japanese Practice）インド事業室　パートナー

上智大学外国語学部フランス語学科卒業。1991年に監査法人朝日新和会計社（現あずさ監査法人）入所。2004年7月から2008年2月まで KPMG ニューデリー事務所に出向し，インドに在住する日本人公認会計士第1号として，インドに進出する日系企業の進出サポート業務や税務のアドバイザリー業務などに携わる。シンガポール，タイ，中国，日本国内などでインド投資やインド税制などについての講演を過去10年間で100回以上行う。現在はKPMG／あずさ監査法人において日本企業向けインド進出のアドバイスを行っている。

〔執筆者〕

GJP（Global Japanese Practice）インド事業室

笠間　智樹
公認会計士，有限責任 あずさ監査法人　パートナー
2004年～2008年　ニューデリー事務所勤務

小宮　祐二
公認会計士，有限責任 あずさ監査法人　パートナー

合田　潤
公認会計士，有限責任 あずさ監査法人　シニア・マネジャー
2016年～　チェンナイ事務所勤務

横山　大輔
公認会計士，有限責任 あずさ監査法人　マネジャー

石原　恵
税理士，KPMG 税理士法人　パートナー

KPMG インド

乾　太輔
KPMG ニューデリー事務所　ディレクター
2015年～　ニューデリー事務所勤務

宮下　準二
公認会計士，米国公認会計士，KPMG ニューデリー事務所　アソシエイト・ディレクター
2014年〜　ニューデリー事務所勤務

空谷　泰典
米国公認会計士，KPMG ムンバイ事務所　アソシエイトディレクター
2012年〜　ムンバイ事務所勤務

田村　暢大
KPMG バンガロール事務所　シニアマネジャー
2016年〜　バンガロール事務所勤務

金原　和美
公認会計士，KPMG バンガロール事務所　マネジャー
2014年〜　バンガロール事務所勤務

加藤　正一
米国公認会計士，KPMG チェンナイ事務所　マネジャー
2013年〜　チェンナイ事務所勤務

山崎　恵美
公認会計士，KPMG ニューデリー事務所　マネジャー
2014年〜　ニューデリー事務所勤務

■編者紹介

有限責任 あずさ監査法人

有限責任 あずさ監査法人は，全国主要都市に約5,400名の人員を擁し，監査や各種証明業務をはじめ，財務関連アドバイザリーサービス，株式上場支援などを提供しています。金融，情報・通信・メディア，製造，官公庁など，業界特有のニーズに対応した専門性の高いサービスを提供する体制を有するとともに，4大国際会計事務所のひとつであるKPMGインターナショナルのメンバーファームとして，155ヵ国に拡がるネットワークを通じ，グローバルな視点からクライアントを支援しています。

KPMG

KPMGは，監査，税務，アドバイザリーサービスを提供するプロフェッショナルファームのグローバルネットワークです。世界155ヵ国のメンバーファームに約174,000名の人員を擁し，サービスを提供しています。KPMGネットワークに属する独立した個々のメンバーファームは，スイスの組織体であるKPMG International Cooperative（"KPMGインターナショナル"）に加盟しています。KPMGの各メンバーファームは，法律上独立した別の組織体です。

インドの投資・会計・税務ガイドブック〈第3版〉

2006年12月25日　第1版第1刷発行	
2007年3月5日　第1版第2刷発行	
2008年8月20日　第2版第1刷発行	
2016年7月1日　第3版第1刷発行	

編　者　KPMG／あずさ監査法人インド事業室

発行者　山　本　　継

発行所　㈱中央経済社

発売元　㈱中央経済グループパブリッシング

〒101-0051 東京都千代田区神田神保町1-31-2
電　話　03（3293）3371（編集代表）
　　　　03（3293）3381（営業代表）
http://www.chuokeizai.co.jp/
印　刷／東光整版印刷㈱
製　本／誠製本㈱

©2016
Printed in Japan

＊頁の「欠落」や「順序違い」などがありましたらお取り替えいたしますので発売元までご送付ください。（送料小社負担）

ISBN978-4-502-17101-7 C3034

JCOPY〈出版者著作権管理機構委託出版物〉本書を無断で複写複製（コピー）することは，著作権法上の例外を除き，禁じられています。本書をコピーされる場合は事前に出版者著作権管理機構（JCOPY）の許諾を受けてください。
JCOPY〈http://www.jcopy.or.jp　eメール：info@jcopy.or.jp　電話：03-3513-6969〉